Für Anne und Heiner,
stellvertretend für die Kinder unserer Erde

Inhalt

1

Sehnsuchtsort und Wunderdroge

Wenn die Sonne an der Nord- und Ostseeküste untergeht, versammeln sich allabendlich an unzähligen Orten Menschen am Strand und auf den Seebrücken, die wie Zungen ins Meer hineinragen. Sie alle wollen Zeuge eines Naturschauspiels sein, Zeuge vom Abschied des Tages und vom Beginn der Nacht. Sie schauen gen Westen über das weite Meer, auf die untergehende Sonne, auf den Himmel mit seinen wechselnden Farben, belebt von den segelnden Botschaftern der Natur, den Vögeln. Schönheit und Freiheit sind in diesen Momenten vereint, in uns und um uns herum. Wir sind Teil des Geschehens und lassen uns mitnehmen. Wir haben uns danach gesehnt.

Im Herbst scheint sich diese Sehnsucht nochmals zu steigern. In kilometerlangen Schlangen aneinandergereiht schauen Menschen gespannt bis meditierend zum Horizont mit seinen bizarren Wolkenbildern: Frauen und Männer aller Generationen, Kinder, Mütter mit ihren Säuglingen auf dem Rücken, dazwischen ein aufgeregter kleiner Hund. Fast alle sind ausgerüstet mit Ferngläsern und Spektiven, mit Fotoapparaten mit und ohne Stativ, andere halten ihre Handys für Schnappschüsse bereit. Wie abgesprochen sind sie zum Tagesausklang auf die Deichkrone gekommen, um Zeugen eines der faszinierendsten Naturschauspiele zu werden, des alljährlichen Vogelzuges an einem der bedeutendsten Rastplätze. Der Einflug der Kraniche steht bevor. Tagsüber suchen die majestätischen Vögel im Umland nach Futter, doch am Abend, kurz vor Sonnenuntergang, kehren sie an ihre Schlafplätze zurück. Es sind die bewährten und sichersten Orte für eine ungestörte Nachtruhe, die Inseln und die Lagunen im Nationalpark Vorpommersche Boddenlandschaft zwischen der Halbinsel Darß – Zingst und der Insel Hiddensee. Aus vielen Richtungen steuern Tausende der eleganten Segler auf ihre Schlafplätze zu. Jeder Kranich hat seinen ganz eigenen Ruf, so unverwechselbar wie der Fingerabdruck eines Menschen. Die vielstimmigen, trompetenartigen Kontaktrufe, mit denen sich die einzelnen Mitglieder der Vogelfamilien untereinander verständigen, sind für Naturfreunde der Inbegriff von Zugehörigkeit, von ansteckender Sehnsucht und von Fernweh. Diese Gefühle scheinen sich auf die Beobachter zu übertragen.

Das Naturerleben ist ein Urbedürfnis des Menschen. Ein tiefes Verlangen danach steckt in uns. Unser Körper braucht den Naturkontakt, die Berührung und die Reibung. Wir wollen die Natur immer wieder spüren, um uns unserer Lebendigkeit bewusst zu werden. Doch nicht nur Haut und Sinne wollen Natur erfahren, auch unsere Seele verlangt nach ihr. Naturerfahrung ist Seelenpflege.

Der Weg zur Natur ist ein Weg zu uns selbst. Wer bin ich? Lebe ich so, wie ich leben will, oder lebe ich nach einem fremden Programm, ferngesteuert? Die Begegnung mit der Natur hilft uns, das Wichtige, das Wesentliche zu erkennen. Abgeschaltete Sinne werden wiederbelebt. Das Lebenstempo wird gedrosselt. Innehalten ist angesagt. Wir atmen tief durch, genießen die saubere Luft und bemerken vielleicht, was uns im Leben tatsächlich fehlt: Zeit und Zuwendung.

Die Natur kennt keine Zeitnot. Und wir Menschen? Wir können uns an der geschenkten Zeit bedienen, aber sie ist für uns limitiert. Zeit ist eine Kostbarkeit. Nur mit Zeit ist auch Zuwendung möglich. Nur mit Zeit können wir uns kümmern, um uns und um unsere Mitwelt. Wie konnte es dazu kommen, dass wir beides arg vernachlässigen?

Wir haben die innere wie die äußere Natur aus dem Blick verloren. Körper und Seele leiden unter Entzug, sie drohen zu schwächeln und zu verkümmern. Nicht nur wir Menschen, die komplette Natur steckt in einer verhängnisvollen Misere, einer Misere, die wir lange nicht sehen wollten. Jetzt ist das Wegschauen nicht mehr möglich. Wir Menschen selbst sind die Verursacher der Umweltkrisen, die uns von allen Seiten treffen, aus der Luft, dem Wasser, der Erde und aus der Welt der Mikroben. Diese heranrollenden Krisenlawinen sind letztlich Ausdruck unserer Sinnkrisen. Wenn die Natur unser Hausarzt wäre, würde sie uns Besinnungslosigkeit oder gar Bewusstlosigkeit attestieren.

Die erfreuliche Nachricht: Besinnung und Bewusstsein lassen sich zurückgewinnen, neu aufbauen. Dafür brauchen wir Wissen und Begeisterung. Wir sind die Lernenden. Für die Lernstunden müssen wir Termine einplanen, Zeit, die wir in der »Universität Natur« verbringen, um ihre Weisheiten zu verstehen und sie in unser Leben hineinzulassen. »Natur neu lernen« steht nun auf dem Plan.

Wo finden wir sie, unsere Lehrerin? Wir können sie vielleicht schon bei einem bewussten Blick durch das Fenster einfangen. Sie wartet auf alle Fälle im nächsten Park, aber ganz besonders draußen vor den Toren der Stadt. Das weite Land ist die Hauptadresse für Naturbegegnungen. Es lohnt sich, die gewohnten Gemäuer – auch die im Kopf – hinter sich zu lassen, Wälder und Wiesen, Flüsse und Seen aufzusuchen und dort Zeit zu verbringen. Hier sprudeln unerschöpfliche Quellen für unsere Genesung. Der bewusste Aufenthalt in diesen Naturräumen lässt uns aufblühen, er euphorisiert. Wo wir uns in der Falle wähnten, werden kreative Lösungen sichtbar. Die Natur hält sie parat. Das Wahrnehmen der kleinen Wunder, der Blütenbesuch einer Hummel, der gaukelnde Flug eines Falters, die ersten Lieder der Meisen im Frühling lassen in uns auftauen, was erstarrt zu sein schien. Es sind unsere körpereigenen Drogen, die Endorphine, die ganz von selbst reichlich ausgeschüttet werden und in uns eine tiefe und nachhallende Lebensfreude auslösen. Diese Glückshormone sind auch der Schlüssel für starke Abwehrkräfte und das Fundament für eine stabile Gesundheit, für unser Wohlbefinden. Wir brauchen die Energie von innen wie von außen, um aus dem Krisenmodus auszusteigen. Die Natur hält alles bereit, was wir zum guten Leben brauchen.

Wollen wir gemeinsam aufbrechen und uns auf die Suche begeben? Lassen Sie sich einladen, einen tieferen Blick aufs Land und seine natürlichsten Geschenke zu werfen, Geschenke, die uns Lebensglück bescheren können.

2

Wo wir stehen

Das Leben auf dem Land ist öde, langweilig und Arbeit gibt es auch keine. Man hockt in seinem Kaff, es gibt nichts zu kaufen, kein Café, keinen Arzt weit und breit, keine Apotheke, keine Schule, das Internet läuft mit Einschlafgeschwindigkeit und nur selten verirrt sich ein Bus in diese Einsiedelei. Wozu auch für die paar Übriggebliebenen? Man fühlt sich vergessen, verlassen, abgehängt, ja abgeschnitten vom Puls der Zeit. Das Leben findet anderswo statt. Die Jugend hat die Flucht angetreten. Nur ein paar Alte harren noch aus, ihre Arme verschränkt, starren sie in eine Welt, die sie nicht mehr verstehen – Relikte aus einer vergangenen Epoche. An Schönwetterwochenenden fallen mancherorts die Landlust-Anhänger ein, sie suchen die Idylle, die Dorfromantik. Diese »Zugvögel« tanken Energie, genießen die freie Natur auf ihrem gepflegten Bilderbuchgrundstück, doch sie bleiben flüchtige Fremde.

Ist das alles, was das Dorf zu bieten hat? Daran will ich nicht glauben. Ist das Landleben wirklich unzumutbar geworden? Mitnichten! In keiner Stadt der Welt kann ich so viele Sonnenstunden genießen wie in meinem Dorf. Die Tage geizen nicht mit Licht und die Nächte sind noch wahrhaft dunkel, sternenklar und mäuschenstill. Ich kann auf der Milchstraße mit meinen Augen umherwandern, umgeben von Tausenden von Sternen. Das Universum ist für mich geöffnet und die Natur liegt mir zu Füßen. Den innigen Wunsch in Bertolt Brechts Geschichten des Herrn Keuner, »Ich würde gern mitunter aus dem Haus tretend ein paar Bäume sehen«, teile ich und Tag für Tag will ich ihn mir erfüllen, ohne erst »ins Freie« fahren zu müssen.

Der Fluss gleich nebenan, zehn Minuten zu Fuß, lädt mich zur Privataudienz ein. Zu jeder Stunde hat er geöffnet, wir tauschen uns aus und teilen manche Geschichte, manches Geheimnis. Er lebt seinen ganz eigenen Rhythmus, in seinem Auf und Ab, nur selten zeigt er sich im Mittelmaß. Er schwankt zwischen seinen Extremen, zwischen dem Überfluss und dem Mangel. Die weiten Wiesen der Flussaue gewähren mir den freien Blick. Zugleich spüre ich in meinem Rücken die schützende Geborgenheit des Waldes. Um die unendliche Lebensvielfalt zwischen Himmel und Erde wahrzunehmen, wünsche ich mir manchmal Facettenaugen, wie sie die Libelle besitzt.

Nach Jahrzehnten gesammelter Erfahrungen habe ich die Gewissheit gewonnen: Die Rückkehr auf das Land hat mir meine Freiheit, meine Selbstbestimmung, meine Gesundheit und meine Lebensfreude zurückgegeben. Fernab des Lärms und Gedränges kann ich der sein, der ich bin, so sein, wie mir gerade ist, das tun, wonach mir verlangt. Auch wenn wir es vergessen haben: Die Natur ist unser Zuhause.

Landflucht

Das echte Leben spielt sich anscheinend in der Stadt ab. Für Millionen Menschen bedeutet das Leben dort den Lebenstraum. Der Zustrom scheint nicht abreißen zu wollen, es ist die Völkerwanderung der Moderne. Weltweit brechen die Menschen auf, machen sich auf den Weg. Die Mehrzahl lebt inzwischen in Städten. Im Jahre 2050 sollen es 70 Prozent sein. 25 Megacities mit jeweils über zehn Millionen Einwohnern werden bereits rund um den Globus gezählt. Die Stadt scheint die erste Adresse für Fortschritt und Entwicklung zu sein, sie steht für das Morgen. Die Provinz? Das war gestern! Das Landei? Eine bedauernswerte, zurückgebliebene Spezies – im doppelten Sinne des Wortes!

Die Landflucht hat eine lange Geschichte. Die längste Zeit des menschlichen Zusammenlebens seit der Sesshaftwerdung spielte sich in dörflichen Siedlungen ab. Hier fanden das Leben und das Arbeiten statt. Kurze Wege und geschlossene Stoffkreisläufe waren selbstverständlich. Alles drehte sich um Nahrungsbeschaffung, um Wohnraum, um Schutz vor Feinden und Widrigkeiten. Das Leben war hart, entbehrungsreich und oft gnadenlos. Niemand will dorthin zurück, auch ich nicht.

Die erste und älteste Stadt der Welt, die »Mutter der Städte«, Uruk, lag im Zweistromland zwischen den Flüssen Euphrat und Tigris. Sie entstand mit ihren Tempeln und Palästen vor 6000 Jahren und soll immerhin 30 000 Einwohner beherbergt haben. Von ihrem einstigen Glanz sind nur Relikte erhalten. So ist es vielen Städten der Antike ergangen. Wo sich Reichtum häufte, drängten sich die Eroberer, um sich selbst zu bereichern.

Unsere mittelalterlichen Städte waren zum Schutz vor feindlichen Überfällen durch Stadtmauern und Wassergräben gesichert. Erst mit Beginn der Industrialisierung vor rund 200 Jahren sind die letzten Mauern gefallen, die Städte dehnten sich aus und wuchsen ins Land. In jener Zeit wurden die Städte immer stärker zu Orten der Arbeitsteilung. Neue Berufe entstanden und der Handel florierte. Die Landbevölkerung strömte zunehmend in die Städte. Die Menschen erhofften sich Arbeit und ein auskömmliches Leben mit mehr Unabhängigkeit und Freizeit. Ein neues Lebensgefühl breitete sich aus. Man trug nicht mehr nur eintönig graue, sondern erfreute sich an farbiger Kleidung, erregte damit öffentliche Aufmerksamkeit. Neue Begehrlichkeiten wurden geweckt. Das tägliche Einerlei des schlichten Landlebens fand in den Städten sein ersehntes Ende.

Die Landflucht im großen Stil setzte im 19. Jahrhundert mit der industriellen Revolution ein, befeuert durch Kohle und später durch Öl. Das wirtschaftliche Wachstum ließ auch die Städte immer größer werden. Heute stoßen die Städte an ihre Grenzen, an soziale, ökologische und gesundheitliche. Und viele Dörfer schrumpfen weiter. Ganze Landstriche dünnen nach und nach aus. Solche Veränderungen gab es auch schon in ferner Vergangenheit. So entstanden im Mittelalter aus Dörfern Wüstungen, weil die Menschen in ihrer angestammten Umgebung nicht mehr existieren konnten. Aber heute? Kann man auf dem Land wirklich nicht mehr (über)leben?

Das pulsierende, unterhaltsamere Leben in der Stadt hatte schon während der Industrialisierung nicht nur Glücksmomente zu bieten, es hatte auch seinen Preis: Nahrung und Wohnung muss man sich von nun an kaufen. Dafür braucht man Geld, das verdient werden musste. Die Arbeit in der Fabrik war oft einseitig und machte krank. Giftige Stoffe kamen in Umlauf, Bäche und Flüsse begannen zu stinken, man konnte bald nicht mehr aus ihnen trinken. Die Luft in den Städten war voller Rauch und nur schwer zu atmen. Die Sonne bekamen die Stadtbewohner im Winterhalbjahr kaum zu Gesicht, Vitamin-D-Mangel und Knochenweiche, die Rachitis, waren die Folge. Natur war, wenn überhaupt, in den Städten nur sehr eingeschränkt vorgesehen. So stießen die Freiheiten, die das Stadtleben versprach, schon damals an Grenzen: Umwelt und Gesundheit litten unter den neuen Verhältnissen. Bisher unbekannte Krankheitsbilder tauchten auf. Hier, im städtischen Raum, steht die Wiege vieler unserer heutigen Zivilisationskrankheiten.

Der Begriff »Mietskasernen« ist eine treffende Beschreibung der Architektur der in der Gründerzeit entstandenen Stadtteile. Das Menschenrecht »Wohnen« wurde der Profitmaximierung untergeordnet: Oft ging es darum, auf engem Raum möglichst viele Arbeitskräfte in Fabriknähe »unterzubringen«, damit sie für die Produktion zur Verfügung standen. Daran hat sich bis heute nur wenig geändert. Die Vielfalt der Lebensbedürfnisse des Menschen wurde und wird kaum berücksichtigt. Im Zuge des Industriezeitalters wurden die Menschen auch tagsüber zu »Höhlenbewohnern«. Sie tauschten Grün gegen Grau. Mit leblosem Beton kann ein Mensch schlecht in Resonanz treten. Aus dem Fenster betrachtet sehen für ihn dort alle Jahreszeiten gleich aus. Dem menschlichen Biorhythmus fehlen wichtige Taktgeber, das Licht und die Vegetation. »Grün beruhigt« ist keine leere Worthülse. Wir sind entwicklungsgeschichtlich auf diese Farbe geprägt, denn in grüner Umgebung sind die Überlebenschancen besser, die Grundbedürfnisse scheinen erfüllbar. Fehlt das lebendige Grün um uns herum, steigt unser Stresshormonspiegel. Unser angeborenes Verhalten treibt uns an, nach besseren Umweltbedingungen zu suchen. Lassen sich diese nicht finden, kann es auf Dauer zu depressiven Verstimmungen kommen. Das Einbeziehen von lebenden Pflanzen in die gebaute Wohnumwelt, »Phytoarchitektur« oder »biophiles Design« genannt, ist der Versuch, einen Ausweg aus diesem urbanen Dilemma des ungestillten Verlangens nach Naturkontakt zu finden. Aber grüne Farbtupfer, wie begrünte Fassaden, bieten einem Menschen noch keinen natürlichen Freiraum. Auch Zimmerblumen sind schön und bereichernd, aber liefern sie uns mehr als etwas Trost für entgangenes, echtes Naturerleben?

Mit dem Aufschwung der Ökologie, der Wissenschaft vom Haushalt der Natur und von den Wechselbeziehungen zwischen Lebensraum und Lebensgemeinschaft, erkannte man, dass die Stadt als Ganzes gewissermaßen ein parasitäres Leben führt – zu Lasten der Umwelt und der Gesundheit. Ein Parasit, auch Schmarotzer genannt, lebt gewöhnlich auf Kosten eines erheblich größeren Lebewesens. Lebt die Stadt in vergleichbarer Weise auf Kosten des Landes? Parasiten gehen bekanntlich ein, wenn ihr Wirt eingeht. Die Abhängigkeit ist total.

Dennoch strömen die Menschen auch heute noch voller Hoffnung in die künstlichen, urbanen Ökosysteme. Sie erträumen sich das große Glück, Arbeit, Wohlstand, Spaß, Zerstreuung, Anonymität und Freiheit. Hier spielt die Musik. Die Großstadt – ein spannender Lebensraum für aufgeweckte, neugierige Menschen mit kosmopolitischer, weltoffener Einstellung, ein florierendes Zentrum von Wirtschaft, Kultur, Bildung und Politik. Das Geld fließt in Strömen, großzügig wird investiert und es reicht trotzdem nicht. Untereinander stehen die Metropolen im harten Konkurrenzkampf um Attraktivität für Touristen und Führungskräfte. Alle Hebel werden in Bewegung gesetzt, um das Markenimage aufzupolieren. Den Großkonzernen werden rote Teppiche ausgerollt und Subventionen versprochen, um sie als Investoren zu gewinnen. Fußballstadien werden auf die Namen der Sponsoren umgetauft. Nicht zuletzt wird auf die Politik Einfluss genommen, um vom Fördertopf-Kuchen ein möglichst großes Stück abzubekommen. Der Lobbyismus erscheint erfolgversprechend, Wahlen werden in den Städten entschieden – und damit auch die Zukunft unseres Planeten. Die großen Verlierer sind die ländlichen Regionen. Sie stehen im Hintergrund und verkommen zu Rändern der Gesellschaft. Ihre Bewohner gelten als konservativ, unbeweglich, hinterwäldlerisch oder als schlichte Gemüter. Ihre Stimme verhallt in der Weite oder – schlimmer noch – sie äußert sich in Protesthaltungen. So driften Stadt und Land immer weiter auseinander. Schon werden erste Forderungen laut, so vom Institut für Wirtschaftsforschung Halle, den ländlichen Raum im Osten aufzugeben und die frei werdenden Mittel in die Metropolen zu leiten, statt sie weiter in ein »Fass ohne Boden« zu stecken, denn das platte Land habe eh keine Zukunft. Geht das – Stadt ohne Land?

Die Würfel scheinen gefallen: Die Anziehungskraft der Stadt ist unwiderstehlich. Die große Mehrheit der Menschen lebt inzwischen in Städten, in Deutschland sind es bereits zwei Drittel. Sind sie damit am Ziel ihrer Lebensträume?

Scheinbar im Widerspruch zur Wirklichkeit stehen die Resultate einer repräsentativen Umfrage im Auftrag des ZDF, durchgeführt vom Meinungsforschungsinstitut »Forschungsgruppe Wahlen« im März 2018. Die Meinungsforscher kommen in ihrer großen Deutschland-Studie zu einem völlig unerwarteten Ergebnis: Immer mehr Städter sind von ihrem hektischen Umfeld genervt. 44 Prozent der Stadtbewohner träumen vom ruhigeren Landleben. 39 Prozent favorisieren das Leben in einer Kleinstadt und nur 16 Prozent würden die Großstadt bevorzugen. So weit die Wünsche. In der Realität verbringen aber mehr als doppelt so viele Menschen ihr Leben in einer Großstadt von über 100 000 Einwohnern. Exakt leben 77 Prozent der Deutschen in urbanen Ballungsgebieten und nur 15 Prozent in Dörfern mit weniger als 5000 Einwohnern.

Der verbreitete Traum vom Landleben ist längst als Marktlücke entdeckt worden. Die Landlust-Medien boomen. Wenn schon in der Stadt wohnen, dann wenigstens ein Abo-Heft im Zeitungsständer von der erträumten Welt da draußen voller Hochglanzbilder. Grüne Landschaft, so weit das Auge reicht, Bäume, an denen Hängematten baumeln, säuberlich kurz geschorener Rasen, dazwischen Blumenrabatten, Schmetterlinge, trällernde Vögel – das sind die vermarktungsfähigen Vorstellungen von der ländlichen Idylle. Diese Fantasien werden von vielen Seiten genährt und bedient. Erfüllt sich ein solcher Traum, währt er meist nur von Freitagabend bis Sonntagabend. Dann geht es wieder auf verstopften Straßen und mit viel Adrenalin im Blut zurück in die Stadt. Das Hamsterrad dreht sich weiter. So steigern wir das Bruttosozialprodukt.

Neben den Anhängern der Wochenend-Landlust gibt es die Pendler, eine ebenso wachsende Spezies. In keinem anderen Land der Welt wird so viel gependelt wie in Deutschland. Das Bundesinstitut für Bevölkerungsforschung hat in einer Studie ermittelt, dass seit 2013 mehr Menschen von der Großstadt ins nahe Umland ziehen als umgekehrt. Wohnen im grünen Speckgürtel, arbeiten in der City, zwischendurch Vollgas oder im Stau stehen. Die persönliche Klimabilanz ist fatal.

Der exorbitante Autoverkehr ist eine der größten CO_2-Schleudern. Mehr noch: Die Pendlerpauschale verschlingt Jahr für Jahr Milliardensummen an Steuergeldern in Deutschland – »umweltschädliche Subventionen« nennt das Umweltbundesamt diesen Tatbestand und fordert deren Abschaffung, denn der

Staat befördert durch seine Steuerpolitik die Klimakrise, indem er das Vielfahren wie auch das Vielfliegen belohnt. Die weiträumige Trennung zwischen Arbeiten und Wohnen macht unsere Umwelt krank und, wie ich später noch beschreiben werde, uns gleich dazu.

Illusion von Freiheit

Wir glauben, in einer freien Gesellschaft zu leben, und sind doch abhängig und fremdbestimmt wie nie zuvor. Wir haben uns auf einen Deal eingelassen, der durch globale Arbeitsteilung, durch mehr Tempo und Effizienzsteigerung ein schier endloses Wirtschaftswachstum hervorbringen sollte. Die Produktion wurde in ferne Länder mit billigen Arbeitskräften und kostenfreien Abfalldeponien ausgelagert und der Konsum wurde zu unserem Lebensinhalt. Je größer das Angebot, umso größer der Hunger. Nein, es ist kein echter, es ist ein manipulierter Hunger. Zu seiner Steigerung wird Knappheit vorgetäuscht: »Nur wenige Tage im Angebot!« Schon die Auswahl eines Artikels versetzt uns in Stress: Welches Modell zu welchem Preis sollte es sein? Könnte es morgen oder woanders billiger sein? Oder übermorgen schon ein neueres Modell geben? Egal ob Technik, Kleidung oder Nahrung – wer überschaut noch die ganze Palette und was steckt eigentlich hinter der glanzvollen Werbung, die unsere Kauflust anregen soll? Und brauchen wir das alles? Wird unser Leben dadurch leichter und schöner?

Die »Kauflaune« der Verbraucher ist ein gängiger Maßstab, ob es mit der Wirtschaft bergauf geht. Das locker sitzende Geld, die Kreditkarte machen es möglich. Gute Laune – hohe Umsätze – hohe Gewinne. So wird produziert und konsumiert auf Teufel komm raus, wenn nötig auf Pump. Immer neue Produkte und Dienstleistungen werden erfunden, uns aufgeschwatzt und aufgedrängt. Wir geraten immer mehr in Abhängigkeiten von der Industrie, von Banken und Versicherungen – und nicht zuletzt vom Gelderwerb. Der Stress wächst, man möchte doch mithalten im Rennen um die neuesten Modelle. Zwänge und Ängste breiten sich aus – und werden verdrängt durch noch mehr Konsum.

Wir haben es schlicht verlernt, uns um das wirklich Wichtige zu kümmern – um den Boden unter unseren Füßen und um uns selbst. Wir haben die Eigenverantwortung an die Politik delegiert, an die Industrie, an den Arzt und an die Apotheke. Und wenn etwas schiefläuft, sind die anderen schuld. Aber die werden es nicht richten, sie wollen verdienen, den Umsatz und den Gewinn steigern und sie wollen an der Macht bleiben. Und so laufen wir weiter und weiter wie die Lämmer hinterher. Quo vadis, Freiheit?

Niemand wird uns die Verantwortung abnehmen für das, was wir tun, und für das, was wir nicht tun. Fakt ist: Unsere fundamentalen Lebensgrundlagen sind in akuter Gefahr. Wir sind gefangen, befinden uns mitten in einem Strudel, der uns und unsere Mitwelt erfasst hat. Wir haben nur die eine Alternative: Wir müssen radikal und schnell umsteuern, wenn wir nicht untergehen wollen.

Das Wissen um den Treibhauseffekt und das Aussterben von Pflanzen und Tieren durch die Zerstörung ihrer Lebensräume dringt immer weiter ins öffentliche Bewusstsein. Seit über einem halben Jahrhundert liegen Daten über die wachsenden Belastungen für unsere Umwelt und unsere Gesundheit vor. Warnungen von Wissenschaftlern hat es immer wieder gegeben, allerdings gingen diese Erkenntnisse im Wachstums- und Konsumrausch unter. Kaum jemand wollte sie hören, unbequeme

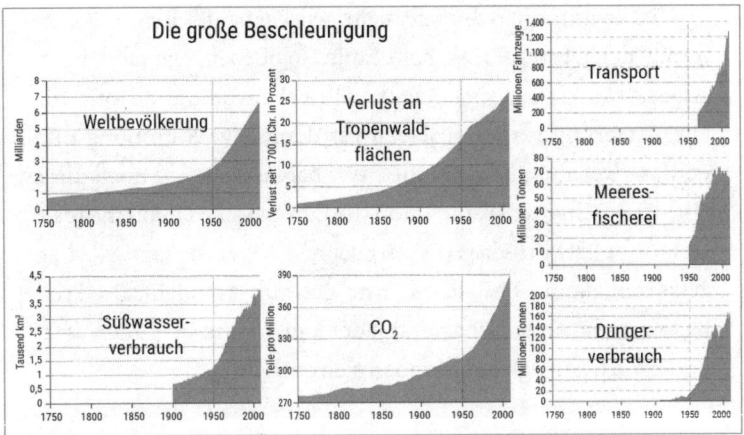

Abbildung 1: Wachstum und Geschwindigkeit sind positiv besetzte Begriffe. Doch mit wachsender Bevölkerung und steigendem Konsum wachsen auch die globalen Probleme wie die Klimaerwärmung, das Artensterben, die Ressourcenverknappung und die soziale Ungerechtigkeit.

Wahrheiten werden allzu gerne verdrängt und deren Botschafter dämonisiert. Auch ich habe diese Erfahrungen machen müssen.

In fast allen Teilen unserer Welt brennt die Erde, vielerorts auch ohne sichtbares Feuer. Die Zahl der vom Menschen verursachten Umweltkatastrophen hat sich in den letzten 30 Jahren verdreifacht. Stürme, Überflutungen, Dürren und Hungersnöte gehören zum Nachrichtenalltag. Wir nennen sie »Mutter Erde« oder »Mutter Natur« und heizen ihr tüchtig ein, indem wir sie plündern, vermüllen und vergiften. Mit immer raffinierteren Technologien raffen wir, was wir nur kriegen können. Wir benutzen den Planeten mitsamt seiner Atmosphäre als wilde, scheinbar kostenlose Müllkippe. Das Wasser steht uns fast bis zum Hals und so ganz nebenbei rauben wir uns die Luft zum Atmen. Alles, was wir der Erde antun, das tun wir uns selbst an. So wie die Mutter leidet, so leiden auch ihre Kinder.

Wer es immer noch nicht sieht, will es nicht sehen, will weitermachen wie bisher, als könne alles so bleiben, wie es ist, beim Alten. Man könnte verzweifeln, den Lebensmut, die Hoffnung auf Besserung verlieren. Doch für depressive Stimmung und endlose Debatten ist es zu spät. Wir haben vielleicht noch diese eine letzte Chance. Wenn schon die Europäische Union die reale Gefahr beschwört, dass die Menschheit dabei ist, sich selbst zu zerstören, dann ist es allerhöchste Zeit zum Handeln. Die Freiheit dazu haben wir. Jede und jeder kann damit beginnen, jetzt und sofort, ganz gleich, wo man sich aufhält!

Krisenmodus

Vor dem Jahr 2020 war es kaum auszudenken, was passiert, wenn Lieferketten ausfallen und die Versorgung in Frage gestellt wird. Der Corona-Pandemieausbruch hat uns gezeigt, wie Unvorstellbares zur Realität werden kann. Eine Krise löste die nächste aus: Die Gesundheitskrise führte zu einer Wirtschaftskrise. Dabei waren es Folgen eines blinden Wirtschaftens, Folgen einer rücksichtslosen Ausbeutung der Natur, die das Coronavirus hervorbrachte. Die Krisen stehen in Wechselwirkung zueinander. Es sind zwar nur jeweils die akuten Krisen, die gerade im Blickpunkt der Öffentlichkeit stehen. Die chronischen Krisen sind deshalb nicht abwesend, sie lauern weiter im Hintergrund. Die Rückzahlung der aufgenommenen Schulden wird Jahrzehnte dauern und setzt weiteres, ungestörtes Wirtschaftswachstum voraus.

Krisen liegen bekanntlich im Wesen unseres modernen Wirtschafts- und Gesellschaftssystems. Nach einer Phase des Wachstums kommt die Rezession. In der Krise verliert jeder einen Teil seiner Habe: der Reiche durch abstürzende Börsenkurse, der Arme, wenn er Arbeit und Einkommen verliert und sein Haushaltsbudget schrumpft. Dann erst merkt so mancher, dass die endlose Steigerung des Konsums kein Naturgesetz ist. Wachstumsprognosen, die gewöhnlich auf Zahlen der Vergangenheit basieren und denen man immer treuen Glauben geschenkt hat, sind dann nur noch Makulatur.

Wachstum und Rezession sind derzeit auch im Stadt-Land-Vergleich feststellbar. Das Dorf schrumpft, während die Stadt boomt. Immer mehr Menschen suchen in der Stadt die vermeintliche Krisensicherheit. Doch die Ballungsräume bergen prekäre Zustände. Im globalen Süden konzentriert sich das Elend in den Metropolen, aber auch in den reichen Ländern fordern sie ihren Tribut. Schmerzhafte Steigerungen der Wohnkosten, Existenzängste, Reizüberflutung, stressbedingte Erkrankungen, Abhängigkeit von Genussmitteln, dazu die erhöhte Ansteckungsgefahr, Enge, Lärm und Feinstaub – Begleiterscheinungen, die zunehmend Zweifel an der Stadt als idealem Lebensraum aufkommen lassen. Mit der Größe der Stadt nehmen Anonymität, Gewaltdelikte und damit die nötigen Vorkehrungen und Aufwendungen für die persönliche Sicherheit zu. Auf den Dörfern läuft der Alltag in der Tat friedfertiger ab. Ich habe diesen Unterschied schätzen gelernt.

Was geschieht mit uns Menschen, wenn wir in einer Art Dauerkrisenmodus leben? Mancher stumpft ab, flüchtet in Scheinwelten oder in Verschwörungstheorien, andere werden depressiv oder neigen zu Fatalismus, denn »machen kann man eh nix«, so der häufig zu hörende Tenor. Immer mehr Menschen sehen die Gefahr eines ohnmächtigen Ausgeliefertseins, spüren ein Unwohlsein und suchen nach einem Ausweg, nach Lösungen, vielleicht nach einem alternativen Lebensumfeld. Manche spüren eine wachsende Sehnsucht nach einem einfacheren, naturgemäßen, gesunden Leben, selbstbestimmt und friedlich, im frei gewählten Tempo und ohne Konsumnötigung. Eine Art von Lebensstil, der am ehesten außerhalb der Metropolen, fern der Konsumtempel zu realisieren wäre. Könnte es sein, dass das Landleben krisenfester, resilienter und weniger störungsanfällig ist?

In der Natur sind Krisen Ende und Anfang zugleich. Ein Ökosystem bricht zusammen, es muss weichen und ein neues entsteht. Die Natur hat alle Zeit der Welt, um Neues zu erschaffen.

Was uns Menschen eher selten bewusst wird: Rezessionen machen uns nicht nur arm. Wir können aus der Krise gestärkt hervorgehen und aus ihr lernen. Wir gewinnen an Lebenserfahrung und Einsichten, vielleicht auch eine Portion an Weisheit und Gelassenheit. Häufig beginnen wir erst in Krisenzeiten darüber nachzudenken, was wirklich für unser Leben wichtig ist. Plötzlich erscheinen uns Dinge, die wir noch gestern für unverzichtbar hielten, als banal und entbehrlich. Wir schütteln den Kopf über uns selbst. Wir stellen fest, dass wir über unsere Verhältnisse gelebt und unsere eigentlichen Bedürfnisse vergessen, ja missachtet haben. Wir beginnen zu sortieren, was bei den begrenzten Ressourcen noch leistbar ist und was nicht. Wir werden wachgerüttelt, gewinnen an Klarheit über die Welt und merken, wie verletzlich wir sind. Wir erhalten mit jeder Krise eine Chance, unserem Leben eine Wendung zu geben, verloren gegangene Freiheiten zurückzugewinnen.

Vorgetäuschte heile Welt

Wenn der Frühling anbricht, lockt es uns Menschen öfter als sonst nach draußen. Wir gehen in den Park oder unternehmen einen Ausflug in Feld und Flur vor den Toren der Stadt. Auch mich hält es dann keine Minute länger drinnen. Die aufgehende Saat, das zarte Grün, das aus den Knospen hervorbricht, erfreut das Auge und stiftet Hoffnung. Mit dem Erwachen der Natur lebt der Mensch auf, Frühlingsgefühle stellen sich ein, das war schon immer so. Unsere inneren Uhren sind mit denen der Natur aufeinander abgestimmt. Wir wollen in der schönsten Zeit des Jahres Augenzeuge des Neubeginns sein. Bald erstrahlen die Felder in sattem Gelb, wenn Ende April der Raps in Blüte steht, es ist eines der beliebtesten Fotomotive. Wer das aufblühende Geschehen nicht im Original erleben kann, bekommt es in Bildern beim Wetterbericht präsentiert.

Was viele Menschen jedoch für Natur halten, hat mit Natur nur noch wenig zu tun. Wir sehen tiefgrüne Wiesen und Felder und fühlen uns dem Natürlichen, dem Ursprünglichen dabei sehr nah. Welch ein Irrtum! Wir haben es mit verarmten, chemisch gereinigten Monokulturen zu tun. Alle unerwünschten Pflanzen werden vernichtet, nur eine einzige Art darf auf der Fläche verbleiben. Die Natur aber baut auf Vielfalt. Sie ist einer der Grundpfeiler für die Funktionstüchtigkeit ihrer Ökosysteme, sie verleiht Stabilität und ermöglicht erst die Fähigkeit zur Selbstregulation. Trotz ihrer fundamentalen Bedeutung schwindet die natürliche Vielfalt im rasanten Tempo. Nach dem Bericht der europäischen Umweltagentur EEA 2020 geht es der Natur in Europa miserabel. 81 Prozent aller geschützten (!) Lebensräume und 60 Prozent der Tier- und Pflanzenarten weisen einen mangelhaften oder schlechten Zustand auf. Die Hauptschuld tragen eine nicht nachhaltige Land- und Forstwirtschaft, zunehmende Umweltverschmutzung und ein ungebremster Flächenverbrauch. Was sind die tieferen Gründe?

Es ist der wirtschaftliche Wachstumsdruck, es ist der Zwang, immer mehr und immer billiger zu produzieren. Diese aufgebauten und wachsenden Zwänge hinterlassen eine tiefe Spur der Verwüstung in der Vielfalt des Lebens. Die Biodiversität, die Vielfalt an Pflanzen und Tieren, geht uns unweigerlich verloren, wenn wir an dieser Wirtschaftsweise nichts ändern.

Anfangs wurde das Verschwinden der besonders schönen, der imposanten und possierlichen Arten beklagt. Die Orchideen zogen sich von den Wiesen zurück und der Hase machte sich vom Acker. Unbeachtet blieben die kleinen, unauffälligen Lebewesen, die Insekten, die mit Abstand zahlreichsten Vertreter der Tierwelt überhaupt. Diese hatte bis vor Kurzem kaum jemand auf dem Schirm, wenn man von den hübschen Tagfaltern einmal absieht. Derzeit rechnen die Wissenschaftler mit über acht Millionen Tierarten auf der Welt, überwiegend Insekten. Davon sind aber erst zwei Millionen Arten wissenschaftlich beschrieben. Das bedeutet: Drei Viertel der Tierarten auf unserem Heimatplaneten sind uns bislang fremd geblieben. Unzählige davon stehen auf der Kippe. Die Artenvielfalt schrumpft derzeit einhundert Mal schneller als ohne menschliches Zutun. Knapp 40 000 Tier- und Pflanzenarten sind akut vom Aussterben bedroht. Die meisten Menschen in den Städten bekommen von dem rasanten Artensterben kaum etwas mit und auch unter den Landbewohnern fällt oft nur den Älteren auf, dass da etwas nicht stimmt, dass es immer stiller und einförmiger in ihrem Umfeld wird.

Während die halbe Welt nach Jahrzehnten des Verdrängens endlich über den Klimawandel diskutiert, spielt sich im Hinter-

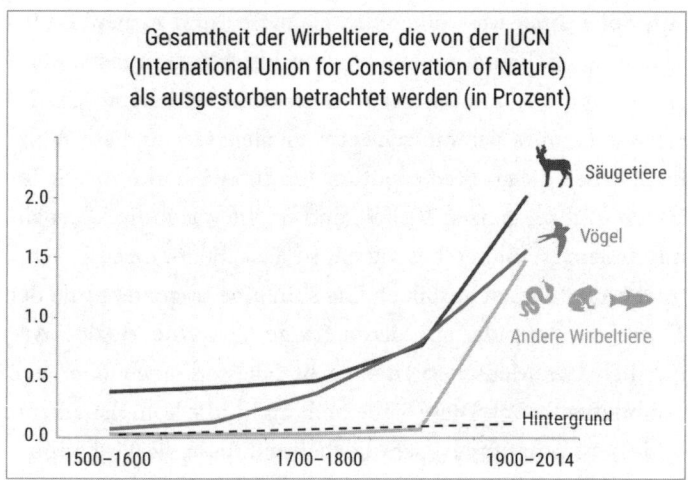

Gesamtheit der Wirbeltiere, die von der IUCN
(International Union for Conservation of Nature)
als ausgestorben betrachtet werden (in Prozent)

Säugetiere

Vögel

Andere Wirbeltiere

Hintergrund

2.0
1.5
1.0
0.5
0.0

1500–1600   1700–1800   1900–2014

Abbildung 2: Derzeit läuft das größte Aussterben von Pflanzen- und Tierarten seit dem Verschwinden der Dinosaurier vor 66 Millionen Jahren. Laut
UN-Bericht des Weltbiodiversitätsrates sind bis zu einer Million Arten
vom Aussterben bedroht.

grund diese andere weltweite Tragödie ab, über deren dramatische Konsequenzen wir uns kaum bewusst zu sein scheinen.
Wir sind Zeitzeugen und erleben gerade das größte Artensterben seit dem Verschwinden der Dinosaurier.

Damals, vor 66 Millionen Jahren, schlug ein gewaltiger Meteorit auf die Erde ein. Er verwüstete das Land und verdunkelte
den Himmel für Jahre, die Pflanzen gingen ein und die großen
Pflanzenfresser verhungerten. Nur wenige kleine, unterirdisch
lebende Tierarten, die sich von Samen, Wurzeln und anderen
Pflanzenresten ernähren konnten, überstanden das Inferno. Aus
ihnen gingen die Säugetiere hervor, die nach den »Dinos« ihre
Blütezeit erfuhren. Was damals der Meteorit bewirkte, übernimmt gerade der moderne Mensch. Mit seinen nicht enden
wollenden Ansprüchen setzt er die Existenz vieler Lebewesen

aufs Spiel. Aber was sollten uns Halbaffen und namenlose Insekten in den Baumkronen von Urwaldriesen kümmern, wenn es doch mit uns und unserer Wirtschaft immer bergauf geht?

Man kann es sich nur schwer vorstellen: Genau diese Winzlinge haben die größte Bedeutung für unser Überleben. Die Insekten in ihrer ganzen Vielfalt sind es, die uns indirekt ernähren, indem sie Blüten bestäuben, so dass die Pflanzen Früchte tragen und Samen ausbilden. Sie sind eine tragende Säule der Nahrungspyramide, auf deren Spitze sich eine einzige Art, nämlich der Mensch breitgemacht hat und noch über den Raubtieren thront. Diese Säule und mit ihr die komplette Pyramide bekommt immer mehr Löcher und Risse, sie wird schmaler und wackliger. Somit zerstören wir Menschen nicht nur die Nahrungsgrundlage für Fische und Vögel, sondern auch unsere eigene natürliche Lebensbasis.

Viele Menschen halten den Wald für die reine Natur, dort sei sie noch in Ordnung, so der Glaube. Doch die Wahrheit ist eine andere: In den Waldgebieten Mitteleuropas dominieren Fichten und Kiefern, sie wurden künstlich angelegt, um schnell viel Holz zu produzieren, es sind artenarme Forsten und sie sind alles andere als stabil. Nadelwaldforsten sind die reinsten Pulverfässer in Zeiten der Erderhitzung. Den steigenden Temperaturen, den zunehmenden Dürrezeiten, den Stürmen und der Brandgefahr haben sie kaum etwas entgegenzusetzen. Bei diesem Dauerstress haben auch Borkenkäfer & Co. ein leichtes Spiel. Gesunde und gut versorgte Bäume weisen durch klebrige Harzabscheidungen die Angreifer in die Schranken. Doch die kraft- und saftlosen, gestressten Einheitsbäume laden die Forstschädlinge geradezu ein, sich zu vermehren und auszubreiten. Der Anblick des Harzes hat mich persönlich tief erschüttert: Einst grüne Gebirgszüge präsentieren sich als ergrautes landschaftliches Skelett. Die Hälfte der Fichtenbestände hat das Waldgebirge in nur drei Jahren eingebüßt. In anderen Waldgebieten sieht es nicht viel anders aus.

Noch alarmierender ist es um die meisten Felder im gesamten Land bestellt. Auch wenn sie im Frühjahr durchweg tiefgrün erscheinen, ist die Agrarlandschaft weitgehend zu einer ökologischen Wüste verkommen. Wenn man die Felder nicht ständig mit Giften besprühte, um Insekten und Pilze abzutöten, würden die Ackerkulturen in ähnlicher Weise kollabieren wie die Wälder. Die großflächigen, einförmigen Anbausysteme sind Zuchtstationen für Schaderreger. Die meisten Felder kommen ohne regelmäßige Giftspritzungen nicht mehr über die Runden. Ohne Chemie scheint fast nichts mehr zu wachsen. Unser Weizen wird fünfmal, unsere Kartoffeln zehnmal im Jahr gespritzt und Apfelplantagen sogar 21 Mal, wie die Bundesregierung auf eine Anfrage mitteilte. Äpfel gehören neben Wein zu den chemieintensivsten Kulturen. Doch ist die permanente Begiftung unserer Landschaften eine dauerhafte Lösung? Klar ist: Der Wettlauf gegen die Schädlinge ist mit der chemischen Keule nicht zu gewinnen.

Lange wurden die Risiken und Nebenwirkungen kleingeredet und verdrängt. Gerne glaubte man den Versprechungen der Hersteller, dass die Wirkstoffe unbedenklich seien. Das ging mir genauso. Als in den 1960er Jahren die Insektengifte käuflich zu erwerben waren, habe ich – so wurde es empfohlen – das graue, staubige Pulver in einen feingewebten Nylon-Damenstrumpf gefüllt und es ohne jeden Schutz über die Kartoffelpflanzen gestäubt, um die Larven des Kartoffelkäfers abzutöten. Jahre später jobbte ich als Student einige Nachtschichten in einem Magdeburger Chemiebetrieb, in dem eines dieser Insektengifte hergestellt wurde. Es war das Gamma-Hexachlorcyclohexan, getauft auf den schönen Namen »Lindan«. Meine Arbeitskleidung stank danach derart widerlich, dass ich sie für immer entsorgen musste.

Mit zunehmendem Wissen wuchs meine Skepsis. Rachel Carsons Buch »Der stumme Frühling«, 1962 in den USA, 1963 erstmals in Deutsch erschienen und auf geheimen Wegen in die DDR geschmuggelt, öffnete mir die Augen. Es wirkte wie ein Alarmsignal. Die Autorin beschreibt detailliert die verheerenden Wirkungen von Pestiziden auf die Vögel und die Gesundheit der Menschen. Das Buch avancierte zur Bibel der weltweiten Umweltbewegung.

Die Agrargifte, selbst die längst verbotenen, tauchen inzwischen überall in unserer Umwelt auf: Im Boden, im Wasser, über die Nahrungskette gelangen sie in unser Essen, in unser Blut, in die Muttermilch. Pestizide, die für Bienen tödlich sind, sind auch für uns Menschen alles andere als gesund. Am Ende gibt es nur Verlierer – sowohl der Mensch als auch die Natur sind die Leidtragenden.

Jahrzehntelang haben die regierenden Politiker diese Form des Wirtschaftens als »gute fachliche Praxis« gedeckt und für angemessen befunden – entgegen allen Warnungen aus der Wissenschaft. Die Industrielobby hat »gute« Arbeit geleistet und dabei nicht schlecht verdient. Aber wer zahlt den Preis?

Nicht nur der Mensch, auch die Natur ist erfinderisch. Womit kaum jemand gerechnet hat: Die Schaderreger setzen sich zur Wehr. Sie werden zunehmend resistent gegen den Gifteinsatz. Mutationen machen es möglich. Kartoffelkäfer scheren sich kaum mehr um Insektizide und sogenannte Problemunkräuter, wie Windhalm und Fuchsschwanz, verschwinden trotz Herbizidspritzung nicht mehr vom Acker, sondern breiten sich weiter aus.

Was uns blüht ...

Es hat geregnet, die ganze Nacht hindurch. Noch hängen die Wassertropfen an den Spitzen der Kiefernnadeln und spiegeln die aufgehende Sonne wie kleine Glaskugeln. Die meterhohen Gräser beugen sich mit ihren Blütenständen unter der ungewohnten Wasserlast. Kein Windhauch hatte die Regenwolken vertrieben. Wer hat nicht darauf gehofft? Die Bäume kämpfen um ihr Überleben, die Waldwege staubten bis gestern bei jedem meiner Schritte. Nun endlich brachte der Landregen Entspannung. Der Morgengesang der Vögel klingt frischer als sonst, er klingt nach Aufbruch. Alles scheint mit mir aufzuatmen. Die Luft ist rein wie lange nicht. Die Singdrossel in ihrem getupften Federkleid hatte bislang nur schmale Kost. Jetzt hüpft sie am Wegrand entlang und hofft auf den dicken Regenwurm, der lange im Untergrund ausharrte und sich jetzt vielleicht an die Oberfläche wagt. Nebenan auf der Wiese triumphiert das Kranichpaar im Duett, es scheint den Regen als großes Glück zu feiern. Dem Paar fehlte in diesem Frühjahr im Umfeld ihres Nestes das schützende Wasser für eine erfolgreiche Brut. Vielleicht klappt es im Folgejahr. Auch die Kranichhoffnung stirbt zuletzt.

Kraniche gab es auch schon vor drei Millionen Jahren, im Zeitalter des Pliozäns, allerdings weniger in unseren Breiten. Dafür streiften Elefanten und Giraffen durch Europas Savannen. Der Homo sapiens war noch längst nicht in Sicht. Die Temperaturen lagen in dieser fernen Wärmeperiode um drei Grad höher als in heutiger Zeit. Es gab kein Grönlandeis mehr und der Meeresspiegel lag um fast 20 Meter höher als heute. Forscher von der University of Southampton haben Fossilien aus jenem Zeitraum untersucht, in denen auch Spuren der damaligen Atmosphäre konserviert waren. Die Ergebnisse der Gasanalysen

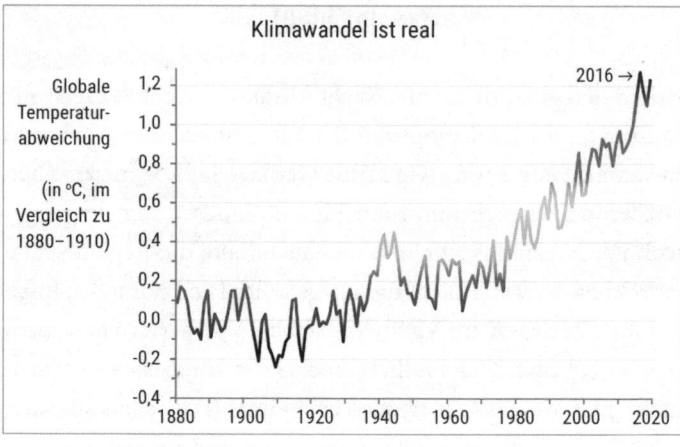

Klimawandel ist real

Globale Temperaturabweichung (in °C, im Vergleich zu 1880–1910)

2016 →

Abbildung 3: Seit Beginn der Aufzeichnungen 1880 ist die globale Temperatur exponenziell um über ein Grad angestiegen, davon zur Hälfte in den letzten drei Jahrzehnten.

überraschten und sollten uns sehr zu denken geben: Die damalige CO_2-Konzentration ist nahezu identisch mit dem gegenwärtigen CO_2-Wert von 410 ppm. Das bedeutet nicht mehr und nicht weniger, dass unsere Treibhausgase schon jetzt eine Größenordnung erreicht haben, die einer Heißzeit entspricht. Diese Heißzeit ist nur deshalb noch nicht eingetreten, weil das globale Klima träge und zeitversetzt reagiert. Noch hat unser Planet Pufferkapazitäten. Wann diese aufgebraucht sein werden, wissen wir nicht. Wie drückte es der bekannte deutsche Klimaforscher und Gründungsdirektor des Institutes für Klimafolgenforschung in Potsdam (PIK), Hans Joachim Schellnhuber, aus: »Wir werden viel mehr Glück brauchen, als wir Verstand haben.«

Während manche Menschen noch zweifeln oder darüber streiten, ob es einen Klimawandel überhaupt gibt, haben einige Vogelarten die globale Erwärmung bereits wahrgenommen und Konsequenzen gezogen. Schon Ende des letzten Jahrhunderts wanderten Vogelarten in Mitteleuropa ein, deren Heimat eigentlich der Mittelmeerraum ist. Ich staunte nicht schlecht, als ich erstmals den strahlend weißen Silberreiher und den exotisch bunten Bienenfresser an der Elbe entdeckte. Inzwischen brüten Hunderte von Bienenfressern in meiner Region und es werden jährlich mehr. Einwanderer gibt es auch unter den Möwen. Zu den heimischen Möwen gesellen sich immer öfter Mittelmeermöwen und Steppenmöwen. Schon deren Namen verraten einiges über ihre Klimaansprüche. Vögel haben eine feine sensorische Wahrnehmung, sie sind uns in dieser Disziplin klar überlegen, sie zweifeln nicht, sie handeln! Das merke ich auch am Verhalten unserer Gänse, die alles andere als »dumm« sind. Während unsere heimischen Graugänse noch vor Jahrzehnten als Zugvögel im Herbst bis nach Südwesteuropa zogen, überwintern sie inzwischen auch an der Elbe. Sie ersparen sich die anstrengende Flugreise, denn unsere schneearmen Winter lassen keinen Mangel an Grünfutter aufkommen. Auf der anderen Seite vermisse ich zunehmend die großen Schwärme von Saatgänsen, die einst ab Oktober zu Zehntausenden aus den Sumpfgebieten der russischen Tundra einflogen, um in den Wintermonaten auf dem Wasser der Elbe zu nächtigen. Sie haben dazugelernt und verkürzen ihre Flugrouten ebenso wie die ruflustigen, nordischen Singschwäne, deren Nachtkonzerte mir in der Winterstille sehr fehlen.

Inzwischen merken auch wir es in der Stadt und auf dem Land: Das Klima wird wärmer und extremer. Während Epidemien kommen und gehen, kennt die menschengemachte Erderwärmung bei allen natürlichen Schwankungen nur eine Richtung: Die globale Temperatur geht immer steiler nach oben. Lange Zeit wurde der Treibhauseffekt verharmlost (»Der Weinanbau wird profitieren!«). Nun schlägt die Krise mit voller Wucht zu. Die sich häufenden Wetterextreme sind nur der Anfang eines Prozesses, der sich selbst beschleunigen wird, wenn immer mehr Kipppunkte überschritten werden, die wiederum Dominoeffekte auslösen können. Schutzimpfungen wird es dagegen ebenso wenig geben wie eine Herdenimmunität und auch Schnelltests helfen nicht weiter. Einer dieser möglichen Kipppunkte ist der Golfstrom, der warmes Wasser aus der Karibik bis in den Nordatlantik befördert. West- und Nordeuropa erfreuen sich dadurch eines wintermilden Klimas. Nach einer internationalen Studie von 2021 unter Leitung von Professor Stefan Rahmstorf vom PIK Potsdam hat sich dieser Meeresstrom infolge des Klimawandels in den letzten sieben Jahrzehnten »beispiellos« abgeschwächt wie seit 1000 Jahren nicht mehr. Befürchtet werden dadurch extremere Wetterlagen, darunter mehr Winterstürme sowie heißere und trockene Sommer. Weitere mögliche Kipppunkte sind das Abschmelzen der Eismassen der Arktis und der Antarktis. In absehbarer Zeit kann Millionen Menschen das Wasser bis zum Halse stehen. Sie werden keine andere Wahl haben: Wenn sie überleben wollen, müssen sie vor den Fluten flüchten. Bis Mitte dieses Jahrhunderts wird mit 50 bis 200 Millionen Klimaflüchtlingen gerechnet. Andere Gebiete unserer Erde können zu unfruchtbaren und unbewohnbaren Wüsten verkommen. Neue Völkerwanderungen sind unausweichlich.

Wie wird sich das Leben in unseren Städten verändern? Das Mittelmeerklima kommt nach Mitteleuropa, das ist kaum noch aufzuhalten. Wie Klimawissenschaftler schon heute feststellen, heizen sich Städte an Sommertagen um bis zu zehn Grad mehr auf als das Umland. Beton und Asphalt wirken als Wärmespeicher und die zunehmend versteinten Vorgärten, ich nenne sie »Gärten des Grauens«, verschärfen das Problem. Tropennächte häufen sich in unseren Breiten. Werden offene Fenster noch die erwünschte Abkühlung für den nächtlichen Schlaf bringen? Oder geht es nur noch mit Klimaanlagen? Das Schizophrene: Diese Anlagen – in Häusern wie in Fahrzeugen – laufen noch viele Jahre anteilig mit fossilen Energieträgern und heizen damit das Klimageschehen weiter an. Als Extra-Klimakiller kommen die verwendeten fluorhaltigen Kältemittel (FKW) hinzu, die pro Molekül 2000 Mal schädlicher auf unser Klima wirken als das CO_2, so das Öko-Institut. So wie die Fluorchlorkohlenwasserstoffe (FCKW) wegen ihrer zerstörenden Wirkung auf die Ozonschicht weitgehend verboten wurden, müssen auch die FKWs schnellstmöglich aus dem (Auto-)Verkehr gezogen und durch CO_2 als fluorfreies Kältemittel ersetzt werden. Damit ließe sich nach Experteneinschätzung ein halbes Grad an Erderwärmung bis 2100 einsparen.

Unser Überleben hängt in der Tat an einem seidenen Faden – am Klimafaden und am Faden der Energieversorgung. Was würde passieren, wenn die Stromversorgung ausfällt oder gar sabotiert wird? Technik ist hilfreich, macht aber auch verletzlich. Wir bilden uns ein, als freie Menschen zu leben, doch unsere Abhängigkeit von den Versorgungsstrukturen ist inzwischen total.

Wer es leugnet, steckt seinen Kopf in den Sand, was nicht einmal der Strauß wirklich tut. Wir sind von Krisen eingekreist, umzingelt. Es ist höchste Zeit, Natur neu zu lernen, zu verstehen und mit ihr zu kooperieren, statt sie ohne Pardon ausbeuten zu wollen. Nicht wir, die Natur weiß es besser! Wir, ihre Kinder, sind abhängig von der Natur und nicht umgekehrt. Jetzt geht es darum, sich auf die Wurzeln des Lebens zu besinnen und sich von scheinbar bequemen, aber letztlich doch fatalen Abhängigkeitsspiralen und Zwangsstrukturen zu befreien.

Kinder der Natur

Wir müssen endlich erkennen: Unser Wirtschaftssystem macht die Natur und letztlich uns selbst krank. Die ökologischen Belastungsgrenzen sind erreicht und überschritten. Zu lange glaubte man, die Natur beherrschen, austricksen zu können. Bis zum Letzten wurde und wird sie ausgebeutet. Nun stehen wir kurz vor einer Kapitulation. Wir brauchen dringend Alternativen, die sich an den Regeln der Natur orientieren.

Mein Wohnort liegt am Rande des Großschutzgebietes »Mittelelbe«. Schon 1979, noch in der DDR, wurde es von den Vereinten Nationen als erstes Biosphärenreservat ganz Deutschlands anerkannt. Mensch und Natur, so die Zielstellung der UNESCO für Biosphärenreservate, sollten in Harmonie koexistieren. Kurz vor der deutschen Wiedervereinigung wurden die Schutzgebiete erweitert und neue kamen hinzu. Die Nationalparks und Biosphärenreservate der DDR wurden als »Tafelsilber der Deutschen Einheit« gefeiert. Wenigstens hier sollte die Umwelt einigermaßen in natürlicher Ordnung sein. Aber selbst innerhalb der Schutzgebietsgrenzen leidet die Natur. Eichen, Eschen und Kiefern sterben reihenweise. Die überall aufgestellten Schutzgebietsschilder schützen nicht mehr. Ich erlebe es vor meiner Haustür: Die zunehmenden Dürreperioden, die überzogene Entwässerung und die stetige Vertiefung der Elbe durch die Verfolgung sinnloser Wasserstraßenpläne setzen den Wäldern und Auen im Biosphärenreservat zu. Es fehlt vor allem am Lebenselixier Wasser. Die Natur erledigt nun das, was sie tun muss: Das Kranke wird aussortiert, wirtschaftliche Fehler werden korrigiert und Platz für Neues, Gesundes geschaffen.

Noch schlechter ergeht es jenen Flächen innerhalb der Schutzgebiete, die landwirtschaftlich intensiv genutzt werden.

Man mag es kaum glauben: Agrargifte in Schutzgebieten anzuwenden, ist in Deutschland zulässig, ja sogar Normalität. Das regelmäßige Spritzen mit Herbiziden, wie dem Unkrautvernichter Glyphosat, lässt alles pflanzliche Leben in kürzester Zeit ersticken. Kein Kräutlein bleibt am Leben, ein stilles Massensterben in der Fläche. Es irritiert mich immer wieder: Mitten im Frühling sind die Felder durchweg braun.

Und wie ergeht es den wild lebenden Tieren in unseren Schutzgebieten? Es sollte ihnen besser als anderswo gehen, möchte man meinen. Doch viele von ihnen sind auf dem Rückzug, vor allem die Offenlandarten und die der Feuchtgebiete. Bienen, Schmetterlinge, Libellen, Vögel und Amphibien haben es schwer. Ihre Lebensräume werden überdüngt und vergiftet. Aufmerksame Naturbeobachter beklagen diesen Trend seit Jahrzehnten, doch sie wurden lange nicht erhört. Endlich, 2021 hat auch die EU Deutschland wegen unzureichender Umsetzung der geltenden Naturschutzrichtlinien verklagt.

Wer weit weg, wer in der Stadt lebt, wer sein Leben zwischen Arbeit und Konsum verbringt, bemerkt das stille Sterben nicht. Oder er will es nicht bemerken. Doch das Wegschauen ist keine Lösung. Es geht nicht nur um das Überleben bunter Schmetterlinge und trällernder Vögel. Diese Tiere sind wichtige Botschafter der Natur. Mit ihrem Verschwinden verkünden sie die Gefährdung der Lebensgrundlagen, auch die von uns Menschen. Unsere Nahrungsmittelsicherheit und unsere Gesundheit sind eng mit dem Zustand unserer Natur verknüpft. Nur in einer gesunden Umwelt können auch wir Menschen gesund bleiben.

Ein weithin vernommenes Aufbruchssignal war das erfolgreiche Volksbegehren »Artenvielfalt und Naturschönheit in Bayern« im Jahr 2019, an dem 1,7 Millionen Wahlberechtigte teilgenommen haben. Ihr einhelliges Votum hat die Bayerische

Staatsregierung zum Handeln und zur neuen Gesetzgebung genötigt – ein Paradebeispiel, wie durch gut organisierte Aktionen von unten demokratische Mitbestimmung funktionieren kann.

Wenn wir aufmerksam sind, können wir es wahrnehmen: Die Natur ruft um Hilfe. Ignorieren wir sie weiter, werden wir von einer Krise in die nächste stürzen. Das kann niemand wirklich wollen. Es ist mein Job und unser aller Job, die fundamentalen Lebensgrundlagen zu bewahren. Wir müssen unseren Blick weiten. Das vielfältige Leben draußen auf dem Land braucht uns und wir brauchen es genauso, egal, wo wir gerade zu Hause sind. Wir, die Kinder der Natur.

Land liefert

Betrachten wir das Verhältnis von Stadt und Land in unserer modernen Gesellschaft analytisch, so ist unschwer zu erkennen: Das Ökosystem Land liefert, das Ökosystem Stadt verbraucht. Kein anderes Ökosystem wächst so rasant wie die Stadt, allerdings auf Kosten der übrigen Ökosysteme. Die Stadt verbraucht zum Wachstum den Boden, das Wasser, die Luft, das Klima, die Pflanzen und die Tiere bis in die ländlichen Lebensräume hinein. Es ist uns kaum bewusst: Alles Lebensnotwendige kommt vom Land. Vom Sauerstoff über die Nahrung, die Energie, die Baustoffe für die Infrastruktur bis hin zu den Rohstoffen für die Industrie. Die Stadt hängt am Tropf ihres Umlandes. Ihr Energie- und Rohstoffhunger scheint grenzenlos und sie produziert große Mengen Abfall, Abwasser und Abluft. Das alles will, ja muss die Stadt wieder loswerden. Nur wie? Mülldeponien, Müllverbrennungsanlagen und Kläranlagen finden sich meist weit draußen vor den Toren der Stadt.

Weit draußen wachsen die Wälder. Die Wälder, so sagt man, spiegeln die Seele und die Befindlichkeit der Deutschen wider. Nur wie steht es um deren Befindlichkeit? Die Wälder schlucken lautlos den Staub und die Abgase. Sie verwandeln auf wunderbare Weise das Treibhausgas Kohlendioxid in lebensstiftenden Sauerstoff und in Zellulose. Sie erledigen die »Filterarbeit« als Dienstleistung wie selbstverständlich, dazu absolut klimaneutral. Doch zunehmend ächzen unsere Wälder unter dieser steigenden Last. Sie sind gestresst, überfordert, sie schwächeln und sterben nach und nach ab. Neben dem Wald wird die Atmosphäre als scheinbar kostenloser Müllschlucker für die Abgase missbraucht. Seit Beginn der Industrialisierung und Verstädterung steigt die Konzentration der Treibhausgase unvermindert an, diese werden bildhaft »auf Halde gekippt«.

Somit versorgt der außerstädtische Raum die städtischen Ballungsräume nicht nur mit dem Lebensnotwendigen, er übernimmt auch die Entsorgung von Überflüssigem und Schädlichem. Mit diesem Tatbestand erfüllt die Stadt in zweifacher Hinsicht die Kriterien eines Öko-Schmarotzers. Bliebe der Abfall nach dem Verursacherprinzip innerhalb der Stadt, wäre sie binnen kurzer Zeit zugemüllt. Von Ausgrabungen kennt man sie, die sogenannten Kulturschichten, bestehend aus Abfall, der einfach auf der Straße landete. Antike Städte wuchsen zu Anhöhen. Auch Paris oder London bewegen sich seit 2000 Jahren kontinuierlich nach oben. New York steht auf einer viele Meter mächtigen Müllschicht. Inzwischen sind die Müllmengen exorbitant gewachsen. Wenige Wochen ohne städtische Müllabfuhr, und es kommt zur Krise, es stinkt zum Himmel und Krankheitserreger haben freie Entfaltungsmöglichkeiten. Fazit: Eine Stadt ist ohne das befreiende Land nicht lebensfähig. Sie wäre im wahrsten Sinne des Wortes zum Untergang verurteilt.

Die Bilanz ist eindeutig. Ein Blick auf die Stoffflüsse gibt Auskunft. Abertausende Tonnen nützlicher Stoffe gehen rein und Abertausende Tonnen schädlicher Stoffe gehen raus. Doch wer soll dafür Sorge tragen, alles Nötige bereitzustellen und das Verbrauchte abzunehmen, wenn die Menschen in die Städte flüchten und das Land menschenleer zu werden droht?

Zur Ehrenrettung der Stadt sei erwähnt, dass auch sie liefert: Industrieprodukte, Dienstleistungen und Kultur hat sie in großer Vielfalt zu bieten. Universitäten, Volkshochschulen, Krankenhäuser, Theater, Kinos und Museen haben ihren Platz in den Städten, ebenso der Handel, die Gastronomie, die Hotellerie, die Unterhaltungsindustrie. Das zieht Touristen an und davon profitiert auch die Landbevölkerung.

Doch das Land steht nicht mit leeren Händen da, es hat die grünen Attraktionen zu bieten: Eine historisch gewachsene Kulturlandschaft, großartige Erholungsgebiete mit natürlicher Stille, biologische Vielfalt mit Erlebniswert, fantastische Wälder, bunte Wiesen und blühende Heidelandschaften, Flüsse mit ihren Auen, Seen und Teiche, die Berge und das Meer.

Der auffallende Unterschied: Die städtischen Angebote sind oft kostenpflichtig, die des Landes sind zumeist gratis nutzbar. Auf den Waldwegen kann sich jeder frei austoben und Pilze gibt es für alle kostenlos, die Fitnesscenter und Tierparks hingegen verlangen Eintritt. Die Folge: Dem ländlichen Raum fehlen Einnahmen, um die Infrastruktur aufrechtzuerhalten und die Bewohnbarkeit zu sichern. Professor Bernd Hansjürgens von der Martin-Luther-Universität Halle-Wittenberg stellt zurecht die zugespitzte Frage nach einem Preisschild für Wald und Wiese.

Auf alle Fälle muss der Wert der Natur, das Naturkapital, stärker sichtbar gemacht werden, um ein gesellschaftliches Bewusstsein für die Naturleistungen zu schaffen. Die Versorgung mit Nahrung und Rohstoffen, die Regulation von Wasserhaushalt und Klima, die Bereitstellung von Boden und Luft sowie der landeskulturelle Erholungswert bleiben bei den üblichen Kosten-Nutzen-Rechnungen bislang unberücksichtigt. Sind sie deshalb wertlos und verzichtbar?

Mit der Ausblendung des Naturkapitals verletzt unser aktuelles Wirtschaftssystem permanent die Naturgesetze. Von einer Kreislaufwirtschaft und einer abfallfreien Produktion sind wir meilenweit entfernt. Eine Wirtschaft, die weder klimaneutral noch naturschonend agiert, ist alles andere als zukunftsfähig. Sie ist ohne Wenn und Aber ein Auslaufmodell. Was ist zu tun? Ebenso wie es einen gerechten CO_2-Preis für den Klimaschutz geben muss, muss es eine Bepreisung der natürlichen Biodiversität geben. Die Vernichtung der biologischen Vielfalt durch raubbaumäßiges Wirtschaften muss für den Verursacher Geld kosten, es muss so teuer sein, dass Naturverbrauch und Naturzerstörung unwirtschaftlich werden und unterbleiben.

Umgekehrt ist die Förderung der biologischen Vielfalt als gemeinnützige Dienstleistung zu honorieren. Es sind vor allem Preissignale, auf die Wirtschaft und Verbraucher achten und auf die sie reagieren. Diese Signale zu setzen, ist die ureigenste Aufgabe der politischen Entscheider an den Spitzen der Macht. Passiert es nicht, treibt das »Schiff« führungslos und ohne klaren Kurs durch eine turbulente See mit dem Risiko des Kenterns.

Nicht nur in der Stadt, auch auf dem Land wird es für die Natur zunehmend eng. Die Fläche ist einerseits nicht vermehrbar, andererseits wachsen die Ansprüche der modernen Gesellschaft. Das macht auch die ländliche Umwelt krank. Jeder Mensch hat als Verbraucher daran seinen Anteil.

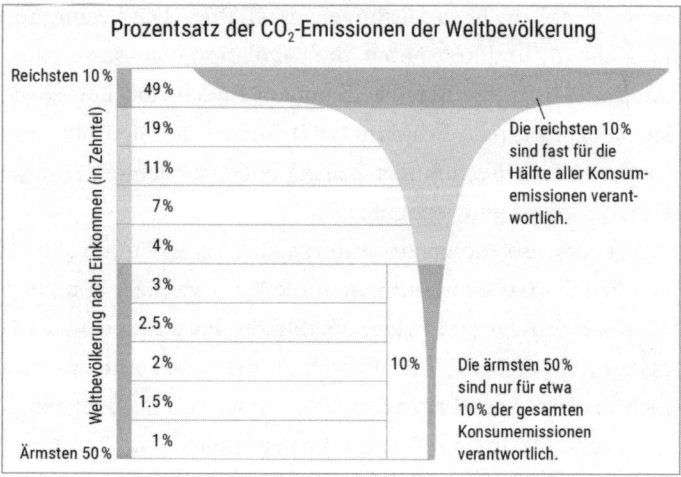

Abbildung 4: Die Klimakrise wird überwiegend von der reichen Erdbevölkerung verursacht. Der durchschnittliche Deutsche gehört zu den reichsten 10 Prozent, die über 50 Prozent der CO_2-Belastung zu verantworten haben.

Dieser Anteil ist allerdings global gesehen sehr verschieden. Wie eine Oxfam-Studie ergab, sind es die 10 Prozent der Reichsten dieser Welt, die über 50 Prozent der globalen Klimabelastung zu verantworten haben. 75 Prozent aller Emissionen durch den Flugverkehr werden durch die Flüge der Vermögenden dieser Welt verursacht. Im Landverkehr gehören die SUVs zu den größten Treibern der Erderhitzung. Vor diesem Hintergrund ist offensichtlich: Die Klimakrise ist auch eine Gerechtigkeitskrise.

Land in Sicht

Wir sitzen in einem Boot und fahren durch schwere See. Die Stürme nehmen zu, erreichen nie gekannte Ausmaße. Wir fahren auf Sicht und hoffen, dass alles gut gehen wird. Ist uns womöglich die Orientierung verloren gegangen? Wirtschaftliches Wachstum und Beschleunigung sollten alle Probleme lösen, jene Probleme, die das ungezügelte Wachstum selbst geschaffen hat. An Strategien für ein gezieltes Umsteuern hat kaum jemand gedacht. Es waren bestenfalls Vordenker, Außenseiter, die sich auf die Suche nach einem sicheren Kurs aufgemacht haben. So manchen hat die Suche nach einem naturgemäßen Leben aufs Land verschlagen.

Die Entscheidung für das Landleben sollte nicht von der Idee eines Rückzugs in eine Idylle getragen sein, eine Idylle, die es nur noch scheinbar gibt. Auch in den Dörfern haben sich Lebensstil und Umwelt stark verändert. Straßen werden verbreitert und Plätze asphaltiert, Betonplatten erobern das Territorium. Wild wachsende Pflänzchen werden bis zur letzten Fuge verfolgt und verbissen bekämpft, die typisch dörfliche Vegetation ist im Verschwinden begriffen. Benzinbetriebene Motorsägen, Heckenscheren, Laubbläser und Rasenmäher heulen auf, vor fast jedem Haus glänzt mindestens ein Auto und drinnen im Haus erstrahlt ein großformatiger Flachbildschirm. Nahrung, Kleidung und Wohnung haben sich dem Trend der Zeit angepasst, eingekauft wird via Internet. Landleben ist per se heute im Schnitt nicht besser oder schlechter in der Ökobilanz als das Stadtleben. Wir sitzen alle in dem einen und einzigen Boot namens Erde, egal ob in Stadt oder Land verankert. Egal, wo wir uns aufhalten, zerstören wir kollektiv unsere natürlichen Lebensgrundlagen durch die Summe unserer Gewohnheiten, von denen viele rücksichtslos und alles andere als zukunftsfähig sind.

Lange wollten wir sie nicht sehen, nun offenbaren sich die Schattenseiten des geglaubten Wohlstandes. Die größten Herausforderungen, die es je in der Menschheitsgeschichte gab, liegen frontal vor uns und dulden keinen Aufschub: Klimanotstand, Umweltverschmutzung, Ressourcenverknappung und der Ökosystemkollaps durch das Schrumpfen der biologischen Vielfalt. Alarmzeichen dieser Entwicklung wie Wetterextreme, Fluten, Dürren, Feuer und Artenverarmung können wir schon jetzt vor unserer Haustür beobachten und selbst am eigenen Körper spüren. Hinzu kommt, dass Ökokatastrophen weltweit stattfinden und humanitäre Katastrophen wie Hungersnöte, Kriege oder Flüchtlingsströme nach sich ziehen. Nicht zuletzt trifft eine kaputte Umwelt auch die Wirtschaft und die Gesundheit des Menschen.

Für all diese Bedrohungen gibt es keine einfachen Lösungen. Je komplexer die Welt, umso komplizierter die Auswege. Dennoch: Wir müssen alles versuchen, um die schlimmsten Auswirkungen zu begrenzen, für die Gesellschaft und für uns selbst. Unser Überlebenstrieb wird im Ernstfall Kräfte freisetzen, von denen wir bislang nichts ahnten. Wir haben durch Corona gelernt, uns einzuschränken, und wir haben solidarisch zusammengehalten, um uns und andere zu schützen. Wir können viel bewegen, wenn wir die Ernsthaftigkeit der Krisen begreifen und auch die Politik den Mut zum Erklären und Handeln aufbringt.

Es gibt unzählige Möglichkeiten, sich diesen Herausforderungen zu stellen. Gerade im bislang vernachlässigten ländlichen Raum liegen hoffnungsvolle Experimentierfelder, um unsere Lebensgrundlagen zu sichern. In diesem Buch möchte ich aus meinem persönlichen Erfahrungsschatz erzählen: Vier

Jahrzehnte habe ich Erkenntnisse sammeln können, wie ein selbstbestimmtes, freies, umwelt- und klimafreundliches Leben möglich ist. Es ist mir wichtig, nicht nur über die Umweltprobleme zu diskutieren und sie zu beklagen, sondern sie in Angriff zu nehmen, Lösungen zu finden und sie praktisch umzusetzen. Wie kann ich ganz persönlich die krisenhaften Entwicklungen entschärfen? Wie kann ich meinen Energie- und Ressourcenverbrauch senken, meinen ökologischen Fußabdruck verkleinern und dennoch ein gutes, zufriedenes Leben führen? Wie kann ich andere Menschen anstecken und auf meinem ökologischen Pfad mitnehmen? Wie kann ich politische Weichenstellungen beeinflussen? Diese Fragen stehen für mich im Lebensmittelpunkt und sie führen aufs Land.

Die Wurzeln meines Engagements liegen sicher in meinen Kindheitserfahrungen. Geld war immer knapp. Das Einkommen meines Vaters als selbstständiger, freier Bauer in der DDR betrug laut Sozialversicherungsausweis 1440 Mark – nicht pro Monat, sondern pro Jahr. Das sind vier Mark pro Tag für eine vierköpfige Familie. Davon mussten der Schmied, der Stellmacher, der Fleischer, der Fleischbeschauer, der Müller, der Dorffriseur, die Feuerversicherung, das Wassergeld und das Lichtgeld bezahlt werden. Mit dem, was übrig blieb, war nicht viel Staat zu machen. So lebte unsere vierköpfige Familie von ihrer Hände Arbeit und von dem, was die Natur zu bieten hatte.

Anfangs aus der allgemeinen Knappheit und der erforderlichen Genügsamkeit erwachsen, festigte sich meine Einstellung später durch mein angeeignetes ökologisches Wissen. Mir leuchtete ein, dass ich mit steigendem Konsum nicht nur unsere Umwelt mit ihren natürlichen Lebensgrundlagen schädige, sondern auch kommenden Generationen Lasten aufbürde und der globalen Ungerechtigkeit Vorschub leiste.

Wenn sich die Gedanken nicht permanent um Konsum drehen, bleiben Freiräume für die wirklich wichtigen, für die lebenswichtigen Dinge – für die Überlebensfragen. Das war damals nicht anders als heute. Das Ausscheren aus dem Konsumrausch, das Anderssein erfordert allerdings eine gehörige Portion pionierhaften Mut und eine Resilienz gegen den Herdentrieb, gegen den Drang, unbedingt mithalten zu wollen.

Ich gelangte zu der Erkenntnis, dass ein Leben auf dem Lande für mich gute Möglichkeiten bieten könnte, um meinen Ressourcenverbrauch zu senken und den Naturhaushalt zu schonen. Ich kann so mit mehr Verantwortung für mein eigenes Leben gleichzeitig mehr Verantwortung für das Gemeinwohl übernehmen. Aber kann ein Weg zurück aufs Land im Großen und Ganzen etwas ändern, Besserung versprechen? Man mag es nicht glauben: Die ländlichen Räume bieten mehr Handlungsfelder, als uns bewusst ist – sowohl für den Einzelnen als auch für die Gesellschaft.

Strebe ich einen nachhaltigen und gesunden Lebensstil an, der auch auf den Rest der Welt übertragbar ist, ohne die Belastbarkeit unseres Planeten zu überfordern, verhalte ich mich solidarisch und zukunftsfähig. Ich bin davon überzeugt, dass autark orientierte Lebensmodelle einen wertvollen Beitrag zur Stabilität der Gesellschaft, zur Krisenfestigkeit und zur Zukunftssicherung leisten können. Gewinner könnten wir alle sein, gleichgültig wo wir unser Zuhause haben.

Die individuellen Möglichkeiten des Landlebens sind nur eine Seite der Medaille. Doch auch auf kommunaler Ebene kann durch regionale Wirtschaftsmodelle viel zum Gemeinwohl beigetragen werden. Hier liegen eindeutig die größten und noch weitgehend ungenutzten Potenziale. Es sind vor allem ökologische Leistungen wie die Erzeugung gesunder Nahrungsmittel in einer Kreislaufwirtschaft, mehr Tierwohl durch Freilandhaltung, Transportreduzierung durch kurze Wege, Abfallvermeidung und Verzicht auf Kunststoffverpackung, Klimaschutz durch CO_2-Bindung, Reinigung von Luft und Wasser durch natürliche Selbstreinigungsprozesse, natürliche Wasserspeicherung, Bewahrung und Förderung der biologischen Vielfalt, Gestaltung der Kulturlandschaft und Schaffung von Gratiserholungsräumen.

Um Handlungsspielräume zu erschließen, bedarf es einer visionären, mutigen Politik, die die Rahmenbedingungen quasi als Leitplanken setzt, damit die gesellschaftliche und wirtschaftliche Entwicklung eine Richtung einschlägt, die nicht auf Kosten von Mensch und Natur erfolgt. Es genügt beileibe nicht, nur an das Umweltgewissen des Einzelnen zu appellieren. Umweltschonendes Wirtschaften und klimafreundliches Verhalten müssen endlich spürbar belohnt und nicht wie bisher durch höhere Kosten und Preise bestraft werden.

Viel zu lange wurden diese Weichenstellungen verschlafen. Das Zeitfenster für wirkungsvolles Handeln wird immer kleiner, je länger wir zögern. Und es wird immer teurer, die Schäden in Grenzen zu halten. Es geht um nicht mehr und um nicht weniger als um ein lebenswertes Dasein für uns, für unsere Kinder und unsere Enkel. Die großen Entscheidungen dazu fallen in den Städten, in den Machtzentralen von Politik und Wirtschaft. Dort liegen auch die Wirkradien der Lobbyisten großer Profiteure. Alle Aufmerksamkeit richtet sich auf die pulsierenden Cities. Doch die Wahrheit ist: Ohne das Land hat die Stadt keine Zukunft. In Richtung Zukunft – aufs Land – möchte ich Sie mitnehmen. Doch zunächst wollen wir uns bewusst machen, wo die wahren Werte für unser Leben liegen, die Fundamente, auf denen wir die Zukunft aufbauen.

3

Unser größtes Kapital

Wird über Kapital gesprochen, geht es meist um Geld, um Finanzkapital. Unser größtes Kapital jedoch ist das Naturkapital, auch wenn es in den Börsenberichten nicht vorkommt. Auf dem Naturkapital fußt unser ganzer Reichtum. Unser bisheriges Wohlstandsniveau verdanken wir vor allem der Verbrennung von Kohle und Öl. Doch damit ist bald Schluss. Unser künftiges Wohlergehen hängt vor allem von unserem Umgang mit dem Klima, dem Boden, dem Wasser, den Pflanzen und Tieren ab. Vieles davon scheint kostenlos!

Was nichts kostet, ist in einer durch und durch ökonomisierten Welt nichts wert. Dass dies ein Irrtum ist, wird spätestens dann sichtbar, wenn die Naturschätze erschöpft oder die Naturräume zerstört sind. Es schmerzt, wenn wir die Wälder brennen oder die Fische sterben sehen, wenn die Strände unter stinkenden Algenmassen versinken oder durch den Meeresspiegelanstieg ganz und gar untergehen. Erst dann wird man sich fragen: Da war doch mal was Tolles, was uns wichtig war?

Geld kann man bekanntlich nicht essen. Es kann von heute auf morgen verfallen oder verbrennen, zur Luftbuchung verkommen. Die Natur hingegen liefert die wirklich wichtigen und unersetzlichen Ressourcen und Dienstleistungen für unser Überleben. Sie bietet Luft, Wasser, Nahrung und den Sonnenschein, ohne eine Rechnung zu stellen! Diese Leistungen sind tatsächlich unbezahlbar. Für die Natur gibt es keine Druckerpresse, für Geldscheine schon. Natur wird immer kostbarer, je mehr sie schrumpft. Wird Geld in großen Mengen ohne Gegenwert gedruckt, kann es eines Tages wertlos werden. Es wäre nicht die erste Inflation, meine Eltern haben zwei Desaster dieser Art ertragen müssen.

Die wachsenden wirtschaftlichen Eingriffe in den Naturhaushalt, sei es durch Bergbau, durch Industrie, Verkehr oder Landwirtschaft, verursachen neben den gewollten Wirkungen auch mehr oder weniger große Schäden an Boden, Wasser, Luft und Klima, an der biologischen Vielfalt sowie an ökologischen Leistungen. Unser wichtigstes Kapital schrumpft bedrohlich. Auch die menschliche Gesundheit kann darunter leiden. Schäden verursachen wiederum Kosten für nötige Reparaturen oder für Ersatzleistungen. Es sind Folgekosten einer falschen Wirtschaftsweise, die bislang nicht in die Gesamtrechnung eingehen. Oft sind die Folgekosten sogar deutlich höher als die Vermeidungskosten. So gesehen haben Schäden am Naturkapital auch eine volkswirtschaftliche Dimension. Wir sollten sie um jeden Preis vermeiden. Nur ein intaktes Naturkapital wirft Zinsen ab, von denen wir gut leben können. Gesunde Wälder erneuern den Sauerstoff, der lebendige Boden reinigt das Wasser, die grünen Pflanzen liefern uns nachwachsende Nahrung. Diese Zinsen fließen nur dann dauerhaft, wenn wir den Kapitalstock nicht angreifen oder gar aufzehren.

Klimaschutz und der Schutz der biologischen Vielfalt sind die wichtigsten Aufgaben unserer Zeit. Sie sind gleichermaßen bedeutsam, sie dulden keinen Aufschub und sie sind keineswegs Kontrahenten. Die Entweder-oder-Frage ist hier deplatziert. Sofern die richtigen Maßnahmen ergriffen werden, ergänzen sich beide Themen in hervorragender Weise. Klimaschutz und Naturschutz gehören zusammen auf die Tagesordnung – und zwar ganz oben.

Luft und Klima

Ohne Luft können wir nicht überleben, ohne erträgliches Klima ebenso wenig. Unser gemäßigtes mitteleuropäisches Klima ist ein besonderer Schatz, um den man uns beneiden kann. Wer möchte schon gern im Wüstengürtel der Erde sein Leben fristen? Doch unser Klima ist keine Konstante, es ist verletzbar und es verändert sich.

Die meisten Wissenschaftler sind sich einig: Wir stehen vor einer Klimakrise, einer Erderhitzung und der entscheidende Täter ist der Mensch. Durch seine Aktivitäten entstehen Treibhausgase, die vor allem aus der Verbrennung von Kohle, Erdöl und Erdgas stammen.

Die Bewohner der reichsten Länder sind pro Kopf die größten Klimakiller. Nach den US-Amerikanern sind es vor allem die Europäer. Wir zeigen zwar mit unseren Fingern gern nach China, wenn es um Verursacher der Krisen geht, doch unser Pro-Kopf-Ausstoß von Treibhausgasen liegt klar über dem eines Chinesen, fünfmal so hoch wie der eines Inders und mehr als zehnmal so hoch wie der eines Afrikaners. Es führt kein Weg daran vorbei: Wenn wir in einem erträglichen Klima leben wollen, muss der Ausstoß von Treibhausgasen reduziert werden. Gerade wir, die Bewohner des globalen Nordens, können den größten Beitrag leisten, nicht nur, weil wir die größten Verursacher sind, wir haben auch die Kraft und die Ideen, zu Vorreitern im Klimaschutz zu werden. Jahrzehntelang wurde Deutschland weltweit als »Autoland« bewundert. Wir sollten uns anstrengen, künftig als Vorzeigeland für den Klimaschutz, als »Klimaland« gesehen zu werden. Wissenschaft und Forschung arbeiten hart daran. Der Königsweg lautet: aus Kohle und Öl rasch aussteigen, den Ausstoß von Treibhausgasen zügig auf null herunterfahren und schleunigst auf Erneuerbare Energien umstellen. »Dekarbonisierung« heißt die Zielsetzung, ein Begriff, der noch vor zehn Jahren nur unter Experten gebräuchlich war. Nun ist er in den obersten Etagen von Politik und Wirtschaft angekommen.

Strom vom eigenen Dach statt vom Kohlekraftwerk – warum nicht? Voraussetzung ist eine nach Süden gerichtete Dachfläche, um die Energie von der Sonne einzufangen. Die Pioniere und Vordenker haben schon vor drei Jahrzehnten damit begonnen, viele sind dem Beispiel gefolgt, nachdem das Erneuerbare-Energien-Gesetz erlassen wurde. Wer den technischen Aufwand scheut, kann auch eine Solaranlage zum monatlichen Fixpreis mieten und auf sein Dach montieren lassen. Das Energieunternehmen übernimmt dabei Planung, Bau und Service. Zumindest sollte man zu einem Öko-Stromanbieter wechseln.

Was allzu oft vergessen wird, aber am einfachsten zu realisieren ist: mit Energie sparsam umgehen. Man kann sofort damit beginnen und den eigenen CO_2-Fußabdruck kräftig reduzieren. Das betrifft nicht nur den Strom aus der Steckdose. In jedem Produkt, in jeder Dienstleistung verstecken sich Energieverbrauch und Klimaschäden. Nichts ist dringender und simpler, als die persönliche Verschwendung zu minimieren.

Wir sollten uns Fragen stellen. Was benötige ich wirklich für ein gutes Leben? Was macht Lebensqualität und persönliches Wohlbefinden, Glück und Zufriedenheit für mich aus? Sind es nur materielle Dinge oder ist es nicht viel mehr? Was ist für mich überflüssig und belastend?

Weniger verbrauchen ist der einfachste und wirksamste Klimaschutz. In der Mitte des letzten Jahrhunderts galt es noch als Verfehlung, wenn man vergessen hatte, das Licht auszuschalten, nachdem man den Raum verlassen hatte. Inzwischen hat sich der Stromverbrauch in unseren Haushalten im Schnitt verhundertfacht! Mir persönlich steckt der sparsame Umgang mit Elektrizität wohl noch »in den Genen«. Es ist mir ein großes Bedürfnis, den Stromverbrauch von Jahr zu Jahr zu reduzieren. Unnötige Stromfresser werden konsequent ausgeschaltet oder ganz außer Betrieb genommen. Stecker raus! Der Fantasie sind keine Grenzen gesetzt, um den Stromzähler zu entschleunigen. Ein Strommessgerät auszuleihen ist hilfreich, um Stromfresser zu identifizieren und nach Alternative zu suchen.

Einsparung ist überall möglich, oft sogar ohne Komfortverzicht: im Bereich Bauen und Wohnen, in der Mobilität und tagtäglich im Bereich Konsum. Ich habe schon vor vielen Jahrzehnten begonnen aufzuschlüsseln, wo sich die größten Energieverbraucher und damit die größten Sparpotenziale im Haushalt verstecken. Heizung, Warmwasser und Kühlschrank führen die Liste an. Frieren macht keinen Spaß. Aber müssen alle Räume gleichermaßen mollig warm sein? In den Zeiten meiner Kindheit war es völlig normal, nur die Wohnküche zu heizen.

Wir können durch eigenes bewusstes Handeln einen Großteil Treibhausgase von heute auf morgen einsparen. Dennoch benötigen wir ein Mindestmaß an Energie. Um das Klima nicht weiter zu belasten, müssen wir unsere Energieversorgung zügig auf erneuerbare Energiequellen umstellen. Hierbei ist entschieden mehr Tempo gefordert, um die Klimaerwärmung auf ein erträgliches Maß zu reduzieren, das auch künftigen Generationen ein Überleben auf diesem Planeten ermöglicht.

Wir haben es in der Hand, die Auswirkungen des Klimawandels auf ein beherrschbares Maß einzugrenzen. 1,5 Grad an globaler Temperaturerhöhung wären ein ehrgeiziges, aber optimales und wünschbares Ziel, das uns vor bösen Überraschungen verschonen könnte. Allzu gerne setzen wir auf technische Lösungen, um die Probleme aus der Welt zu schaffen. An Möglichkeiten, unserer Atmosphäre das Kohlendioxid wieder zu entziehen, wird geforscht. Doch es ist völlig unklar, ob sie im großen Maßstab umsetzbar und bezahlbar, und wenn ja, wann sie praxisreif wären. Dabei drängt die Zeit zum Handeln, Abwarten ist keine Option.

Was kaum im öffentlichen Bewusstsein präsent ist: Der ländliche Raum nimmt eine Schlüsselstellung im Klimaschutz ein. Er ist in der Lage, die Klimabilanz aufzubessern, Treibhausgase wieder einzufangen und der Atmosphäre zu entziehen. Die Natur hat dafür ihre eigenen Strategien erfunden. Es ist keine Hexerei, es ist die Photosynthese, die sehr effizient und kostenfrei Kohlendioxid wieder einfangen kann. Alle grünen Pflanzen sind befähigt, dieses Gas zu binden und zu verwerten. Kohlendioxid, Wasser und Sonnenlicht ergeben Sauerstoff und Biomasse, also gebundenen Kohlenstoff.

Allerdings braucht es Zeit. Das Tempo, mit dem die Industriegesellschaften derzeit Treibhausgase ausstoßen, ist nicht das Tempo der Natur, diese Gase wieder einzufangen. Wir kommen nicht umhin, dieses Tempo zu drosseln und gleichzeitig die Natur arbeiten zu lassen. Die wichtigsten natürlichen CO_2-Speicher sind neben den Meeren die Wälder, die Moore und vor allem der Mutterboden. Diese CO_2-Senken sind auch gleichzeitig Orte der Lebensvielfalt, der Biodiversität. Um Klima und Vielfalt zu retten, müssen wir vor allem dieses Naturkapital schützen und mehren, nur diese Rendite zählt auf Dauer.

Muttererde

Wir treten ihn mit Füßen und machen ihn mit Maschinen platt, unseren Boden. Wir baggern ihn weg und überbauen ihn mit Beton und Asphalt, als wäre er ein totes Etwas. Er wird verdichtet und somit leblos und wertlos als Lebensraum und als Wasserspeicher.

Grund und Boden – einst war er Gemeingut, jetzt ist er Besitzgut. Er ist aufgeteilt in Grundstücke, eingetragen im Grundbuch. Er ist in Privatbesitz, in öffentlicher Hand, in Kirchenbesitz. Er hat einen Grundstückswert, dessen Höhe sich vor allem nach der Lage richtet. Je näher an der Großstadt, umso teurer. Grund und Boden, gleich ob in der Stadt oder auf dem Land, wurde zum Spekulationsobjekt. Er ist ein knappes Gut, ist nicht vermehrbar und er verspricht Rendite. Investoren stürzen sich wie Heuschrecken auf das Land und kaufen es auf, wo auch immer sie Zugriff bekommen.

Doch der Boden ist sehr viel mehr als eine Geldanlage, er ist ein Multitalent mit eigenen Werten und Fähigkeiten. Seine obere Schicht wird nicht ohne Grund als Mutterboden bezeichnet. Er ist es, der uns nährt – ebenso wie eine Mutter ihr Kind nährt! Muttererde ist ein kostbares Gut, denn es braucht über einhundert Jahre, ehe sich eine Schicht von einem Zentimeter Dicke durch natürliche Prozesse bildet. Der Mutterboden ist Träger der Fruchtbarkeit unseres Planeten und gleichzeitig Ort der biologischen Vielfalt. Er wirkt als Filter und als Speicher zugleich. Er filtert Wasser und speichert Kohlenstoff als Humus. Es ist kaum bekannt: Der Boden ist nach den Ozeanen der größte Kohlenstoffspeicher der Erde und damit ein bedeutender Klimaschützer. Nach Angaben des Thünen-Institutes enthalten die Böden viermal so viel Kohlenstoff wie die gesamte oberirdische Vegetation auf der Erde und mehr als doppelt so viel wie die Atmosphäre. Vor allem über Pflanzenwurzeln gelangt Kohlenstoff aus dem CO_2 der Luft in den Boden. So vermag der Boden unser Klima zu schützen. Dazu müssen wir ihn gut behandeln, ihn weder überbauen noch versiegeln. Genau das regelt das Bundesbaugesetz: Mutterboden ist gesetzlich geschützt!

Der Boden ist ein lebendiges, sehr komplexes und noch wenig erforschtes Ökosystem, es ist das wohl unbekannteste und das geheimnisvollste. Während man selbst in der Tiefsee Filmaufnahmen machen kann, ist dies im Ökosystem Boden schlecht möglich. In einer Handvoll Muttererde leben mehr Organismen als Menschen auf der Erde. Die meisten Arten davon sind noch unbekannt. Wir kennen meist nur einige wenige Bewohner dieser dunklen Unterwelt. Die bekanntesten sind der Maulwurf und der Regenwurm. Tausende kommen hinzu, darunter befinden sich die Asseln, die das alte Laub zerkleinern. Eine unbekannte Anzahl von Pilzen und Bakterien besiedeln zudem den Boden und sorgen mit ihrem Stoffwechsel für Nährstoffe und für die Bodenwärme.

Für die Landwirtschaft ist der Boden die wichtigste Produktionsgrundlage, die Grundlage der Felder und Wiesen im wahrsten Sinne des Wortes. Die obere Schicht des Bodens macht seine Fruchtbarkeit aus. Ein Maß für die Fruchtbarkeit ist der Humusgehalt. Humus färbt den Boden dunkel, er besteht aus kohlenstoffhaltiger organischer Substanz, aus Pflanzenresten. Je mehr Humus im Boden, umso wertvoller ist er – sowohl für die Landwirtschaft als auch für den Klimaschutz.

Die fruchtbarsten Böden der Welt, die Schwarzerdeböden, sind in den Steppengebieten der Ukraine und Russlands entstanden. Über Jahrtausende wuchsen im feuchten Frühjahr die Steppengräser, die sich in den trockenen Sommern und kalten

Wintern kaum zersetzten. Dort haben die Böden über 12 Prozent Humus. Auch in Deutschland, in der Magdeburger und Hildesheimer Börde gibt es Schwarzerdeböden, die immerhin 6 Prozent Humus enthalten. Im Durchschnitt liegen die Humuswerte der Böden in Deutschland bei 2 Prozent.

Die intensive Landwirtschaft verfolgt in erster Linie das Ziel, die Erträge zu steigern und immer billiger zu produzieren. Der Preis: Am Humus wurde Raubbau betrieben. Der Humusgehalt der Böden ist in Deutschland rückläufig, vor allem durch den Anbau humuszehrender Pflanzen wie Mais und Zuckerrüben. Friedensreich Hundertwasser, der Wiener Maler, Architekt und Umweltschützer, sagte einmal: »Alle großen menschlichen Kulturen waren zu Ende, als der Humus zu Ende war.«

Nun geht es darum, den Trend umzukehren, um die Fruchtbarkeit zu mehren und gleichzeitig das Klima zu schützen. Förderlich sind humusmehrende Pflanzen, vor allem Schmetterlingsblütler wie Klee, Luzerne und Lupine. Mit zunehmendem Humusgehalt des Bodens wächst die Speicherfähigkeit des Bodens für Wasser und Nährstoffe und damit auch die Widerstandskraft gegenüber Stresssituationen wie Dürre. Um die Bodenfruchtbarkeit und das Bodenleben zu erhalten, müssen wir den Boden mit organischer Substanz, also mit Mist, Kompost und Pflanzenrückständen »füttern«. Auch die zeitweilige Brache, das Nichtnutzen der Fläche also, sorgt für Humusnachschub. So wie man auf Kosten des Humusvorrates jahrzehntelang ackern kann, dauert es allerdings auch Jahrzehnte, bis das Humusdefizit wieder ausgeglichen ist. Auch für den Klimaschutz lohnt sich der Humusaufbau. Mit jedem Prozent mehr Humus werden nach Angaben von Professor Axel Don vom Thünen-Institut pro Hektar 25 Tonnen CO_2 aus der Atmosphäre eingefangen und im Boden gespeichert.

Besonders humusreich ist Dauergrünland, vor allem nasse Wiesen und Weiden. Sie sind auch für den Storch und viele andere Vögel lebenswichtig, gerade für die selten gewordenen Watvögel. Sie stochern mit ihren langen Schnäbeln im feuchten Boden oder im Flachwasser nach Würmern, Schnecken oder Insekten. Nasse Wiesen sind aber zur Rarität geworden, sie wurden durch tiefe Gräben zu stark entwässert. Es gibt viele gute Gründe, diese Fehlentwicklungen zu korrigieren. Sowohl der Klimaschutz als auch der Artenschutz verlangen nach einer Rückgewinnung von Nass- und Feuchtwiesen durch Wasserrückhalt. Wirksamer Klimaschutz im ländlichen Raum hat also viele Gewinner. Er funktioniert aber nur, wenn die Humusgehalte im Boden wachsen, statt zu schrumpfen.

Was kann jeder Einzelne dazu beitragen, den Humusaufbau zu fördern und den Boden zu schützen? Alle organischen Abfälle in Haus und Garten sind begehrtes Futter für Bodenlebewesen. Sie sollten keinesfalls verbrannt oder zu Müll erklärt, sondern über eine Kompostierung wieder in den Stoffkreislauf eingeschleust werden. Am einfachsten geht es im eigenen Garten ohne lange Transportwege. Komposthaufen sind hochwertige Lebensräume, zum Beispiel für den Nashornkäfer, einer meiner Gartenbewohner. Ganz besonders wirkungsvoll kann jeder Einzelne als Konsument indirekt das Naturgut Boden schützen, zum Beispiel durch die Bevorzugung von Produkten aus biologischem Anbau. Biobetriebe arbeiten nach den strengen Regeln des Stoffkreislaufes und sorgen für lebendige, humusreiche Böden.

Was uns wohl kaum bewusst ist: Auch mit dem Umstieg vom Auto aufs Fahrrad oder auf öffentliche Verkehrsmittel reduzieren wir unsere Platz- und Bodenansprüche. Allerdings plant Deutschland bis zum Jahr 2030 den Bau von insgesamt 1360 Bundesfernstraßenneubauprojekten, darunter allein 850 Kilometer neue Autobahnen, verbunden mit einem weiteren Verlust von fruchtbarem Boden und einem Zerschneiden von Lebensräumen zum Schaden der Tierwelt. Diese Pläne sind weitgehend aus der Zeit gefallen. Wir können durch bürgerschaftliches und politisches Engagement dazu beitragen, dass derartige Großbauprojekte nicht umgesetzt werden.

Wer sich »bürgerwissenschaftlich« im Rahmen einer Citizen-Science-Aktion an der Erforschung der Bodenwelt beteiligen möchte, kann dies im Projekt »Expedition Erdreich« des Bundesministeriums für Bildung und Forschung tun (siehe www.expedition-erdreich.de). Erstmals wird dazu aufgerufen, die Wunderwelt des Bodens in Deutschland flächendeckend zu untersuchen. Anwendung findet dabei die wissenschaftlich anerkannte Tea-Bag-Methode. Die Teilnehmenden bekommen spezielle Teebeutel zugeschickt, die sie für drei Monate im Boden vergraben. Danach werden sie gewogen. Aus der Differenz zwischen Ausgangs- und Endgewicht sowie dem gemessenen pH-Wert kann auf die Aktivität der Bodenorganismen geschlossen werden. Die gewonnenen Daten fließen in eine internationale Datenbank ein und helfen bei der Erforschung einer nachhaltigen Bodennutzung.

Grüne Wälder

Noch vor 2000 Jahren breitete sich auf unserem heutigen Territorium ein wildes, sumpfiges Waldland aus. Straßen gab es nicht, nur Trampelpfade. Die römischen Legionen verfluchten dieses Land der »Barbaren« und kapitulierten vor der Wildnis.

Wald ist für Mitteleuropa die natürliche Vegetation. Die Natur will Wald. Heute ist noch etwa ein Drittel unserer Landesfläche von Wald bedeckt. Doch Wald ist nicht gleich Wald. Echte Urwälder gibt es bei uns nicht mehr. Wald, das ist in Deutschland in erster Linie Wirtschaftswald zur Holzproduktion. Der Anteil an Naturwald beträgt nach einer Studie des Bundesamtes für Naturschutz von 2019 in Deutschland 2,8 Prozent. Das staatliche Ziel von 5 Prozent wurde verfehlt.

Meine besondere Liebe gilt alten Wäldern. Ganz in meiner Nähe finden sich Wälder, die seit vielen Jahrzehnten von menschlichen Eingriffen verschont blieben. Sie liegen zum großen Teil in der Kernzone des Biosphärenreservates »Mittelelbe« und gelten als Naturwald. Die von Stürmen entwurzelten Bäume bleiben für immer liegen. Für viele Jahrzehnte speichern sie den Kohlenstoff, eine Entlastung für das Klima. Wo alte Bäume fallen, dringt mehr Licht bis auf den Waldboden – eine Chance für den Baumnachwuchs. Sämlinge von Esche, Ulme und Ahorn in der Aue, von Birke, Eiche, Buche und Kiefer auf den höher gelegenen Flächen treten in den Wettbewerb um Licht und Raum. In alten, dicken Baumstämmen zimmern Schwarzspechte ihre Höhlen, jedes Jahr aufs Neue. Für die verlassenen Hohlräume interessiert sich der Waldkauz. Gern lausche ich dem nächtlichen Vogel – gerade in der eher stillen Jahreszeit macht er sich durch seine Rufe bemerkbar. Einmal hatte ich das Glück, Zeuge eines Eulen-Rendezvous zu sein. Rechts von mir lockte das Kauzmännchen mit seinem gedehnten Heulen, dem schauerlich klingenden »huuu-huhu-hu-huu«, links antwortete das Weibchen mit einem schrillen »kju witt«. Nach einer längeren Ehepause über den Herbst hinweg beginnen sie sich wieder füreinander zu interessieren, ganz allmählich nähern sie sich an.

Alte Wälder sind voller Geschichten, die mich immer wieder neugierig machen. Nirgendwo in Deutschland gibt es noch so viele alte Eichen wie in meiner Umgebung. Während sie andernorts versilbert wurden, beließ man sie hierzulande – ein gefundenes Fressen für den größten Käfer Mitteleuropas, der hier sein Hauptverbreitungsgebiet hat. In uralten Eichen an besonnten Standorten hat sich der Große Eichenbock, auch Heldbock genannt, eingenistet. Der Käfer mit den extrem langen Fühlern, die an Hörner erinnern und ihm den Namen »Bock« eingebracht haben, führt ein verstecktes Leben, doch in warmen Juninächten zeigt er sich und feiert Hochzeit. Das Weibchen legt danach seine Eier in die Borke der alten Eiche und es müssen vier dunkle Jahre im Eichenholz vergehen, bis die neue Käfergeneration reif für ihre eigenen Hochzeitsflüge ist. Nach erfolgter Paarung und Eiablage, nach wenigen Wochen eines Freiluftaufenthaltes ist das Käferleben abgeschlossen. Stirbt die Eiche, ist sie für den Eichenbock unbrauchbar. Dann kommt die große Zeit des Hirschkäfers. Der Geweihträger steht auf Totholz.

Intakte Wälder sind auch global gesehen Hotspots der biologischen Vielfalt. Nach UN-Angaben finden sich weltweit etwa 60 000 Baumarten in den Wäldern, 80 Prozent aller Arten von Amphibien, 75 Prozent aller Vogelarten sowie 68 Prozent aller Säugetierarten. Kein anderes Ökosystem hat mehr biologische Ressourcen aufzubieten. Auch in unseren heimischen Wäldern haben Tausende von Insektenarten, von Vögeln und Säugetieren ihren Lebensraum und sorgen in ihrer Mannigfaltigkeit für die Stabilität des Ökosystems.

Grüne Wälder gelten zudem als herausragende Klimaschützer. Solange die Bäume wachsen, entziehen sie der Atmosphäre Kohlendioxid und speichern es im Holz. Eine frei stehende Fichte mit einer Höhe von 25 Metern schluckt im Laufe ihres Lebens fast zwei Tonnen CO_2. Der deutsche Wald entlastet die Atmosphäre jährlich von rund 50 Millionen Tonnen Kohlendioxid. Demgegenüber stehen allerdings in Deutschland 725 Millionen

Tonnen CO_2, die im Jahr 2018 durch Verbrennung von Kohle, Öl und Gas ausgestoßen wurden. Somit geben wir Deutschen 15 Mal mehr CO_2 an die Atmosphäre ab, als unser Wald aufnehmen kann. Wird das Holz des Waldes am Ende gar verbrannt, hat der Wald allerdings für den Klimaschutz nicht viel gekonnt. Die Idee, Bäume zu pflanzen, um die Klimaerwärmung zu begrenzen, ginge nur dann auf, wenn wir die große Masse an Holz nicht verbrennen. Nur ein grüner, wachsender Wald mehrt unser Naturkapital. Er speichert nicht nur Kohlenstoff, er filtert auch Luft und Wasser, schützt vor Hochwasser, vor Lawinen und Erdrutschen und sorgt für ein ausgeglichenes Mikroklima – Segnungen, die kaum in einer Währung bezifferbar sind.

Doch wie steht es um den deutschen Wald? Seit Beginn der Erhebungen im Jahr 1984 ging es ihm noch nie so schlecht wie heute. Lediglich jeder fünfte Baum gilt noch als gesund, so der Waldzustandsbericht 2021 des Thünen-Institutes für Waldökosysteme. Der Wald leidet zunehmend unter Wetterkapriolen, unter Hitze und Dürre, unter Stürmen und Feuersbrünsten. Seine Abwehrkräfte schwinden unter diesem Dauerstress, es kommt zu einer massiven Ausbreitung von Schädlingen. Immer mehr Fichten und Kiefern, Buchen, Eschen und Eichen sterben ab. Der Wald verkommt zum Baumfriedhof, zu einem Mahnmal, das uns wachrütteln sollte. Die Wälder, die uns im Klimaschutz helfen könnten, leiden selbst unter den Klimaveränderungen.

Das neue Waldsterben übertrifft das Waldsterben des letzten Jahrhunderts um ein Vielfaches, es ist vor allem komplexer und nicht durch eine Einzelmaßnahme, wie damals durch Entschwefelung der Rauchgase, lösbar. Wir stehen vor einer Jahrhundertaufgabe. Es darf künftig nicht mehr um maximale Holzproduktion gehen, sondern um den Erhalt des Ökosystems Wald mit seinen kostbaren Gratisleistungen. So fordert es auch

Deutschlands bekanntester Förster Peter Wohlleben. Um diese Funktionen zu erfüllen, sind monotone, durchindustrialisierte Forsten ungeeignet. Sie sind umzuwandeln in stabile und artenreiche Mischwälder. Die Natur selbst bietet dafür die beste und kostengünstigste Lösung an: Wo Waldökosysteme zusammenbrechen, wie es auch im Nationalpark Bayerischer Wald zu erleben war, setzt von selbst die Naturverjüngung ein. Jeder kann es besichtigen: Ein neuer Wald entsteht – ganz und gar aus eigener Kraft ohne menschliches Zutun. Man muss nur etwas Geduld aufbringen. Allerdings gibt es eine klimatische Grenze: Wenn die Niederschlagsmenge auf unter 300 Millimeter pro Jahr fällt, hat auch junger Wald kaum eine Chance.

Besonders dramatisch sieht die Waldentwicklung in den tropischen Regionen aus. Jedes Jahr verschwinden von der Erde rund zehn Millionen Hektar Wald – etwa so viel wie ganz Deutschland an Wald aufzubieten hat. Mit der Zerstörung der Wälder gehen nicht nur ihre Schutzfunktionen für das Weltklima und die biologische Vielfalt verloren. Die Waldvernichtung schlägt sogar in gegenteilige Effekte um: Laut der Umweltstiftung WWF trägt die Zerstörung der weltweiten Wälder einschließlich ihrer Böden mit etwa 15 Prozent zum weltweiten Treibhauseffekt bei.

Was sind die Gründe für die dramatische Entwaldung? Dem Globalen Waldzustandsbericht 2020 der Vereinten Nationen zufolge ist die industrielle Landwirtschaft der Haupttreiber, vor allem neu entstehende, riesige Rinderfarmen sowie der großflächige Anbau von Soja und Palmöl von Brasilien bis Indonesien – weit weg von Europa. Und dennoch haben gerade wir einen erheblichen Anteil am Niedergang der tropischen Urwälder. Soja landet vor allem als Futtermittel in unseren Tierfabriken, Rindfleisch gelangt direkt aus Südamerika auf unsere

Teller und Palmöl steckt in Hunderten unserer industriell erzeugten Nahrungsmittel. Rund ein Sechstel aller Lebensmittel in unseren Supermärkten sind durch ihre Inhaltsstoffe an der Vernichtung der weltweiten tropischen Regenwälder beteiligt. Die Verantwortung liegt zu einem Großteil auch bei uns, bei unserer Handelspolitik und bei unserem Konsumverhalten.

Wir sind diesem drohenden Unheil keineswegs hilflos ausgeliefert. Der Verzicht auf Tropenholzmöbel ist nur ein erster kleiner Schritt. Ich plädiere für einen Boykott von Fleisch aus Massentierhaltung auf Sojabasis. Das Verfüttern von Soja an Schweine und Rinder ist der Hauptgrund der Regenwaldzerstörung. Nur durch ein klares Signal verantwortungsbewusster Menschen an die Europäische Handelspolitik lässt sich das Abbrennen der »Grünen Lunge« der Erde nachhaltig stoppen. Das Anzünden wird sich bald nicht mehr lohnen, wenn die Abnehmer fehlen und die Profite ausbleiben. Durch ein Einfuhrverbot von Soja durch die EU würden die tropischen Wälder, das Weltklima, die biologische Vielfalt und nicht zuletzt auch die indigene Bevölkerung als Gewinner hervorgehen. Am Ende gewinnen wir alle, selbst unsere heimischen Wälder, durch weniger Emissionen aus der Tierhaltung und nicht zuletzt gewinnt unsere eigene Gesundheit.

Nasse Moore

»O schaurig ist's, übers Moor zu gehen« – so beschrieb Annette von Droste-Hülshoff vor 200 Jahren ihre Moorbegegnungen. Gruselgeschichten gingen einst von Mund zu Mund, erzählten von Irrlichtern, Geisterstimmen und vom Moorteufel. Über Jahrhunderte galten Moore als lebensfeindlich, als unnützes

Land, als Unland, in dem unsere Vorfahren ihre heidnischen Gottheiten verorteten und wo Menschen geopfert wurden. Jenseits von Mythen sind Moore einzigartige Lebensräume für sehr seltene Spezialisten unter den Pflanzen und Tieren. Sie gehören mit ihren Lebensgemeinschaften zu den wichtigsten und gleichzeitig bedrohtesten Ökosystemen überhaupt.

Kaum im öffentlichen Bewusstsein angekommen ist die Tatsache, dass Moore exzellente Kohlenstoffspeicher sind. Sie schlucken das Treibhausgas Kohlendioxid und halten es in ihrem nassen Körper für eine Ewigkeit fest. Moore sollten als herausragende Klima- und Naturschützer zu unseren besten Freunden gehören.

Die enorme Bedeutung der Moore für den Klimaschutz bestätigt die Professorin Franziska Tanneberger, Leiterin des Greifswald Moor Centrums: Obwohl Moore weltweit nur 3 Prozent der Landfläche bedecken, speichern sie doppelt so viel Kohlenstoff wie alle Wälder der Erde zusammengenommen, pro Hektar gar 20 Mal mehr Kohlenstoff als Wälder. Moore sind über Jahrtausende gewachsen und Archive der Naturgeschichte. Sie bestehen aus Wasser und abgestorbener Pflanzenmasse, die mehrere Meter mächtig sein kann. In ungestörter Natur sind solche Böden durch die ständige Wassersättigung arm an Sauerstoff. Dadurch wird die abgestorbene Biomasse konserviert, darunter auch die legendären Moorleichen. So findet sich in Moorgebieten Kohlenstoff in Form von Torf, vergleichbar mit den erdgeschichtlich älteren und tiefer liegenden Kohlelagerstätten. Es wäre nur allzu konsequent, würden wir neben dem Ausstieg aus der Kohle- und Ölverbrennung auch aus dem stillen Verheizen der Moorkörper aussteigen.

Bis vor hundert Jahren wurde Torf mit dem Spaten in Handarbeit als Brennstoff abgebaut, getrocknet und zum Heizen und

Kochen verwendet. In den letzten Jahrzehnten werden Torf-lagerstätten sogar großflächig abgebaggert, um sie als Blumen-erde zu »verheizen« – zu Kohlendioxid! Zum Klimaproblem werden Moorgebiete erst dann, wenn ihnen das Wasser ent-zogen wird. Dann dringt Luftsauerstoff in die Hohlräume des Moorkörpers ein. Es beginnt die biologische Verbrennung. Wie bei der Kohleverbrennung entsteht Kohlendioxid. Durch diesen unheilvollen Zersetzungsprozess schrumpft und sackt das Moor von Jahr zu Jahr. Die Torfdecke wird immer dünner und am Ende bleibt meist nur unfruchtbarerer Boden übrig, manchmal der blanke Sand. Der Moorkörper löst sich »in Luft auf« und wird zur reinsten CO_2-Schleuder. Mit der Entwässerung von Moorlandschaften werden einstige Treibhausgas-Senken ins Ge-genteil verkehrt, sie werden zu Quellen von Treibhausgasen.

In den letzten 200 Jahren wurde den Mooren systema-tisch das Wasser abgegraben. In Deutschland sind inzwischen 95 Prozent aller Moore entwässert, um sie landwirtschaftlich zu nutzen. Diese Maßnahmen wurden als Erfolgsstory gefeiert, als Landgewinnung. Heute müssen wir erkennen, dass es ein gro-ber Fehler war. Der Verlust wiegt schwerer als der kurzfristige Gewinn. Die trockengelegten Flächen wurden zwar in Wiesen und Felder umgewandelt, auf denen Kühe weiden oder Kartof-feln angebaut werden. Doch diese Nutzung ist nicht nachhaltig, sie hat ein Verfallsdatum. Es ist ein Paradebeispiel für Raub-bau, ein Wirtschaften auf Kosten der Natur, des Klimas und der kommenden Generationen.

Das Greifswald Moor Centrum hat errechnet, dass die derzeitige landwirtschaftliche Moorbodennutzung allein in Deutschland Klimafolgekosten von jährlich sieben Milliarden Euro verursacht, berechnet auf der Basis von 180 Euro pro Ton-ne CO_2, einem Preis, der laut Umweltbundesamt gerechtfertigt ist, wenn alle bekannten Folgekosten der CO_2-Emission einbezogen werden. Diese Summe von sieben Milliarden Euro entspricht auch der Nettowertschöpfung der gesamten deutschen Landwirtschaft im Jahre 2018. Der Irrsinn daran ist, dass die deutschen Bauern für die klimaschädigende Moorbodennutzung 410 Millionen Euro an EU-Direktzahlungen erhalten. So wird Umweltzerstörung mit Steuergeldern großzügig subventioniert!

Die entwässerten Moorböden – es sind 7 Prozent der landwirtschaftlich genutzten Flächen – sind mit 5,3 Prozent an den gesamten deutschen Treibhausgasemissionen beteiligt, doppelt so viel wie die gesamte Stahlindustrie, die ihren Kohlenstoff bei 2000 Grad verbrennt. Aus jedem dieser Moore ragt ein unsichtbarer Schornstein heraus, der permanent Treibhausgase in unfassbaren Mengen emittiert. Von jedem Hektar entwässerten Moores werden im Schnitt 29 Tonnen Treibhausgase freigesetzt – so viel wie ein Auto, das dreimal um den Globus fährt.

Aktuell finden großflächige Moorentwässerungen vor allem in den Tropen statt. Seit einigen Jahrzehnten werden in Südostasien für riesige Plantagen zur Gewinnung von Palmöl Urwälder und Moore im großen Stil zerstört. Im Amazonasgebiet spielt sich ein vergleichbares Drama ab. Und auch in Afrika greift die Entwässerung von Feuchtgebieten um sich. Palmöl und Soja, Kaffee und Kakao sind auf dem Weltmarkt gefragt. Wir Europäer gehören zu den Großabnehmern dieser Produkte. Derzeit kommen etwa 3 Prozent der gesamten globalen Treibhausgasemissionen durch Trockenlegung von Mooren und Feuchtgebieten zustande, ebenso viel wie durch den globalen Flugverkehr.

Wir resümieren: Wälder und Moore sind Hotspots der Artenvielfalt und gleichzeitig große Klimaschützer. Ebendiese

Kapitalanlagen werden durch falsche Nutzung und Erderhitzung in ihrer Substanz bedroht. Wir müssen begreifen: Artenschutz und Klimaschutz sind untrennbar miteinander verbunden. Auf den Punkt gebracht: Natur schützt Klima – Klima schützt Natur!

Wer sein persönliches Kapital nachhaltig anlegen will, hat die Möglichkeit zur Übernahme einer Moorpatenschaft. Viele Projekte dieser Art findet man im Netz. Durch eine Beteiligung kann man seinen eigenen ökologischen Fußabdruck reduzieren und gleichzeitig zur Wiederbelebung von Mooren beitragen, das Klima schützen und die Artenvielfalt fördern. Seltenen Pflanzenarten wie dem Sonnentau oder bedrohten Schmetterlingen und Libellen und nicht zuletzt dem bedrohten Moorfrosch verhilft man dadurch zu neuen Lebensräumen.

Wasser, Flüsse und Seen

Ich war vielleicht fünf Jahre alt, da entdeckte ich eine Quelle. Nicht irgendwo, sondern im Keller unseres Hauses. In der dunkelsten Ecke quoll klares Wasser aus dem Erdreich hervor. Es erschien mir wie ein Wunder. Ich betrachtete das Schauspiel ausgiebig und vergaß darüber die Zeit. Vor meinen großen Augen schwoll das Wasser an und hielt feinen, hellen Sand in der Schwebe. Die Sandkörnchen tanzten eine Weile, um sich danach am Rande abzusetzen. Neuer Sand rutschte in die Quellöffnung und begann von Neuem mit dem Tanz. Mit dem Elan eines Forschers drang ich mit meinen kleinen Fingern in die kalte, aber wie kochendes Wasser sprudelnde Mischung aus Wasser und Sand. Ich wollte so gern zur Quelle der Quelle vordringen. Auch nach vielen Versuchen gelang es mir nicht.

Das Quellwasser speiste über eine unterirdische Leitung aus Tonrohren die Dorfpumpe. Von hier holten die Dorfbewohner mit Handwagen und Hundewagen ihr Wasser in Eimern und Fässern. Am meisten Betrieb war immer am Sonnabend. Das war der Tag, an dem gewaschen und gebadet wurde. Das nicht gepumpte Wasser floss weiter zum Dorfbrunnen, anschließend in den Dorfteich, der wiederum einen Bach speiste, der irgendwo in die Elbe mündete.

Gewässer, Flüsse und Seen faszinieren uns. Es sind die blauen Augen unserer Landschaften, Anziehungspunkte für Mensch und Tier. Sie sammeln das Wasser, spiegeln den Himmel und liefern zauberhafte Fotomotive. Führe ich Menschen durch die Natur, darf auf der gewählten Route ein Gewässer nicht fehlen. Gleich zu welcher Jahreszeit, auf und am Wasser gibt es immer etwas zu sehen. Eine Wasserfläche gleicht einer Bühne. Hauptdarsteller sind Vögel, diverse Arten von Enten, Gänsen, Schwänen, Tauchern und Rallen tummeln sich darauf. Im Jahreslauf kann man die Balzrituale, die Paarung, den Nestbau, das heimliche Brüten und das Ausführen der Jungvögel beobachten. Im Sommer wird gemausert, die abgeworfenen Federn schaukeln auf den sanften Wellen. Im Herbst finden die Großfamilien der Gänse zueinander. Gern halte ich Ausschau nach Trittspuren am Ufer. Nächtliche Besucher hinterlassen ihren »Stempel«: Biber, Fischotter, Reh, Wildschwein, Hirsch, Waschbär, Fuchs und Wolf verraten sich durch ihre Fußabdrücke, ihre Duftspuren oder sonstige Hinterlassenschaften, jägersprachlich Losung genannt. Nicht nur in der Serengeti, auch mitten in Europa sind die Gewässer frequentierte Orte, Orte des Kommens und Gehens.

»Wasser ist Leben« – dieser Satz sagt alles. Wir sollten dankbar sein: Mitteleuropa ist mit Gewässern gesegnet. Wir können uns eines ausgeglichenen, natürlichen Wasserangebotes erfreuen, zumindest bislang. Wasserknappheit oder gar Wassernot waren unbekannt. Nun ändert sich die Lage in einem ungeahnten Tempo. Mit den steigenden Temperaturen und der verlängerten Vegetationszeit steigt die Verdunstung und damit das Wasserdefizit, die Trockenjahre häufen sich. Die Pegel unserer Flüsse erreichen historische Tiefststände, manche Bäche verschwinden zeitweilig ganz und gar und verwandeln sich in Wadis, Weiher verflachen und Fische verenden. In manchen Orten fallen die Brunnen trocken. Auch mein Brunnen ist im Spätsommer erschöpft, ein Brunnen, der seit dem 19. Jahrhundert jederzeit für Mensch und Tier ausreichend Wasser bot. Noch ist die Trinkwasserversorgung hierzulande gesichert, aber die Forderungen seitens der Landwirtschaft werden lauter. Anhaltende Dürrezeiten rufen nach Bewässerung der angebauten Kulturen. Doch woher das Wasser nehmen? Tiefere Brunnen bohren ist keine gute Idee. Dann wird der Kapitalstock angegriffen. Wird mehr Wasser verbraucht, als sich neu bildet, dann betreiben wir Raubbau auf Kosten der Natur und kommender Generationen. Klüger wäre es, das Niederschlagswasser des Winterhalbjahres nicht abfließen zu lassen, sondern in den Gräben zu halten und so die Grundwasserstände anzuheben – eine einfache und natürliche Art der Wasserspeicherung. Man muss es nur tun.

Die Nutzung der Wasserkraft wird gern als eine nachhaltige Energiequelle zur Gewinnung von Elektrizität dargestellt. Ein Fluss wird dazu aufgestaut und das herabstürzende Wasser treibt die Turbinen an, alles CO_2-frei und umweltfreundlich. Doch Wasserkraft aus Staudämmen ist alles andere als naturverträglich. Eine Staumauer im Fluss zerstört das Ökosystem fundamental, es unterbricht die Dynamik, die Durchgängigkeit für Wanderfische und erstickt die Auenwälder durch die erhöhten Wasserstände im Dauersumpf. Ein ökologisch intakter Fluss muss frei fließen können. Jedes Staubauwerk stellt eine massive ökologische Barriere dar und in den Turbinen werden die Fische gehäckselt. Strom aus Wasserkraft ist kein grüner, sondern blutiger Strom. Seit Jahrzehnten kämpfen Umweltorganisationen weltweit für lebendige Flüsse, gegen Staudämme und gegen Kanalisierung. In den Vereinigten Staaten, aber auch in Frankreich wurden schon viele Staudämme beseitigt, um den Fischen ihre Wanderwege wieder freizumachen.

Nicht nur die Wassermenge und der Wasserbau sind zu Problemen herangewachsen. Auch die Wassergüte alarmiert uns. Neben der Überdüngung, der massenhaften Entwicklung giftiger Blaualgen und des Pestizideintrages treten neuartige Schadstoffe in unseren Gewässern auf: Mikroplastik, Antibiotika und Umwelthormone. Wie das Leibniz-Institut für Gewässerbiologie und Binnenfischerei Berlin (IGB) in Experimenten nachgewiesen hat, können Hormonrückstände aus Verhütungspillen zu Geschlechtsumwandlungen bei Fröschen führen, und zwar schon bei geringen Konzentrationen, wie sie in unseren Gewässern vorkommen. Diese Hormonsubstanzen können durch Kläranlagen nicht zurückgehalten werden. Möglicherweise sind sie am grassierenden Amphibiensterben beteiligt.

Schadstoffe haben im Wasser nichts zu suchen. Deshalb verlangt die EU die Nulltoleranz, die Schadstofffreiheit. Industrie und Landwirtschaft sind gefordert, ihre Produktionsweisen umzustellen. Beschleunigen können wir Konsumenten diese notwendige Transformation, indem wir uns umweltbewusst verhalten. Ich boykottiere ganz gezielt Produkte, die der Natur schaden können. Es gibt genug umweltschonende Alternativen. Oft ist das Weglassen die einfachste Variante, um unser Naturkapital Wasser zu schonen.

Biologische Vielfalt

Mein Nachbar hatte mir den Tipp gegeben: »Draußen auf dem Feld ist eine Großtrappe mit einem Küken unterwegs. Schau dir das mal an.« Ich schnappte mein Fernglas, setzte mich auf mein Fahrrad und fuhr den Feldweg entlang. Nach gut einem Kilometer entdeckte ich sie, ganz ohne Fernglas, die Trapphenne auf einem Kleefeld. Ich stoppte und staunte über den Riesenvogel, der eher in die afrikanische Savanne passt als auf unsere Felder. Die tarnfarbene Henne suchte gemessenen Schrittes am Boden nach Insekten und fütterte das nacheilende, flinke Küken von Schnabel zu Schnäbelchen. Es schien beiden gut zu gehen. Das weiter entfernte Männchen, den bräunlichen Trapphahn, entdeckte ich wenig später, als er sich aus dem Stand erhob und abflog. Der Hahn hat etwa die Größe eines Rehs und gilt mit einem Körpergewicht von bis zu 16 Kilogramm als schwerster flugfähiger Vogel unserer Breiten. Noch bis vor drei Jahrzehnten begegnete ich diesen wahrhaft imposanten Vögeln des Öfteren bei meinen Streifzügen. Und jedes Mal erfasste mich dabei ein beglückendes Staunen.

Es passiert im Stillen. Ganz unauffällig verschwinden Tier- und Pflanzenarten aus unserer Umgebung. Nur wenige Menschen bemerken es, am wenigsten jene Stadtbewohner, die nur selten die City verlassen. Es waren die aufmerksamen, manchmal belächelten Naturbeobachter, die schon vor Jahrzehnten feststellten, dass immer weniger Kornblumen auf den Feldern und immer weniger Glockenblumen auf den Wiesen blühten. Die Vogelkundler, die einst bei der Zählung von Spatzen und Rebhühnern ob deren Mengen kapitulierten, beklagten deren Rückgang. Aber kaum jemand wollte diese Nachrichten hören und sich die gute Laune verderben lassen.

Dann ging 2018 die überraschende Meldung durch alle Medien, dass 75 Prozent der Masse der Fluginsekten in den letzten 30 Jahren verschwunden seien. Doch was sollte uns das Verschwinden der nicht selten lästigen Insekten kümmern? Wie so oft im Leben werden die kleinen und kleinsten Vertreter gern unterschätzt. In der Tat hat jede Art im Netz der Natur einen Job zu erfüllen. Das kann die Bestäubung und damit die Befruchtung von Blütenpflanzen sein, das kann die Zersetzung von Biomasse und damit die Bildung fruchtbarer Erde sein, das kann die Sicherung des biologischen Gleichgewichtes in der Räuber-Beute-Beziehung sein.

Fällt eine Art aus, kann bei gegebener Vielfalt normalerweise eine andere Art einspringen und ersatzweise den Job übernehmen. Fallen viele Arten aus, bleiben die Aufgaben im Haushalt der Natur unerledigt. Eine Art Streik wäre angesagt. Die Bäume setzten kaum noch Früchte an und im Herbst bliebe das Laub unangetastet auf dem Boden liegen. Der Kot der Tiere und deren Leichen würden dort verbleiben, wo sie hinfallen. Niemand kümmerte sich mehr um notwendige Versorgungs- und Entsorgungsarbeiten. Während viele Arten den Rückzug antreten, vermehren sich andererseits einzelne Spezies massenhaft und werden zur Plage, weil es an Gegenspielern, an Fressfeinden fehlt.

Wir müssen erkennen: Wir haben die Natur in ihrer ganzen Vielfalt aus dem Blick verloren, ja wir haben sie aus unserem Leben beinah entlassen. Das dramatische Schrumpfen der Insektenvielfalt ist für unser Überleben viel folgenschwerer als der Rückzug der sympathischen Eisbären, der süßen Pandas, der imposanten Tiger oder Nashörner, die uns immer wieder in herzerwärmenden Bildern präsentiert werden. Es sind tatsächlich die Kleinsten, die den Betrieb auf der Erde, das Leben in seiner Gänze am Laufen halten. Wie sagte schon Goethe: »Auch Flöhe und Wanzen gehören zum Ganzen!«

Drei Viertel unserer Nahrungspflanzen sind auf bestäubende Insekten angewiesen. Die Welternährung hängt am Tropf der kaum beachteten Insektenvielfalt. Egal ob Obst, Gemüse oder Ölfrüchte – ohne Insekten würden die Erträge schrumpfen, die Preise steigen und die Ernährungssicherheit wäre gefährdet – ein explosives Pulvergemisch für Konflikte und Kriege um lebensnotwendige Ressourcen.

Ein scheinbares »Randproblem« entpuppt sich allmählich zum Hauptproblem. Der Wert der Leistungen von Insekten wurde von der Universität Hohenheim ermittelt. Demnach berechnet sich ihre Bestäubungsarbeit allein für Deutschland auf einen volkswirtschaftlichen Wert von 3,8 Milliarden Euro jährlich. Weltweit wird die Wirtschaftsleistung der Insekten auf 850 Milliarden Euro beziffert. Das mögliche Wegbrechen dieser Gratisleistungen hätte unvorstellbare Folgen.

Mit 50 Prozent des Territoriums ist in Deutschland die Landwirtschaft flächenmäßig der mit Abstand größte Landnutzer. Gerade diese Flächen erleben derzeit die stärksten Einbrüche in der biologischen Vielfalt. Von den rund 200 verschiedenen heimischen Arten von Ackerwildkräutern sind auf den chemisch gereinigten Feldern kaum noch welche zu finden. Doch wo nichts blüht, summen keine Insekten mehr. Die Vogelküken auf den Feldern und Wiesen sterben den Hungertod, denn ohne Insekten fehlt ihnen die wichtigste Nahrungsgrundlage, ihr Babybrei. Dadurch verschwanden auch die Großtrappen aus fast allen ihrer einstigen Lebensräume in Mitteleuropa.

Wo liegen die tieferen Ursachen für das massive Artensterben? Die Agrarlandschaften werden zur Maximierung der Erträge übernutzt. Es gelangen zu viel giftige Pestizide und zu viel

Dünger auf die Flächen und auch die Bestände an Kühen und Schweinen sind entschieden zu hoch. Doch ökonomischer Gewinn kann nicht alles sein. Ohne einen intakten Naturhaushalt hat auch die Landwirtschaft keine Zukunft. Deshalb brauchen Landwirte Unterstützung, um naturfreundlicher wirtschaften und davon auch leben zu können. Nur so wird dieser wichtige Wirtschaftszweig zukunftsfähig. Die Bauern von morgen sollten nicht nur unsere Ernährer, sondern auch bedeutende Naturschützer werden. Dafür müssen sie von der Gesellschaft honoriert werden, es muss sich auszahlen, nachhaltig zu arbeiten, auch für Biene und Vogel zu sorgen.

Doch was kann ich konkret tun, um die biologische Vielfalt zu bewahren und zu fördern? Allein in Mitteleuropa gibt es über 500 Vogelarten, mehr als 30 000 Insektenarten, Tausende Arten von Pflanzen und Pilzen. Die vorliegenden Kenntnisse darüber sind noch sehr lückenhaft. Um zu erfassen, welche Arten wo vorkommen, bedarf es vieler Akteure. Neben professionellen Naturwissenschaftlern beteiligen sich zunehmend interessierte Laien, auch Bürgerwissenschaftler genannt. Sie melden ihre Beobachtungen, Zählungen oder Messungen, um sie der wissenschaftlichen Auswertung zuzuführen. Ganze Forschungsprojekte stützen sich auf die Mitwirkung der Bürgerwissenschaft, auch Citizen Science genannt. Das Tagfalter-Monitoring, der Mückenatlas und die Plattform naturgucker.de gelten als erfolgreiche Beispiele der öffentlichen Beteiligung an der wissenschaftlichen Erfassung der biologischen Vielfalt.

Ein ausgesprochenes bürgerwissenschaftliches Mammutprojekt war die Kartierung der Vögel Europas. Über 100 000 Freiwillige durchforsteten alle Winkel der 48 Länder des Kontinents über fünf Jahre hinweg nach festgelegten Kriterien. Der Wissensstand über die Verbreitung der Vögel ist dadurch enorm angewachsen. Überraschende Erkenntnisse traten zutage: Die Mehrzahl der Vogelarten besiedelt nur ein eng begrenztes Territorium von weniger als 10 Prozent unseres Kontinents. Nur sehr wenige Arten kommen flächendeckend in ganz Europa vor, darunter der Hausspatz, die Kohlmeise, die Bachstelze und der Kuckuck. Im Vergleich zu früheren Erhebungen zeigten sich Rückgänge vor allem bei Feld- und Wiesenvögeln, dagegen nahmen Seeadler und Rohrdommel zu.

Die Plattform »Bürger schaffen Wissen« verschafft einen Überblick über die in Deutschland laufenden Citizen-Science-Projekte. Auch im Nachbarland Österreich sind Bürgerprojekte populär, darunter »Naturbeobachtung.at« sowie »Viel-Falter«. Die Plattform »Schweiz forscht« sammelt die Pflanzen-, Pilz- und Tierbeobachtungen der Eidgenossen.

An vielen Orten beginnen die Menschen, ihr Naturkapital neu zu entdecken. Wir beginnen zu begreifen: Egal ob Luft, Wasser, Boden, Wälder oder Moore, ob Pflanzen oder Tiere – unser Wirtschaftssystem und unser Konsumverhalten sind voll dabei, unser wichtigstes Kapital, unser Naturkapital und damit unsere fundamentalen Existenzgrundlagen zu verbrennen. Unsere künftigen Möglichkeiten und Spielräume, ja unsere Freiheiten werden damit immer weiter eingeengt. Noch ist es nicht zu spät zum Handeln. Mit dieser Erkenntnis setzt allerorten eine Suche nach neuen Wegen ein, Wege, die wahren Gewinn versprechen.

4

Freiheit zurückgewinnen – Mein Weg ins Offene

Wer hatte nicht schon einmal das Gefühl, sein Leben laufe ab, als sei es ferngesteuert? Wir funktionieren Tag für Tag so, wie wir funktionieren sollen. Wir sind nach dem gleichen Schema programmiert, lebenslänglich. Wenn wir nicht mehr funktionieren, gelten wir als krank, als behandlungsbedürftig, als Außenseiter oder Aussteiger. Die Norm gibt vor, was normal ist. Unsere Arbeitszeit ist normiert, unser Konsum ist normiert, unser Freizeitverhalten passt sich der Norm an. Was macht man nicht alles, weil es andere auch so machen, weil man glaubt, mithalten zu müssen, egal, wohin die Reise geht. Wir verhalten uns wie Herdentiere und folgen falschen Vorbildern. Haben wir uns das Leben so vorgestellt? Oder leben wir nach fremden Vorstellungen? Sind wir noch wir selbst?

Freiheit gilt in unserer Gesellschaft als hohes Gut. Wie gewinnen wir die Freiheit, die wir für unser Leben wünschen? Bedeutet viel Geld viel Freiheit? So scheint es. Unser modernes Leben dreht sich überwiegend um zwei Dinge: Geldverdienen und Geldausgeben. Nicht nur die Parlamentsdebatten werden von Geldfragen, von Steuereinnahmen und Ausgaben bestimmt. Auch bei Familienkonflikten oder Streitfällen in einer Partnerschaft geht es nicht selten um das liebe Geld.

Einst waren wir Kinder der Natur. Sind wir inzwischen zu

Sklaven des Geldes geworden, zu Kindern des Kapitalismus? Haben wir unsere natürlichen Freiheiten eingetauscht gegen eine drogensüchtige Abhängigkeit? Haben wir es verlernt, mit weniger Geld glücklich zu sein? Glück kann man bekanntlich nicht kaufen.

Die Kaufsucht hat unsere Gesellschaft fest im Griff. Die Droge Konsum hebelt offenbar unseren Verstand aus, unsere Beziehungen verflachen und wir richten auf diese Weise nicht nur unsere ökologische, sondern auch unsere soziale Lebensbasis zugrunde. Dennoch ist diese Droge völlig legal. Sie ist Teil des Systems, in dem wir funktionieren sollen. Müssen wir uns dem System bedingungslos unterwerfen? Oder gibt es die Freiheit, sich diesem Drogenkonsum zu entziehen? Wie war das Leben früher, als dieser Drogenrausch noch nicht im Alltag angekommen war? In der Mitte des letzten Jahrhunderts gab es noch keine Supermärkte und keine Shopping-Center. Blicken wir nur ein kleines Menschenleben zurück, erfahren wir von einer Welt, die uns fern erscheint und historisch doch so nah ist.

»Gehungert haben wir nie!«

»Gehungert haben wir nie!« – dieser Satz ist in meinem Gedächtnis tief verankert. Er stammt aus dem Mund meiner Mutter Frieda, geboren 1918. Der Erste Weltkrieg war gerade zu Ende, als ihr Leben begann. Was war das für eine Kindheit und Jugend? Mit elf Jahren verlor sie ihre Mutter. So lastete die Hauswirtschaft auf den Schultern des Mädchens.

Vor allem Frauen, Kinder und Alte hielten in den Kriegs- und Nachkriegszeiten das Leben notdürftig in Gang. Nach dem Zweiten Weltkrieg waren die meisten Städte durch Bombenabwürfe zerstört. Die Frauen, die zuvor der Kriegswirtschaft dienen mussten, arbeiteten dann als Trümmerfrauen und räumten auf. Die Frauen auf dem Land gingen ihrer gewohnten Arbeit auf dem Feld und im Stall nach, mussten aber zusätzlich die Arbeit der gefallenen oder in Gefangenschaft geratenen Männer mit übernehmen. Auch wenn die Kost karg war, so hatten die Landbewohner nicht unter Hunger zu leiden. Bei den Stadtbewohnern sah es anders aus. Diese Verhältnisse wünscht sich niemand zurück.

In den Nachkriegsjahren zogen hungrige Stadtbewohner mit letzten Habseligkeiten aufs Dorf und tauschten diese gegen etwas Essbares ein. Mir ist noch die Geschichte in Erinnerung, dass eine junge Mutter mit ihrer kleinen Tochter auf diese Weise ein Stück Speck und ein paar Würste ergatterte. Auf dem Heimweg machten sie eine Rast. Die übermüdete Mutter schlief am Wegesrand kurz ein. Die Tochter machte sich währenddessen über die Würste her und ahnte nicht, was sie damit anrichtete.

Ein Mann mit einem Holzbein kam des Öfteren aus dem gut einhundert Kilometer entfernten Berlin in unser Dorf, um Kartoffeln zu erbetteln. Er galt als Hamsterer. Hamstern bedeutete damals, einen Rucksack so weit zu füllen, dass man ihn gerade noch aus eigener Kraft tragen konnte. Damals gab es aber auch noch vierbeinige Hamster auf unseren Feldern. Hamster leben als Einzelgänger, jedes Tier hat seinen eigenen Bau. In einem Meter Tiefe legt er seine Vorratskammer für den Winter an, die er mit Getreidekörnern füllt. Manche notleidenden Menschen machten sich damals die Mühe, gruben diese Vorratslager systematisch aus und nahmen die Beute, die sich schon einmal in den Hamsterbacken befunden hatte, mit in die heimische Küche. Glück für den Hamsterer und Pech für den Hamster.

In den schlechten Zeiten erntete man die Ackerflächen nicht nur einmal, sondern oft zwei- oder gar dreimal ab. Zuerst fuhr die vom Pferd gezogene Kartoffelschleuder übers Feld und die freigelegten Knollen wurden in Körben eingesammelt. Dann ging es mit einer Egge über die gleiche Fläche und es folgte das »Eggelesen«. Schließlich wurde noch mal mit der Handhacke gründlich nachgesucht, ob sich nicht doch die eine oder andere Knolle im Boden versteckt hielt. Auch das Absammeln von liegen gebliebenen Getreideähren hatte Tradition. Aus den Körnern wurde so etwas wie Milchreis gekocht.

Die täglichen Gedanken kreisten damals hauptsächlich ums Essen. Schmalhans war Küchenmeister, Erfindergeist war gefragt. Oft gab es Suppen, deren Zutaten komplett aus dem Garten oder vom Acker stammten: Kartoffelsuppe, Kohlsuppe, Möhrensuppe, Kohlrübensuppe, Bohnensuppe, Erbsensuppe, Nudelsuppe, Kerbelsuppe, Graupensuppe. Letztere gab es meist montags in unserer Schulküche. Ich mag sie bis heute nicht. Eine Spezialität war Brennnesselsuppe. Die gab es sogar in manchen Gaststätten der Stadt, ohne dass man dafür eine Lebensmittelmarke opfern musste.

Um Suppen nahrhaft zu machen, ließ man sich so manches einfallen, besonders dann, wenn die Not ganz groß war. Mein Vater bezeichnete Katzen immer als Dachhasen, weil sie nach seinen Berichten manchmal als »Hasen« aufgetischt wurden. Mit einer geschickten Wortwahl ließen sich instinktive Hemmungen umschiffen. So auch in einem anderen Fall: Ein Dorfjunge erbeutete vier nicht ganz flügge, noch flugunfähige Krähen. Sie landeten zu Hause als »fette Tauben« im Topf. Dadurch bekamen Nudel- und Graupensuppen die begehrten Fettaugen. Auch Spatzennester wurden von Dorfjungen ausgenommen, um die winzigen Eier zu verwerten.

Obst gehörte damals in der Dorfbevölkerung zur Grundnahrung. Jede Familie, egal ob arm oder sehr arm, bekam davon einen Anteil ab. Die Weg- und Straßenränder waren überall von Apfel-, Birnen-, Kirsch- und Pflaumenbäumen gesäumt. Ich erinnere mich, dass jeder Baum eine Nummer trug, aufgetragen mit weißer Farbe. Im Spätsommer durfte dann jede Familie für eine Mark ein Los ziehen. Darauf standen drei Nummern, die drei Bäumen entsprachen. Die Früchte ebendieser Bäume durfte man pflücken. Aus den Äpfeln wurde Apfelmus für den Winter eingekocht. Madige Äpfel wurden ausgeschnitten, der Abfall landete im Schweinetrog und verführte die Tiere zu lautem Schmatzen.

Ein besonderes Fest war die Pflaumenernte. Eimerweise wurden die Pflaumen gepflückt und gemeinschaftlich entsteint. Am nächsten Tag wurde daraus in einem großen, holzbefeuerten Kessel Pflaumenmus gekocht. Von morgens bis abends musste mit einer meterlangen, hölzernen Muskelle gerührt werden, damit das Wasser verdampfte, aber das Mus nicht anbrannte. Das eingedickte Pflaumenmus wurde heiß in Steingut-Töpfe abgefüllt und im Keller gelagert. So hielt es sich den ganzen Winter hindurch frisch.

Auf allen Bauernhöfen liefen Hühner, Enten und Gänse herum. Die Hühner lieferten Tag für Tag Eier und die Gänse den Weihnachtsbraten. Pro Familie standen meist zwei Schweine im Stall. Der Fleischer zauberte daraus die begehrten Würste, den Schinken, den Speck und das Schmalz für ein ganzes Jahr. Die Kühe lieferten die Milch für die Milchsuppe, angedickt mit Mehl oder Haferflocken zum Frühstück. Die Sahne verfeinerte den Gurkensalat. Wer keine Kuh hatte, nannte ein oder zwei Ziegen sein Eigen. Wenn man selbst keine Wiese hatte, holte man das Futter mit Sichel oder Sense von Weg- und Grabenrändern. Die Arbeit bestimmte den Tagesablauf, sie nahm kaum ein Ende. Und nach dem Tagwerk war jeder müde, sehr müde.

Ein Leben (fast) ohne Geld

Ich wurde ein Jahr nach ihrer Gründung in die DDR hinein-geboren und habe sie bis zu ihrem Ende überlebt. Mein Vater, der 1947 aus russischer Kriegsgefangenschaft zurückkehrte und gleich darauf aus seiner böhmischen Heimat ausgewiesen wurde, gelangte mit leeren Händen in die damalige sowjetische Besatzungszone und fand in jenem Dorf Arbeit, in dem auch meine (spätere) Mutter lebte. Beide fanden sich und heirateten. Sie bewirtschafteten einen sieben Hektar umfassenden Klein-bauernhof mit allem Drum und Dran. Die vier Kühe hat unse-re Mutter zweimal täglich von Hand gemolken, die Milch kam frühmorgens zur Molkerei in die Stadt. Daneben wurden sechs Schweine ein Jahr lang gefüttert, vier davon mussten abgeliefert werden. Die Eier von unseren 20 Hühnern wurden immer mon-tags zur Sammelstelle gebracht, das war eine unserer Kinder-pflichten. Die geernteten Feldfrüchte, vor allem Weizen, Rog-gen, Gerste, Lein, Kartoffeln und Zuckerrüben, nahmen die staatlichen Aufkaufstellen ab. Sie dienten der Versorgung der Bevölkerung in den Städten. Alle diese Pflichtablieferungen, das sogenannte »Liefersoll«, steigerten sich von Zeit zu Zeit und wurden finanziell kaum honoriert.

Schon als Kind habe ich unsere Abhängigkeit von der Na-tur erfahren. Der Garten, die Felder, Wiesen und Wälder waren unsere Versorgungsquellen. Taschengeld kannten wir Kinder nicht. Die Wünsche, die wir hatten, waren selten auf Kaufbares fixiert. Wir wollten vielmehr gemeinsam spielen, toben, entdecken, in sportlichen Wettbewerb treten und Abenteuer im Wald erleben. Wir hatten es gern, in den Arm genommen oder gelobt zu werden. Im Dorf gab es nur einen kleinen Laden von der Größe eines Wohnzimmers mit ein paar Lebensmitteln und Gebrauchsartikeln. Auf dem Ladentisch stand ein großes Glas, gefüllt mit bunt gefärbten Bonbons. Der Kaufmann schenkte uns Kindern manchmal eines davon und wir freuten uns.

Werbung, die zum Kaufen anregen soll, war unbekannt, vom später aufkommenden Westfernsehen einmal abgesehen. Über diese Kanäle wurde hauptsächlich für Waschmittel, Zahnpasta, Schokolade, Zigaretten und Alkohol geworben, jeden Abend aufs Neue, immer die gleichen, betont witzig aufgemachten Botschaften, die durchaus unsere kindliche Aufmerksamkeit erheischten: »Früher oder später trinken alle Wurzelpeter« oder »HB rauchen und frohen Herzens genießen«. Doch alle diese Dinge fanden sich nicht in den Kaufregalen unseres Dorfkonsums. Und Westpakete kamen auch nicht bei uns an. Die Konsumwelt blieb uns lange fremd. »Spare in der Zeit, dann hast du in der Not!« Dieser Satz war zu meiner Kindheit in aller Munde. Man legte einen »Notgroschen« auf die »hohe Kante«. Die Erfahrung hatte gelehrt: Schlechte Zeiten hat es immer gegeben und sie können jederzeit wiederkommen, am ehesten dann, wenn niemand damit rechnet. Der »Sparstrumpf« war ein gängiger Aufbewahrungsort für jenes Geld, welches man bei sparsamer Lebensführung übrig hatte. Das »Sparschwein« gehörte zur Grundausstattung eines jeden Kindes. Kam Verwandtschaft am Sonntagnachmittag zu Besuch, gelangte so manche Münze durch den Schlitz in den Schweinebauch. So ein Sparschwein blieb jahrelang unangetastet, es war eine Art Heiligtum. Manche Eltern oder Großeltern legten für den Nachwuchs ein Sparbuch bei der Sparkasse an. Andere Banken gab es nicht. Der Zinssatz lag zu meiner Zeit konstant bei 3,25 Prozent. Einmal im Jahr wurden die Zinsen eingetragen und man freute sich, wenn das Gesamtguthaben sich mehrte. So hatte man in der Not.

Diese Geschichten mögen heute den Eindruck erwecken, als stammten sie aus einem völlig anderen Zeitalter. Wir fühlen uns Lichtjahre davon entfernt. Ich kenne niemanden, der sich nach diesen Zeiten zurücksehnen würde. Also vergessen und abgehakt? Oder lässt sich aus der Geschichte doch etwas lernen?

Inzwischen sind Initiativen an vielen Orten wie Pilze aus dem Boden geschossen, die sich auf altbewährte und zugleich moderne, ökologisch und sozial tragfähige Prinzipien besinnen. Wir werden mehr davon im Kapitel »Experimentierfelder« erfahren.

Lebensträume

Mein Vater wollte, dass ich es mal besser hätte als er: »Mei Bub wird emol koa Bauer«, so tönte es x-mal im böhmischen Dialekt vom Kutschbock des Pferdegespanns herab auf die Straße, so dass es jeder hören konnte. In unserer Dorfschule gab es eine Arbeitsgemeinschaft »Agrochemie«. Ich ahnte nichts Böses und trat mit zwölf Jahren der Gruppe bei, schließlich wurde ich von unserer Lehrerin vorgeschlagen, was mich ehrte. Wir bekamen eine Holzkiste auf Rädern, mit der wir auf die Felder zogen. Ihr Inhalt: chemische Geräte, Reagenzgläser und Reagenzien. Es wurden Bodenproben entnommen und mit Farbreaktionen chemische Elemente nachgewiesen. Wir staunten über die Effekte und fühlten uns wichtig, ganz vorn auf der Seite des Fortschrittes zu stehen. Die Erträge sollten mit Hilfe der Chemie gesteigert werden. Höhere Ernten, das war in Zeiten der

Knappheit sehr willkommen. Ein schöner Traum, so glaubte ich.

Folgerichtig entschloss ich mich nach dem Abitur für ein Chemiestudium. Allerdings hatte ich in meiner dörflichen Naivität nicht geahnt, dass ich viele Jahre in stinkenden Laboren verbringen und allerlei giftigen Chemikalien ausgesetzt werden würde. Für mich als Naturkind war das alles andere als ein Traum, es war vielmehr ein heftiger Schock, aber auch ein nützlicher Irrtum, wie sich im späteren Leben herausstellte.

Irrtümer sind keine Katastrophe, sie gehören zum Leben. Wer sich ausprobieren will, kann mit seiner Wahl, mit seinem Traum auch mal schiefliegen. Einen kleinen Laden, ein Café eröffnen, sein eigener Chef sein – viele Menschen träumen davon, um sich aus ihrer abhängigen Beschäftigung zu befreien. Oder ein Start-up ins Leben rufen, um dann groß ins Geschäft einzusteigen. Man kann es versuchen, es kann aber auch kläglich scheitern. Man braucht Startkapital, muss Kredite aufnehmen, braucht Rohstoffe, Arbeitskräfte müssen her, schließlich kann man nicht alles selbst machen und der Behördenkram will auch ordnungsgemäß erledigt sein. Vor allem muss man Werbung betreiben auf einem Markt, der eigentlich schon längst übersättigt ist. Man begibt sich in einen beinharten Wettbewerb, muss um Marktanteile konkurrieren, muss besser und schneller sein als die anderen und vor allem wachsen. Ist das die Freiheit, die Selbstbestimmung, von der man träumte?

Mein »Geschäftsmodell« sollte anders aussehen, eher ein Lebensmodell werden. Lieber kleinen als großen Träumen folgen. Sich zu verschulden, war und ist für mich ein absolutes Tabu. Einen Kredit aufzunehmen, baut Zwänge auf und macht unfrei, man wird automatisch zum Teil des Systems, es ist ein sicherer Weg in die Selbstausbeutung. Die eigenen Freiheitsideale bleiben meist auf der Strecke. Selbstbestimmung ade! Ich sagte mir: Lieber klein anfangen, Abhängigkeiten und Schulden vermeiden, für alles Lebensnotwendige möglichst selbst sorgen und – wenn überhaupt – organisch wachsen. Ich kaufte mir als Startkapital lediglich eine Schreibmaschine und besuchte einen Schreibmaschinenkurs. Das waren meine finanziellen Investitionen. Viel wichtiger als teure Anschaffungen sind die ungezwungene Kopf- und Herzarbeit, die Begeisterung und die Sinnhaftigkeit für die ausgesuchte Tätigkeit und vor allem die Freiheit, jederzeit selbst entscheiden zu können.

Geld abwerten

Für Hans im Glück war Geld nicht wichtig, für uns schon, wir leben in einer anderen Zeit. In einer durchoptimierten und durchkapitalisierten Welt scheint Geld alles zu sein und ohne Geld ist man nichts. Doch die beherrschende Rolle des Geldes lässt sich reduzieren.

Wer an Freiheit gewinnen und ohne Geldsorgen leben will, hat grundsätzlich zwei Möglichkeiten: Entweder viel Geld beschaffen oder weniger ausgeben. Mit der ersten Variante wird Geld aufgewertet, mit der zweiten Variante wird es abgewertet, zumindest subjektiv. Ich bevorzuge Variante zwei. Sie ist nicht nur stressärmer, sie ist auch ökologisch vernünftiger. Meldet sich ein Bedürfnis, frage ich mich: Ist es ein echtes Bedürfnis oder ein Ersatzbedürfnis? Ist es Ersatz, suche ich nach den tieferen Gründen und nach einer besseren Lösung. Ist es ein echtes Bedürfnis, überlege ich, welche Wege mir dafür offenstehen.

An erster Stelle steht das Selbermachen. Gelingt das nicht, suche ich nach einer Tauschmöglichkeit nach dem Motto: Biete-Suche. Ein Netzwerk von verlässlichen Freunden und Kontakten ist dabei ungemein hilfreich. Man kann Geräte gemeinsam nutzen. Ich brauche nur einmal im Jahr eine lange Leiter, um Pflaumen zu pflücken, der Baum ist fast zehn Meter hoch und oben hängen die saftigsten Früchte. Mein Nachbar leiht mir seine Leiter, die auch bei ihm fast nur herumsteht und nur selten gebraucht wird. Im Gegenzug bekommt er Früchte aus meinem Garten. Eine gute Idee ist es auch, Gebrauchtes zu erwerben oder den Tauschhandel wiederzubeleben. Das spart Produktions- und Umweltkosten, reduziert eigene Ausgaben und erleichtert den ökologischen Rucksack. Geld wird zur Nebensache.

Trotz dieser Alternativen nimmt das Kaufen eine beherrschende Rolle in unserem modernen Leben ein. Warum kaufen wir so viel Zeug, das wir am Ende gar nicht benötigen? Ich selbst habe in meinem Leben jede Menge Bücher gekauft, die ich nie gelesen habe und auch nie hätte lesen können. Steckt womöglich ein steinzeitlicher Sammeltrieb dahinter? Wenn dem so ist: Wie wäre es, diesen Sammeltrieb auf andere, umweltschonende Weise auszuleben? Statt materieller Gegenstände lieber immaterielle Dinge sammeln?

Wie wäre es mit dem Sammeln von Naturerfahrungen? Wie viele meiner Freunde sammle ich Vogelbeobachtungen. Man kann sie auf der Plattform ornitho.de im Internet eintragen und schauen, welche Vogelarten von anderen Menschen an welchen Orten beobachtet wurden. Das regt an, macht neugierig, lockt zu neuen Zielen und erweitert den Horizont. Das Allerbeste: Man ist draußen und unterwegs, man bleibt körperlich und geistig in Schwung. Wem die Vögel zu unstet sind, der kann es mit Blütenpflanzen probieren. Bei naturgucker.de kann man Fotos von Pflanzen, Pilzen, aber auch von Tieren hochladen und man bekommt Unterstützung bei der Artbestimmung. Nie war es so einfach, sich Naturwissen anzueignen. Die Möglichkeiten, Erfahrungen und Beobachtungen in der Natur zu sammeln und zu teilen, sind grenzenlos und kostenlos. Vor allem aber sind diese Tätigkeiten klimaschonend und fördern unser Wohlbefinden. Wie lautet doch die alte Volksweisheit: »Ein frohes Herz, gesundes Blut sind besser als viel Geld und Gut!«

Reduktion verschafft Luft

Mein Weg zur Selbstbestimmung ist ein Weg zur Selbstverantwortung und hat einen einfachen Ansatz: Er heißt Reduktion. Reduktion des eigenen materiellen Verbrauchs auf ein verträgliches, gesundes Maß, gesund für die Erde und für mich selbst. Der erste Schritt: weniger aneignen, weniger konsumieren. Nicht auf großem Fuß, lieber auf kleinerem Fuß und dafür leichtfüßig leben. Große Füße nehmen mehr Platz weg, sie üben einen hohen Druck auf das irdische Leben aus, auf unser Klima, auf die Lebensräume der Pflanzen und Tiere.

Nach einer Studie des Umweltbundesamtes (UBA) entfallen ganze 54 Prozent unseres persönlichen CO_2-Fußabdruckes auf Konsumgüter einschließlich Nahrungsmittel, gefolgt von der Mobilität mit 19 Prozent, der Heizung mit 15 Prozent und dem Stromverbrauch mit 7 Prozent. Der Rest entfällt auf den öffentlichen Bereich. Etwa elf Tonnen emittiert der Bundesbürger im Durchschnitt pro Jahr. Jede und jeder kann seinen persönlichen Fußabdruck selbst ermitteln: https://uba.co2-rechner. de/de_DE/.

Man kann die Treibhausgasemission zwar auch der Industrie und der Landwirtschaft anlasten, aber letztlich läuft die Pro-

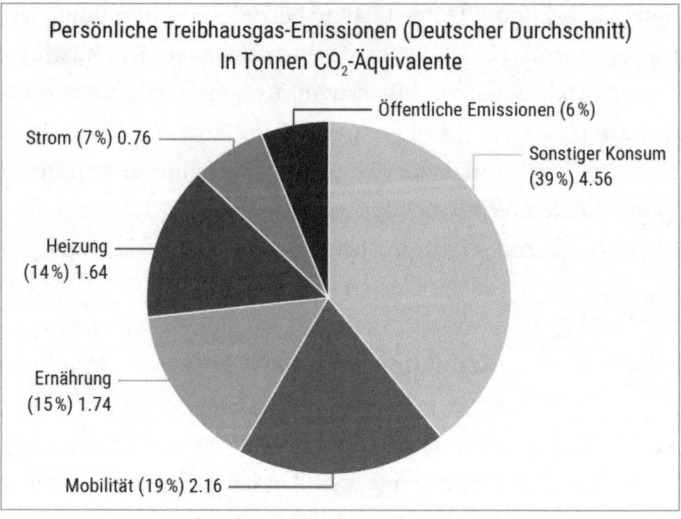

Persönliche Treibhausgas-Emissionen (Deutscher Durchschnitt)
In Tonnen CO_2-Äquivalente

Öffentliche Emissionen (6 %)

Strom (7 %) 0.76

Sonstiger Konsum (39 %) 4.56

Heizung (14 %) 1.64

Ernährung (15 %) 1.74

Mobilität (19 %) 2.16

Abbildung 5: Im Durchschnitt verursacht jeder Deutsche elf Tonnen Treibhausgase pro Jahr. Wo kann ich am meisten einsparen? Die größten Anteile entfallen auf Konsumgüter, gefolgt von Mobilität, Ernährung, Heizung und Stromverbrauch.

duktion auf Hochtouren, weil der Verbraucher dafür sein Geld bereitwillig hergibt. Folglich finanziert der Verbraucher die Natur- und Umweltzerstörung.

Nicht alle Verbraucher sind gleichermaßen daran beteiligt. Je höher die Konsumausgaben, desto größer der individuelle Fußabdruck. So gesehen ist großer Reichtum und üppiger Konsum einer Minderheit nicht nur ein soziales, sondern auch ein ökologisches Problem. Das ließe sich ändern, einmal auf politischer Ebene durch eine Vermögensabgabe, zum anderen auf persönlicher Ebene, indem der gut Verdienende sein Geld in Klima- oder Naturschutzprojekte fließen lässt. Soziale Gerechtigkeit und Klimagerechtigkeit würden sich dadurch treffen. Die Problemlösungen allein auf die Besserverdienenden abzuschieben, wäre allerdings zu kurz gesprungen. Der Handlungsbedarf und der Zeitdruck sind derart angewachsen, dass jede und jeder Einzelne nach dem eigenen angemessenen Beitrag suchen muss.

Ich persönlich sehe Klima- und Naturschutz als meine Lebensaufgabe an. Diese Fragen stehen bei mir im Zentrum meines Denkens und Handelns. Seit Jahrzehnten stehe ich im sportlichen Wettbewerb mit mir selbst, um meinen ökologischen Fußabdruck durch immer neue Ideen von Jahr zu Jahr zu reduzieren. Es ist machbar, sein »Trittsiegel« zumindest zu halbieren und sich dabei auch noch als Gewinner zu fühlen. Warum nicht hin und wieder sich mit kaltem Wasser waschen, wie es für unsere Vorfahren Gewohnheit war? Anfangs kostet es Überwindung, nach und nach wird es zu einem Bedürfnis. Die Erfrischung wirkt belebend und stärkt die Abwehrkräfte. Die Durchblutung der Haut wird gefördert, sie strafft sich und ihre natürliche Schutzschicht bleibt erhalten. Es lassen sich Hunderte von Möglichkeiten im täglichen Leben zur Minderung des Umweltverbrauchs finden, man muss nur danach suchen.

Reduktion verschafft Luft zum Durchatmen. Sie schenkt uns Erleichterung in einem mit Dauerstress befrachteten Leben, individuell wie gesellschaftlich. Nicht zuletzt hilft es auch unserer gebeutelten Natur. Was hindert uns daran, sich der Beschleunigung, dem krank machenden Stress, dem Immer-mehr-haben-Wollen zu entziehen und sich stattdessen einem gesunden und nachhaltigen, klimafreundlichen Lebensstil zuzuwenden? Ein Rezept, das für jeden gültig und brauchbar ist, gibt es allerdings nicht. Das sollte jeder mit sich selbst aushandeln. Für den einen ist dieses unverhandelbar, für den anderen jenes. Ich habe nach meinem persönlichen Weg gesucht und ich habe ihn gefunden. Dieser Weg führte mich zum Leben auf dem Land. Dort, im scheinbaren Abseits, zwischen Wäldern, Wiesen und Auen bin ich der Natur und mir selbst am nächsten. Sie ist meine geschätzte Lehrerin und meine größte Energiequelle. Sie lehrt mir die ehernen Regeln eines selbstbestimmten, selbstorganisierten, gesunden und verantwortungsvollen Lebens.

Selbstentfaltung in der Natur

Wer sich auf die Suche nach Wegen zur Selbstentfaltung begibt, dem empfehle ich ausgedehnte Spaziergänge in freier Natur. Der entscheidende Vorzug: Man kann sich Manipulationen leichter entziehen. Ein Spaziergang durch die Landschaft unterscheidet sich fundamental von einem Gang durch die Stadt. Hier ist die Ablenkung groß, meine Aufmerksamkeit wird von immer neuen Angeboten und Verlockungen angezogen und gefesselt. So findet man kaum zu sich selbst, meine wahren Wünsche und Bedürfnisse tauchen nicht auf, sie bleiben im Untergrund.

Anders das Unterwegssein auf dem Land. Bis in unsere Zeit hat der Sonntagnachmittagsspaziergang Tradition. In ihm zeigt sich die Art des ländlichen Flanierens. Man schlendert Arm in Arm durch die Straßen zum Dorfplatz, zum Fluss, zum Friedhof oder zu einer lokalen Attraktion. Auch Streifzüge durch die umgebende Natur haben ihre Liebhaber, eine besonders entspannende Form der Freizeitnutzung. Es ist eine Begegnung mit Bäumen, mit Blumen und Vögeln, eine Kontaktaufnahme mit unseren Ursprüngen und dem Lebensumfeld unserer Vorfahren.

Bei dieser Art von Spaziergang wird die Natur zum Schaufenster. Die Auslagen werden regelmäßig erneuert und verändert. Das weckt Neugier und verleitet zu einem längeren

Aufenthalt. Es ist eine Art von Konsum mit den Sinnen, ein Konsum, der nicht stresst und unserem Klima nicht schadet. Das Naturerleben schenkt uns nachhaltige Lebensfreude und stellt uns dafür nicht einmal eine Rechnung.

Für mich sind Naturbegegnungen essenziell. Wenn ich in die Natur eintauche, blühe ich auf. Meine kindliche Neugier wird entfacht. Täglich gibt es Neues zu entdecken. Das Hinschauen und Hinhören will allerdings gelernt sein. Manches offenbart sich erst auf den zweiten Blick. Auf meinen Streifzügen zu Fuß oder per Rad variiere ich meine Geschwindigkeit, halte immer wieder inne, lausche, halte kurz den Atem an, um auch das Geheime, Verborgene, Unauffällige, das Leise wahrzunehmen. Mal lasse ich mich treiben, stromere ziellos kreuz und quer durch die Landschaft, mal verfolge ich ein bestimmtes Ziel. Immer wieder stelle ich fest, dass die wilde Natur unendlich einfallsreich ist. Ich weiß, wann und wo etwas Besonderes »ausgestellt« ist, meist ist es nur für kurze Zeit erlebbar. Ich kenne die Orte, wo die Orchideen erblühen und wo sich der zierliche Augentrost versteckt. Dessen botanischer Gattungsname Euphrasia wurde – sicher nicht rein zufällig – vom griechischen Wort für Freude und Frohsinn abgeleitet. All das erfüllt mich mit tiefer Zufriedenheit, es kostet kein Geld, ich muss mich nur auf den Weg machen. Sinnstiftende Ideen für das eigene Leben kommen dann von ganz allein.

Abwege

Tempo gilt allgemein als Rezept für den Erfolg. Schmale Straßen werden verbreitert, enge Kurven beseitigt. Aber Geschwindigkeit ist nicht alles im Leben. Langsamkeit und Bedachtsamkeit haben nicht minder ihre Berechtigung. Seit meiner Kindheit liebe ich die krummen Wege mit vielen Biegungen, am liebsten unbefestigt und gesäumt mit Obstbäumen. Mit jedem dieser Wege, der durch einen weiteren Ausbau verloren geht, geht auch ein Stück meiner Kindheitserinnerungen verloren: Barfuß über den warmen Sand laufen, neugierig sein, welche Überraschungen hinter der nächsten Kurve lauern, vielleicht ein Hase, ein äsendes Reh? Kein Leben verläuft eben und schnurgerade. Wir kennen Irrwege, Umwege und Sackgassen, aber auch Abwege sind denkbar.

Nach allem, was uns die Naturwissenschaften über unseren Weg in die Zukunft zu sagen haben, bewegen wir uns in Richtung einer Sackgasse. Wir glaubten fest daran, es ginge immer weiter bergauf – mehr Wachstum, mehr Geld, mehr Konsum, mehr Freiheit. Wir ahnen aber auch, dass es auf Dauer nicht gut gehen kann. Ewiges Wachstum ist genauso illusorisch wie ewige Jugend. Dennoch treiben wir uns weiter an und wir fühlen uns getrieben. Wir sind Teil eines Räderwerkes, das einer Zentrifuge gleich sich immer schneller dreht. Wir befinden uns in einem Geschwindigkeitsrausch und verlieren die Orientierung.

Mich bewegt seit Jahrzehnten die Frage: Gibt es Wege, sich aus diesen fatalen Abhängigkeiten, dieser Besinnungslosigkeit zu befreien und einer sinnstiftenden, befriedigenden und zukunftstauglichen Tätigkeit nachzugehen? Einer Tätigkeit, die nicht nur persönlich Erfüllung bietet, sondern auch dem Gemeinwohl, der Sicherung der Lebensgrundlagen und damit kommenden Generationen dienlich ist?

Das tatsächliche Leben verläuft anders. Alles dreht sich um Gelderwerb. Geld macht bekanntlich nicht glücklich, aber es beruhigt, so sagt man landläufig. Geld als Beruhigungsmittel – was beunruhigt uns eigentlich? Genau das will ich erfahren. Ich will wissen, ob ein Leben ohne monetäre Drogen möglich ist. Ist ein umweltfreundlicher, nachhaltiger Lebensstil ohne freiheitsberaubende Zwänge in unserer Gesellschaft umsetzbar?

Jede Art von Verbrauch trägt in unserer Industriegesellschaft einen ökologischen Rucksack, der unsere Erde belastet, sei es das Klima, die biologische Vielfalt oder andere Ressourcen. Auch wenn manche Philosophen unser Zeitalter gern als »Postindustriegesellschaft«, als »Dienstleistungsgesellschaft« oder »Wissensgesellschaft« beschreiben, so umgibt uns doch eine Automobilindustrie, eine Chemieindustrie, eine Bauindustrie und eine Agrarindustrie ganz unmittelbar und produziert die größten ökologischen Probleme unserer Zeit, nicht zu vergessen die nach Fernost ausgelagerten Industriezweige, deren Klimawirkungen bis zu uns gelangen. All diese Industrien schaffen die Voraussetzungen für unsere »Verbrauchsgesellschaft«, vom Autofahren zum Spaß bis zum Shoppen als Freizeitvergnügen. Eben diese Verhaltensmuster wirken sich besonders negativ auf unsere persönliche Ökobilanz aus. Es wäre zu schön, wir würden nicht nur in einer theoretischen, sondern tatsächlichen »Wissensgesellschaft« leben und das Wissen auch anwenden, dann hätten wir diese Probleme womöglich gar nicht?

Wäre es angesichts der globalen, erdrückenden Bedrohungen nicht an der Zeit, die gewohnten, bequemen Wege zu verlassen und sich auf Abwege zu begeben? Sich abwegig zu verhalten, rücksichtsvoll und bedacht zu handeln, sollte nicht mehr anstößig sein. Wer sich natur- und umweltschonend verhält, seine Ansprüche an die Tragfähigkeit unseres Planeten anpasst, lebt nicht nur ausgeglichener und zufriedener, sondern auch sozialer und solidarischer. Lebensglück und Lebenszufriedenheit, mehr Freiheit und Leichtigkeit einfach durch Reduzierung des Verbrauchs? Das Märchen von »Hans im Glück« lässt grüßen! Könnte es sein, dass diese Geschichte ihren Märchencharakter verliert und in der Realität ihren Platz findet?

Mein Weg in die Freiheit

Meinem Schritt zurück aufs Land gingen Erfahrungen im Berufsleben, mit dem Großstadtleben und mit der DDR-Realität voraus. Nach meinem Studium, den anschließenden Jahren als wissenschaftlicher Hochschulassistent und einer Saison als Rettungsschwimmer an der Ostsee fand ich Anfang 1978 eine Anstellung als Ökochemiker in einem wissenschaftlichen Institut in Berlin, das dem DDR-Umweltministerium direkt unterstellt war.

Ich war froh, mich auch beruflich mit der Natur befassen zu können. Gewässerschutz wurde zu meiner Hauptaufgabe. Es war eine glückliche Fügung, ich habe eine große Leidenschaft für Gewässer aller Art, kurzum: Ich bin ein hydrophiler Typ. Als junger, flexibel einsetzbarer Kollege bekam ich die Arbeitsaufträge, die niemand sonst gern machen wollte. So durfte ich alle in der DDR verfügbaren Daten zur Schadstoffbelastung sammeln und auswerten. Es kam eine Fülle von Datenmaterial aus den Bereichen Industrie, Landwirtschaft, Wasserwirtschaft und Gesundheit zusammen. Meine früher erworbenen chemischen Kenntnisse halfen mir bei dieser Tätigkeit. In meiner ersten DDR-weiten

Studie wertete ich die Nitratbelastung der Gewässer, vor allem auch des Trinkwassers aus. Ein bis heute andauerndes Problem. Es folgten Studien zu Schwermetallen und Pestiziden.

Mich interessierten nicht nur die nackten Daten, ich wollte auch die Wirkungen auf Mensch und Umwelt in Erfahrung bringen, die akuten Reaktionen ebenso wie die Langzeitwirkungen. Durch die Auswertung der internationalen Fachliteratur brachte ich in Erfahrung, welche Stoffe als fischgiftig oder als bienengiftig einzustufen sind, welche Substanzen neurotoxisch, embryotoxisch, mutagen, teratogen oder kanzerogen wirken können.

Die in den vorgelegten Studien gesammelten Erkenntnisse waren derart brisant, dass sie umgehend vom DDR-Umweltministerium als »Geheime Verschlusssache« eingestuft wurden und im Panzerschrank verschwanden. Mir untersagte man, diese Erkenntnisse zu verbreiten. Vorträge und Publikationen waren tabu. Journalisten, so ist in meinen Akten der Staatssicherheit zu lesen, drohte die fristlose Entlassung, wenn sie mich eigenmächtig interviewt hätten. Ich hatte alle Unterlagen, auch die Primärdaten restlos an meinen Arbeitgeber abzuliefern. Jahrzehnte später fahndete ich nach den einst so streng gehüteten Studien. Sie waren nicht mehr auffindbar.

Das Präsidium des Ministerrates der DDR erließ 1982 zwei Anordnungen, die Umweltdaten generell zur Geheimsache erklärten. Das Abartige daran: Diese Anordnungen selbst waren öffentlich nicht zugänglich, die Angelegenheit wurde nur auf dem Dienstweg mündlich und nebulös gestreut. Die Ungewissheit verstärkte die Verunsicherung, ein gewollter Effekt.

Mein Wissen um die kritischen Umweltbelastungen einerseits und die Schweigepflicht andererseits blieben für mich nicht ohne gesundheitliche Folgen. Es stellten sich psychosomatische Beschwerden ein. Der innere Druck, der Wissens- und der Gefühlsstau wirkten sich auf meine Herzgesundheit aus, es folgten Krankschreibungen.

Nach einigen weiteren Jahren »Geheimarbeit« stand ich vor der Wahl, mich weiter im Schweigen zu üben oder meinem Gewissen zu folgen und Umweltaufklärung zu betreiben. 1982, im Alter von 32 Jahren, entschied ich mich schließlich, die warme, aber enge Jacke des Angestelltenseins an den sprichwörtlichen Nagel zu hängen. Ich löste mein Arbeitsverhältnis, das mich ein Leben lang finanziell hätte absichern können, und wechselte von einem staatlichen Institut in ein ungewisses freischaffendes Dasein. Ich konnte nicht länger schweigen und sah es als meine Berufung an, Umweltwissen und Umweltbewusstsein zu vermitteln und zum umweltgerechten Handeln aufzufordern. Die Berufsbezeichnung »freier Schriftsteller« erschien mir dazu geeignet.

Mein Umstieg von einer gesicherten Anstellung in eine unsichere Existenz erforderte einigen Mut, zumal auch das Schicksal meiner jungen Familie damit verbunden war. Die häufigste Frage, die mir damals gestellt wurde, lautete: »Wovon lebst du eigentlich?« Nicht wenige Menschen in meinem Umfeld beneideten mich ob meiner gewonnenen Freiheiten, aber dann, nach einigem Staunen, folgte regelmäßig mit Kopfschütteln der Satz: »Mir wäre das zu unsicher.«

Ein Vogel, der sein Leben im Käfig verbracht hat und regelmäßig gefüttert wurde, scheut bekanntlich den Flug in die Freiheit.

Mein Schritt in die erhoffte Freiheit blieb nicht folgenlos, schließlich lebte ich weiterhin in einem unfreien Staat, in dem jede Person staatlich verplant war. Mein Ausstieg wurde als Affront gegen das bestehende politische System gewertet. Freie Denker mit eigener Meinung galten in der DDR als mögliche Staatsfeinde und wurden aufwändig observiert. Nicht annähernd war mir damals klar, dass ich mit diesem Schritt mehreren Dutzend von inoffiziellen und offiziellen Mitarbeitern der Staatssicherheit Arbeit und Einkommen verschafft habe.

Dabei hatte ich lediglich die Absicht, dem Gemeinwohl zu dienen und zu mehr Engagement im Umweltschutz aufzurufen. Ich wurde bis in die Privatsphäre hinein mit versteckter Abhörtechnik überwacht und ausgeforscht. Für die Organe der Staatssicherheit war ich offenbar ein besonderer Fall, weil ich über Wissen von geheimen Umweltdaten verfügte und mich den staatlichen Strukturen entzogen hatte. Jeder DDR-Bürger hatte einen gesicherten Arbeitsplatz, damit war er unter staatlicher Kontrolle. Die wenigen Freiberufler waren in staatlichen Verbänden organisiert. Der Schriftstellerverband der DDR hat mich als Mitglied allerdings nicht aufnehmen wollen. Immerhin erhielt ich den Gaststatus.

Ich hatte in diesem unfreien Land einen gefühlten Freiheitsgrad erreicht, der Seltenheitswert hatte. Vier Bücher sind während dieser Zeit entstanden. Und doch war die Angst mein ständiger Begleiter, ich fühlte mich »vogelfrei« gegenüber dem allmächtigen Staatsapparat. Dessen Toleranzgrenzen waren nicht definiert. Dennoch konnte ich mich jenen Fragen zuwenden, die mir wichtig und die nach meiner Ansicht gesellschaftlich notwendig waren. So begann ich, mir ökologisches Wissen in einer Breite und Tiefe anzueignen, wie es in einem Anstellungsverhältnis niemals möglich gewesen wäre. Ich übte mich im freien Denken und – in geschützten Räumen – in der freien Rede, einer Fähigkeit, die in dem herrschenden politischen System mit den vorgestanzten Parolen bestenfalls Pastoren und prominenten Schriftstellern in engen Grenzen möglich war. Diese erlernten Fähigkeiten sollten sich bald als recht nützlich erweisen.

Wende gut – alles gut?

Dass es eine Wende in der DDR, einen Akt der Befreiung von der Bevormundung geben müsse, das war schon in den 1980er Jahren vielen Menschen klar. Die Frage war nur: Wann wird es so weit sein? Die Bürger- und Umweltbewegten im Osten Deutschlands bereiteten sich darauf vor. Sie wollten nicht nur freie Wahlen und eine Abschaffung der Spitzelei durch die Staatssicherheit, sie verlangten auch einen anderen Umgang mit der Umwelt. In ihren Forderungskatalogen forderten die Aktivisten saubere Luft, klare Flüsse, abfallfreie Produktionsverfahren, eine klimafreundliche Energiepolitik, eine umweltfreundliche Landwirtschaft, weniger Autoverkehr und ein Ende der Verschwendung. Nicht mehr und nicht weniger als der ökologische Umbau von Wirtschaft und Gesellschaft stand auf dem Plan.

Dann kam das Jahr 1989. Eine große Tür ging auf. In allen größeren Städten gab es Montagsdemonstrationen gegen den Überwachungsstaat. Was Jahre zuvor kaum vorstellbar war, trat ein: Der Staatsapparat kapitulierte bedingungslos. Mit der friedlichen Revolution sollte alles besser werden. Auch für mich brach eine völlig neue Epoche an. Das offene Wort fand einen offenen Raum. Ich gab die ersten Fernsehinterviews und plädierte für eine Energiewende. Die Journalisten genossen eine ungeahnte Pressefreiheit. Mein gesammeltes Umweltwissen hatte ich im Kopf und nun war es auch öffentlich gefragt. Es war die aufregendste Zeit in meinem Leben und die mit den kürzesten Schlafphasen.

Am 18. März 1990 war es so weit. Die ersten freien Wahlen zur DDR-Volkskammer fanden statt. Ich wollte mich nicht vor der Verantwortung drücken und kandidierte, schließlich gab es genug Umweltprobleme, die es zu lösen galt. Ich wurde zwar gewählt, aber die gefühlte breite Unterstützung in der Bevölkerung sowie die hohen Umfragewerte für das Bürgerbündnis entpuppten sich nach der Wahl als eine knappe Überschreitung der 5-Prozent-Hürde. Umweltthemen und Bürgerrechte waren plötzlich nicht mehr wahlentscheidend, vielmehr lockten Wohlstandsversprechen zur Stimmabgabe.

Die Enttäuschung war groß, aber Aufgeben war für mich keine Option. Ich gehörte in meinem Leben fast immer Minderheiten an. So wurde ich zum Vorsitzenden des Ausschusses für Umwelt, Naturschutz, Energie und Reaktorsicherheit in der Volkskammer der DDR berufen. Den Schwerpunkt meiner parlamentarischen Arbeit legte ich auf die Energiewende. Da mit steigendem Energieverbrauch die Umweltbelastung allgemein wächst, forderte ich als ersten Schritt eine rigorose Energieeinsparung. Auch das »Raus aus Atom und Braunkohle« und hin zu »Sonne und Wind« standen auf dem Plan meiner Fraktion Bündnis 90/Die Grünen. Das war keine Fantasterei, denn schon vor 1990 drehten sich die ersten Windräder im Land und auch die Nutzung der Solarenergie kam in Gang. Diese Innovationen zu fördern, war mein politisches Anliegen. Ich hielt über ein Dutzend Reden im Parlament, aber es waren keine Mehrheiten zu gewinnen. Das Gros der Abgeordneten war der festen Überzeugung, dass man mit erneuerbaren Energiequellen lediglich 1 Prozent des Strombedarfs decken könne. Die Stromkonzerne haben es genauso kommuniziert. Deshalb brauche man den »gesunden Mix aus Kohle, Öl, Atom und Erneuerbaren Energien«, so der Tenor, andernfalls »gingen die Lichter aus«. In einem Handstreich brachten schließlich die vier großen westdeutschen Energiekonzerne im Sommer 1990 die komplette Stromversorgung Ostdeutschlands unter ihre Kontrolle. Damit waren alle Vorstellungen zur Ökologisierung der Stromversorgung hinüber. Fritz Vorholz von der »ZEIT« titulierte den Vorgang als »Falsche[n] Anschluß«. Von nun an ging es um maximale Gewinne durch maximalen Stromverkauf. Mehrverbrauch wurde durch günstige Tarife belohnt, Energieeinsparung war kein Unternehmensziel. Es folgten die Jahrzehnte des exponenziellen Anstiegs der Treibhausgase. Die Hälfte des bislang gemessenen globalen Temperaturanstiegs seit Beginn der Aufzeichnungen entfällt tatsächlich auf die letzten 30 Jahre.

Eine politische Wende hatte zwar stattgefunden, die ökologische Wende, die Energie- und Agrarwende aber wurden unterdrückt. Neue, verlockende Parolen ersetzten die alten Losungen. Der »Wohlstand für Alle« wurde in Aussicht gestellt. Der Vereinigungstaumel und der Konsumrausch machten blind für einen Weitblick zur Bewahrung unserer fundamentalen Lebensgrundlagen. Als am 1. Juli 1990 die D-Mark in den Osten kam, tauchte plötzlich Milch im Tetra Pak aus Barcelona für unschlagbare 99 Pfennig in den Läden auf und machte der heimischen Flaschenmilch das Leben schwer. Ich konnte nicht anders, als darüber eine Satire zu schreiben. Die Plünderung unseres Planeten ging mit vereinten Kräften zügig weiter. Ökologische Themen interessierten die Öffentlichkeit nicht mehr, obwohl viele Probleme gesamtdeutsch waren.

Mich haben diese elementaren Überlebensfragen nie mehr losgelassen. Ich sehe die ökologischen Risiken und benenne sie. Mein Wissen und meine Haltung öffentlich zu machen, war und ist nach wie vor mein Hauptanliegen. Ich möchte Mut zum Umsteigen machen. So fand ich meinen neuen Platz am alten Platz – auf dem Land. Meine Unabhängigkeit und geistige Freiheit wollte und will ich nicht wieder hergeben.

Mein Leben als Dörfler

Es scheint ein ungeschriebenes Gesetz zu sein: In guten Zeiten lebt es sich in der Stadt angenehmer, in schlechten Zeiten haben die Landbewohner die besseren Karten. Egal ob Hunger, Krisen, Krieg oder Krankheit – die Stadt ist mit ihren Bewohnern verletzbarer. Das Land bietet zwar nicht die Bequemlichkeit, es ist aber widerstandsfähiger, es verfügt über mehr Resilienz, es bietet die Lebensbasis in direkter Nachbarschaft: fruchtbaren Boden, gemäßigtes Klima, Pflanzen, Tiere, Wasser, Sauerstoff. Das alles war und ist wichtiger als alles Geld der Welt.

Ein Landbewohner könnte sich mit Nahrung notfalls selbst versorgen. Ein längerer Stromausfall oder andere Versorgungsengpässe sind auf dem Lande leichter verkraftbar. Er ist weniger durch ansteckende Krankheiten gefährdet, denn Epidemien breiten sich bevorzugt in Gebieten mit hoher Bevölkerungsdichte aus. Insgesamt kann man außerhalb von Ballungsräumen kostengünstiger leben, vor allem was Wohnkosten angeht. Das Leben ist weniger konsumorientiert, die Verführung durch Außenwerbung entfällt. Die tagesaktuelle Bekleidungsmode kann man sich sparen. Man kauft dann, wenn man etwas braucht. Die Angebotspalette ist schmaler. Das Online-Shopping kann, wenn notwendig, die Lücken füllen. Einen Versorgungsnotstand mit Konsumgütern gibt es nicht wirklich. Sparen kann man auch bei der Freizeitgestaltung. Während städtische Angebote, wie Sport, meist mit Kosten verbunden sind, bietet das naturnahe Leben kostenfreie Möglichkeiten von vergleichbarem Nutzen an.

Damit keine falschen Bilder aufkommen: Das Leben auf dem Lande ist kein Leben im Schlaraffenland. Das Landleben ist ein arbeitsreiches Leben. Es verlangt Einsatz, Eigenverantwortung und Kreativität. Improvisationstalent und handwerkliche Fähigkeiten zum Reparieren und Selbermachen sind gefragt. Der Vorteil: Eigenleistung ist oft günstiger, als eine Dienstleistung einzukaufen.

Für viele Menschen ist das Einkaufen ein fixer Tagesordnungspunkt. Das kostet meist eine Stunde Lebenszeit täglich. Diese Art von Zeitverschwendung habe ich weitgehend abgeschafft. Für mich ist der Gedanke an »kaufen« nie der erste, sondern immer der letzte.

Ich muss nicht täglich einkaufen, und wenn es nach einer Woche sein muss, möchte ich es rasch hinter mich bringen. Einkaufen ist für mich eine bewusste, zielgerichtete Handlung. Ich entgehe der Konsumfalle, indem ich mir vorher klarmache, was ich benötige. Ich kenne die aufdringlichen Marketingstrategien der Verführung zum Mehr-Kaufen. Sie prallen an mir ab. Ich habe eine gewisse Immunität gegenüber Werbung erworben. Mich macht nicht das Kaufen glücklich, sondern das Nicht-Kaufen. Das Geld, was ich nicht ausgebe, muss ich nicht sauer verdienen. Und es stimmt mich zufrieden, dass ich mit dieser Strategie unsere Umwelt und unser Klima schone. Dieses Glücksgefühl hält länger vor als der schnelle Rausch über ein neu erworbenes Produkt.

Zum täglichen Einkaufen habe ich eine bewährte Alternative entwickelt: Garten und Landschaft unterbreiten täglich neue Angebote, frische Ware zum niedrigsten Preis – ein wahrer Supermarkt unter freiem Himmel. Er verschafft mir Sättigung und Genuss, Bewegung und Frischluft, er regt all meine Sinne an und gibt mir die Sicherheit und Gelassenheit, die ich mir im Leben wünsche.

Wer Rat und Hilfe benötigt, kann sie in der Nachbarschaft finden. Hilfsbereitschaft hat auf dem Dorf eine lange Tradition. Es lassen sich überall Menschen finden, die ihr Wissen gern teilen. Das Interesse am Mitmenschen wirkt als Gegenmittel zur sozialen Vereinsamung. Ein Landbewohner hat oft mehr freie Zeit für sich selbst und für andere als der gehetzte und mit Kontakten übersättigte Stadtbewohner.

Ich selbst bin ein Dörfler. Ein geborener Dörfler und einer aus Überzeugung. Das Dorf ist mein Zuhause. Hier verbrachte ich meine Kindheit und Jugend. Erst das Studium zog mich in die Großstadt und die Arbeitsstelle schließlich in die Hauptstadt der DDR, bis ich ganz bewusst umkehrte, zu meinen Ursprüngen – als Dörfler, der auch das Großstadtleben in all seinen Facetten erfahren durfte, der fasziniert war vom städtischen Überfluss, dem sprudelnden Treiben, dann aber nach seinen Wurzeln zu suchen begann, teils aus Wissensdrang, teils aus Sehnsucht, halb Kopf, halb Bauch, ohne Garantie des Gelingens und immer verbunden mit der Möglichkeit des Scheiterns.

Seither hat mich das ländliche Leben wieder – allerdings auf einer neuen Stufe. Das freie, finanziell unsichere Arbeiten, für das ich mich entschieden habe, braucht eine materielle Basis zum Überleben. Was bot sich für mein Vorhaben besser an als das Leben auf einem Dorf mit einem guten Teil an Selbstversorgung, um die Ernährung für meine Familie mit Frau und zwei Kindern zu sichern? Ohne eine solche Basis wäre das Vorhaben gescheitert.

Was lockte mich zurück aufs Dorf? Für mich bietet es vor allem persönlichen Freiraum, mehr Naturnähe und weniger Reglementierung, Einengung und Bevormundung – bester Boden für Selbstentfaltung und eigenverantwortliches, aber auch gemeinnütziges Handeln.

Das Leben auf dem Land bietet gute Möglichkeiten zur bewusst gesunden Lebensweise. Die Luft ist sauberer, der Lärm geringer, der Stress reduzierter, Angst und Kriminalität seltener.

Das Dorf ist im Allgemeinen ein recht friedlicher Ort. Nach den amtlichen Erhebungen im »Deutschlandatlas« ist die Zahl der Straftaten in Städten – bezogen auf 100 000 Einwohner – mehr als doppelt so hoch wie in den Landkreisen. Die Häufigkeit der Wohnungseinbrüche liegt in vielen Ballungsräumen sogar dreimal so hoch wie in ländlichen Gebieten. Da Einbruchsdelikte häufig das engste persönliche Lebensumfeld betreffen, beeinträchtigen sie im besonderen Maße das Sicherheitsgefühl der Bewohner. Nur wer sich sicher fühlt, kann seine Freiheit leben.

Auch wenn so manches für das Leben auf dem Lande spricht, konzentriert sich das Bevölkerungswachstum in ganz Deutschland auf die Großstädte und ihr prosperierendes Umland. Gerade die schon sehr dicht besiedelten Räume im Süden und Westen Deutschlands erfahren den größten Bevölkerungszuwachs und gelten als attraktiv. In den meisten Regionen Ostdeutschlands sinkt hingegen die Bevölkerungszahl, die großen Städte und die Ostseeküste ausgenommen.

Genauere Auskunft gibt das Binnenwanderungsgeschehen. Es wird von den Arbeits-, Bildungs- und Wohnungsangeboten sowie von der Verkehrsanbindung bestimmt. Auffallend ist, dass immer mehr Familien mit Kindern aus den Millionenstädten wie Berlin und Hamburg abwandern und in das Umland, in die »Speckgürtel« ziehen, dort neu bauen und die Landschaft zersiedeln. Die Hauptgründe dürften in den hohen Mieten in den angesagten Cities, aber auch in den urbanen Stressoren zu finden sein. Hinzu kommt eine unbestimmte Sehnsucht, der »Natur« nahe zu sein.

An einem Leben im ländlichen Raum weit außerhalb der Ballungsräume scheint es kaum Interesse zu geben. Abgelegene Gebiete werden regelrecht entvölkert. Die Schattenseiten scheinen zu überwiegen, sonst gäbe es nicht die massiven Abwanderungstendenzen. Was Arbeitsplatzangebote und Einkommenshöhe angeht, befinden sich die ländlichen Bewohner im klaren Nachteil. Der »Deutschlandatlas« zeigt, dass in den ostdeutschen Bundesländern, aber auch im altindustriellen Ruhrgebiet das verfügbare Einkommen privater Haushalte im Schnitt um 20 Prozent niedriger liegt. Die Einkommensspitzenreiter sind in Süddeutschland, im Rhein-Main-Gebiet, in Hamburg und vor allem im Großraum München ansässig. Bedenklich ist, dass die Unterschiede beim verfügbaren Einkommen innerhalb Deutschlands sich seit 2011 wieder erhöhen. Zwar sind die Lebenshaltungskosten in den ländlichen Räumen niedriger, doch gleichen diese die Einkommensunterschiede nur teilweise aus.

Für mich war und ist das persönliche Einkommen nicht das Hauptkriterium bei der Wahl meines Lebensmittelpunktes und meiner Arbeit. Es ist mir ein Herzensanliegen, beispielhaft zu zeigen, dass ein gutes Leben möglich ist, ohne die Existenzgrundlagen der Mitwelt zu ruinieren. Ich möchte erreichen, dass nicht nur meine Kinder, sondern dass alle Kinder ein gutes Leben haben. Mein Lebenskonzept wird von Kreativität, Improvisation und Verantwortung getragen. Nicht nur das »Hier« und »Heute«, auch das »Dort« und das »Morgen« sind mir wichtig. Dazu strebe ich einen Lebensstil, einen ökologischen Fußabdruck an, der die planetaren Belastungsgrenzen einhält, einen Fußabdruck also, der einem jeden Erdenbewohner zusteht, egal, wo er sein Zuhause hat. Meine Erkenntnis ist: Wir können nachhaltig und klimafreundlich leben, wenn wir uns auf die naheliegenden Potenziale und auf unsere eigenen Kompetenzen besinnen und diese klug einsetzen. Meine persönlichen Lebenserfahrungen und mein naturwissenschaftliches Denken veranlassen mich zu einem Plädoyer für ein engagiertes Leben im ländlichen Raum.

5

Was uns satt macht

Wer weiß heute noch, woher unsere Nahrung kommt und wie sie entsteht, welcher Aufwand dahintersteckt und welche Arbeitsschritte nötig waren? Wer kennt noch einen Menschen persönlich, der dafür sorgt, dass wächst und gedeiht, was wir später essen? Egal ob Gemüse, Obst, Eier, Milch, Käse, Wurst oder Brot – wir haben oft keine Ahnung, welche Wege diese Lebensmittel hinter sich haben, bevor sie wie selbstverständlich auf unserem Tisch landen. Noch nie in der Menschheitsgeschichte waren die Mittel zum Leben und die Menschen, die sich darum kümmern, so weit dem Blickfeld der Verbraucher entrückt wie in heutiger Zeit.

Bauernschicksale

Auch in früheren Jahrhunderten wurden Bauern alles andere als wertgeschätzt. Obwohl sie das Lebensnotwendigste für die gesamte Bevölkerung bereitstellten, waren sie die Unterdrückten und Geknechteten, über Jahrhunderte dem Adel hörig oder gar leibeigen, ohne Besitz an Grund und Boden. Sie litten unter der Ausbeutung durch die großen Landbesitzer, die Feudalherren und die Kirche. Der Bauernkrieg um 1525 war der größte Aufstand in der Geschichte dieses Berufsstandes. Die Bauern forderten Freiheit und Gleichheit aller Menschen, lange vor der Französischen Revolution. Es war ein ungleicher, blutiger Kampf mit Mistgabeln gegen Kanonen. Die Bauern konnten nur verlieren. Ihr Schicksal änderte sich nicht.

Friedrich von Logau fasste 1638 die Stellung der Bauern in einem Gedicht treffend zusammen:

> Wer sind Bürger? Nur Verzehrer.
> Wer sind Bauern? Ihr Ernährer.
> Jene machen Kot aus Brote,
> Diese machen Brot aus Kote.
> Wie dass denn der Bürger Orden
> Höher als der Bauern worden?

Auch Martin Luther verachtete die Bauern mehr, als er sie schätzte. Das Korn war ihm zu teuer und die Bauern waren nicht willig, ihre gewohnte Sprache abzulegen und das Luther-Deutsch anzunehmen.

Mit der Ära der Industrialisierung begann ein neues Zeitalter. Viele Bauernsöhne zogen zur besser bezahlten Arbeit in die Stadt. Erst Jahrzehnte später schlug auch auf dem Lande die Stunde der industriellen Revolution. In der Mitte des letzten Jahrhunderts kam der sogenannte »Kunstdünger« auf den Markt, später folgten die Pestizide, versehen mit der freundlichen Bezeichnung »Pflanzenschutzmittel«. Viele Bauern waren skeptisch und lehnten die Chemie auf ihren Feldern rigoros ab. Sie blieben beim altbewährten Mist, bauten weiter Klee, Luzerne und Seradella an, die den Stickstoff aus der Luft als Dünger in den Boden holten, und praktizierten Fruchtfolgen mit vielen verschiedenen Kulturen im Wechsel. Ein echter Bauer lässt sich nicht so schnell von seinen überlieferten Gepflogenheiten abbringen. Doch im beinharten Preiswettbewerb zogen die naturverbundenen Bauern den Kürzeren. Der um sich greifende Einsatz von Agrochemie brachte höhere Erträge und schnelles Geld ein. Eine allgemeine Überproduktion mit »Milchseen und Butterbergen« war die Folge. Den zwangsläufigen Preisverfall überlebten viele der traditionell wirtschaftenden bäuerlichen Betriebe nicht. Das »Bauernsterben« nahm seinen Lauf und hält bis in unsere Tage unvermindert an.

Die Industrie gibt seither den Takt an. Sie liefert immer größere Maschinen und leistungsfähigere Traktoren, mehr Düngemittel, Unkraut- und Schädlingsbekämpfungsmittel kommen auf den Markt. Faktisch wurde ein Großteil der Arbeit vom Feld in die Fabrik verlagert. Maschinen, Kohle, Öl und Chemie ersetzen menschliche Arbeitskraft auf dem Land. Diese Innovationen sollten nicht nur die Produktion steigern, sie sollten auch das Leben der Bauern erleichtern. Warum auch nicht? Die Arbeit auf dem Feld und im Stall war körperlich schwer und anstrengend, eine Plackerei, die auf die Knochen ging. Die geernteten Tonnen pro Fläche wuchsen fortan von Jahr zu Jahr – das galt als schlagender Beweis für den Fortschritt. Im Jahre 1950 waren es 25 Dezitonnen Getreide pro Hektar, jetzt sind es bald doppelt so viel. Während 1950 ein Bauer zehn andere Menschen durch seine Arbeit ernähren konnte, sind es jetzt 130 Menschen. Die Folge: Viele Bauernhöfe müssen zwangsläufig aufgeben. Pro Stunde kapituliert in Deutschland ein Landwirt. Das Einkommen reicht nicht mehr zum Überleben, die Erzeugerpreise sind im Keller. »Wachsen oder weichen« – so lautet die Parole. Felder und Ställe werden immer größer. Die Vielfalt der bäuerlichen Landwirtschaft wird durch die Monotonie der Agrarindustrie hinweggefegt. Doch wenn wir uns als Verbraucher klug verhalten, können wir das Blatt wenden. Wie? – Das werden wir später in diesem Buch im Kapitel »Solidarische Landwirtschaft« erfahren.

Als ich Kind war, wurden auf den Feldern noch zehn bis zwanzig verschiedene Kulturen angebaut, heute sind es oft nur noch vier bis fünf unterschiedliche Pflanzenarten, vor allem Getreide, Mais und Raps. Die robusten, lokalen Obst-, Gemüse- und Getreidesorten wurden verdrängt. 80 Prozent unseres Kulturpflanzenschatzes gingen in den letzten einhundert Jahren verloren. Stattdessen kamen neue Hochleistungssorten auf den Markt. Doch je hochgezüchteter, desto anfälliger sind die Sorten. Mit der neuen Uniformität werden die Schaderreger quasi gezüchtet, der Zwang zum Chemieeinsatz steigt. Weltweit geraten Bauern in eine Abhängigkeitsspirale von den Chemie- und Saatgutkonzernen. Der einst freie Bauer, der früher mit eigenen Ressourcen wirtschaftete, ist nun gezwungen, Dünger, Pestizide und das Saatgut von weltweit agierenden Konzernen zu kaufen, oft muss er dafür Kredite aufnehmen.

Zusätzlich befeuert werden diese Abhängigkeiten durch den Trend zur Digitalisierung. Diese Technik können sich oft nur Großbetriebe leisten. So werden weiter Arbeitskräfte freigesetzt. In den nächsten 20 Jahren kann sich dadurch die Zahl der Landwirte noch einmal halbieren.

Unterdessen wachsen die Umweltprobleme durch die agrarindustrielle Wirtschaftsweise. Das Klima leidet unter dem viel zu hohen Tierbestand. Das Methan, das aus den Mägen der Wiederkäuer entweicht, ist bezogen auf 20 Jahre 80 Mal treibhauswirksamer als Kohlendioxid. Als Klimaschädling hinzu kommt das Lachgas N_2O. Es entsteht im Boden durch mikrobielle Prozesse aus dem Stickstoffdünger, der in hoher Dosis auf die Felder ausgebracht wird. Dieses Molekül ist sogar 300 Mal klimaschädlicher als das CO_2. Wie ein internationales Forscherteam um Hanqin Tian von der Auburn University in Alabama feststellte, haben die Emissionen des Gases in den letzten 40 Jahren weltweit um 30 Prozent zugenommen. Mit dieser überraschenden Erkenntnis befindet sich die Erde derzeit auf Kurs des schlimmsten Klimaszenarios des IPPC.

Das Anheizen des Klimas ist aber nur das eine Problem, das von der Agrarindustrie maßgeblich mit verursacht wird. Mindestens genauso folgenschwer ist das rasante Vernichten von Lebensräumen bis hin zum Kollabieren ganzer Ökosysteme. Hecken, Feldgehölze, Nassflächen, Wegränder und Raine verschwinden, Felder und Wiesen werden überdüngt, das Bodenleben leidet, Gewässer kippen durch zu viel Gülle und Dünger um, so dass die Fische sterben. Die Agrargifte sind überall in der Umwelt angekommen. Die Landwirtschaft ist inzwischen zur schmutzigsten Industrie mutiert, weitgehend flächendeckend.

Am schlimmsten trifft es diejenigen, die keine Stimme haben: Es sind die Pflanzen, die Tiere und ihre Lebensräume, die sich in Todeszonen verwandeln. Viele Agrarlandschaften sind in ihrer Monotonie kaum zu übertreffen, biologische Vielfalt ist passé, die Wildbienen haben ausgesummt und die Lerchen ausgezwitschert. Mehr noch: Der Boden ist von einem Giftcocktail durchtränkt, der Regenwurm, der Garant der Bodenfruchtbarkeit, leidet unter den Giftspritzungen, der Humus schwindet rapide, das Wasser und die Nutzpflanzen sind mit Schadstoffen befrachtet.

Lange Zeit glaubten wir alle an das Gute und Vorteilhafte der Agrarindustrie, die Erzeuger ebenso wie die Verbraucher. Wir glaubten an die Versprechen der Konzerne, dass der Einsatz ihrer chemischen Produkte für Mensch und Umwelt völlig unschädlich sei. Wir haben uns daran gewöhnt, dass unsere Lebensmittel mit Hilfe von flächendeckendem Gifteinsatz erzeugt werden, so, als sei es das Normalste der Welt.

Fleisch frisst Natur

Tiere sind empfindsame und fühlende Wesen. Wie ergeht es ihnen, die uns mit Fleisch, Milch und Eiern versorgen? Die Antwort mag überraschen: Wir haben es mit einer geheimen Verschlusssache zu tun. Es soll niemand wissen, was hinter den schweigenden Mauern der Tierställe geschieht. Wer dennoch die Tatsachen, die im Dunkeln ablaufen, an das Licht der Öffentlichkeit bringt, ein Video als Dokumentation dreht, begeht eine Straftat wegen Hausfriedensbruchs.

Nur noch selten sieht man Milchkühe auf der Weide friedlich grasen. Im Erdreich wühlende Schweine, scharrende Hühner, die nach einem Wurm fahnden, suchen wir vergeblich. Auch hier hat die Monokultur Einzug gehalten und die Vielfalt an Haustieren der traditionellen Bauernhöfe verdrängt. In den großen Tierfabriken herrschen leidvolle Zustände. Lebewesen werden wie Industrieprodukte am Fließband produziert. Fast 99 Prozent aller Nutztiere wurden dauerhaft in Ställe verbannt und auf engstem Raum zusammengepfercht, fern ihrer natürlichen Bedürfnisse und Verhaltensweisen. Was wir Menschen für uns wünschen und beanspruchen, ein würdevolles Leben, haben wir den Tieren, die uns nützen, verwehrt. Nutztiere haben in der Intensivhaltung nur das eine Recht: Fressen, fressen und nochmals fressen, allerdings bekommen sie kaum noch das natürlich gewachsene Futter. Die auf maximale Milchleistung gezüchteten Kühe würden auf einer Weide fast verhungern. Sie brauchen energiereiches Konzentrat, Kraftfutter, meist aus Importen. Der Druck, in kurzer Zeit möglichst billig zu produzieren, fördert ungesunde, höchst fragwürdige Haltungsformen. Zu Hunderten bis Tausenden werden die Tiere entgegen ihrer natürlichen Instinkte auf engstem Raum gehalten und ausgebeutet. Kühe, Schweine, Hühner und Puten vegetieren unter Dauerstress dahin, Verhaltensstörungen und Krankheiten sind Normalität. Daraus entsteht letztlich unsere Nahrung, die fein verpackt und mit Naturmotiven bunt bedruckt in den Regalen glänzt und zum Zugreifen verleitet – ein klarer Fall von Verbrauchertäuschung. Schon aus ethischen Gründen sollte man diese Nahrungsmittel in Frage stellen und sie fairerweise vom Einkaufszettel streichen.

Wenn die Tiere unter widernatürlichen, krank machenden Bedingungen gehalten werden, muss man sich nicht wundern, dass ihre Anfälligkeit gegenüber Infektionskrankheiten rasant steigt. Die qualvollen Haltungsformen – lange Zeit als »gute fachliche Praxis« eingestuft – verursachen Dauerstress und überfordern das Immunsystem. Ist ein einzelnes Huhn unter Tausenden infiziert, werden alle Tiere mit Antibiotika behandelt, denn das Ansteckungsrisiko ist bei hoher Haltungsdichte kaum beherrschbar. Zwangsläufig bilden sich antibiotikaresistente Bakterienstämme heraus. Die Folgen hat eine Studie von Germanwatch offengelegt: Jedes zweite Hähnchen aus dem Discounter ist mit multiresistenten Bakterien verseucht. Auch über das Abwasser gelangen diese Keime in die Umwelt.

Zwei Drittel unserer Antibiotika werden in der Tiermedizin eingesetzt, ein Drittel in der Humanmedizin. Es sind identische Wirkstoffe. Je mehr Antibiotika verabreicht werden, umso rascher bilden sich resistente Krankheitserreger heraus. Einmal mit derartigen Keimen angesteckt, kann es für einen Menschen lebensbedrohlich werden. Die erhoffte Wirkung der üblichen

Antibiotika kann ausbleiben. Die Folge: eine steigende Zahl von Todesfällen, selbst nach anfänglich harmlosen Infektionen. Jahr für Jahr werden in der EU 33 000 Tote gezählt, Menschen, die sterben mussten, weil selbst die Reserve-Antibiotika nichts mehr ausrichten konnten. Nach Einschätzung der Weltgesundheitsorganisation WHO wächst durch die inzwischen überall nachweisbaren antibiotikaresistenten Mikroorganismen eine der größten Bedrohungen der Menschheit heran.

Missstände in der Tierhaltung sind keine Einzelfälle. Vor allem geht es der Agrarindustrie darum, mit den geringsten Kosten für den Weltmarkt zu produzieren, um wettbewerbsfähig zu bleiben. Hierzulande werden viel mehr tierische Produkte erzeugt als verbraucht. Deutschland ist nach Angaben des Thünen-Institutes einer der weltweit größten Exporteure von Schweinefleisch. Rund ein Viertel der deutschen Fleischproduktion geht ins Ausland bis nach China. Erst das Auftreten der Afrikanischen Schweinepest in Deutschland stoppte den Export. Wer Weltmeister im Fleischexport ist, weil er besonders »günstig« produziert, gehört auch zu den Weltmeistern in der Ausbeutung der Tiere. Nur wenige Arbeitskräfte holen ein Maximum aus den Tieren heraus. Unser Staat unterstützte diese Produktionsweise durch Subventionen. Den wahren Preis zahlen leidende und kranke Tiere, die Umwelt durch Luft- und Wasserverschmutzung, die Arbeitskräfte und schlussendlich auch die Verbraucher. Und noch ein offenes Geheimnis: Billiges Fleisch kommt auch durch billiges Futter zustande. Sojafutter kommt in Massen aus Brasilien und es ist genmanipuliert. So macht der Weltmeister im Fleischexport Geschäfte mit Regenwald- und Klimazerstörern, mit Menschenrechtsverletzern und verdient daran ganz hübsch. Billigfleisch bekommt so einen üblen Beigeschmack. Für die Produktion werden Aufwand und

Kosten in einem brutalen Unterbietungswettbewerb immer weiter minimiert. Das gilt für die Haltung der Tiere ebenso wie für deren Schlachtung. Ein Arbeiter in einem Schlachtbetrieb muss im Schnitt 2000 Schweine im Jahr schlachten.

Billigfleischproduktion und gute Fürsorge für die Tiere schließen sich gegenseitig aus. Bisher gibt es keinerlei gesetzliche Vorgaben dafür, dass die Tiere gesund sein müssen. Ob die Tiergesundheit eingehalten wird, müsste in jedem Stall regelmäßig von den Behörden kontrolliert werden. Erst wenn die Überprüfungsergebnisse publiziert werden, gibt es eine öffentliche Kontrolle und auch den Druck, krank machende Zustände zu ändern. In den Niederlanden gibt es zumindest schon eine Tierschutzpolizei mit 200 Polizisten, die sich nicht nur um Hund und Katze, sondern auch um »arme Schweine« kümmern und deren Haltung kontrollieren.

Letzten Endes bestimmt unser Speiseplan entscheidend mit, wie es der Natur und den Tieren ergeht. Für eine rein pflanzliche Kost genügt eine Anbaufläche von rund 200 Quadratmetern pro Person. Für eine reine Fleischkost wären bis zu 2000 Quadratmeter Anbaufläche nötig. Je mehr Fläche ich für meine Ernährung in Anspruch nehme, umso weniger Raum bleibt für die natürliche Vielfalt von Pflanzen und Tieren und für ihr Wohlergehen übrig.

Auch die Umweltbelastung unterscheidet sich bei diesem Vergleich erheblich. Das Verfüttern von Getreide und anderem Kraftfutter an Tiere zur Fleischproduktion wird in Erzeugerkreisen als »Veredeln« bezeichnet, in Wahrheit ist es ein Vernichten von Naturressourcen im großen Stil. Fakt ist: Was auf unseren Feldern und Wiesen mit hohem Energie- und Chemieaufwand und mit beträchtlicher Umwelt- und Klimabelastung heranwächst, wandert zum allergrößten Teil in Schweine- und

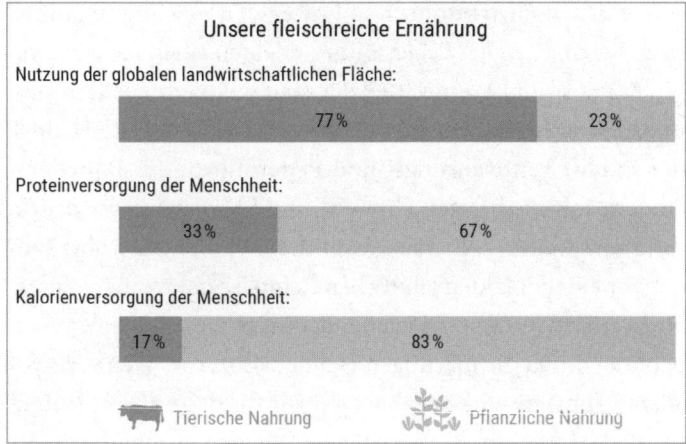

Unsere fleischreiche Ernährung

Nutzung der globalen landwirtschaftlichen Fläche:

77% | 23%

Proteinversorgung der Menschheit:

33% | 67%

Kalorienversorgung der Menschheit:

17% | 83%

Tierische Nahrung   Pflanzliche Nahrung

Abbildung 6: Tiere als Nahrungsmittel verursachen größte Umweltprobleme. Zur weltweiten Fleischproduktion werden 77 Prozent der Agrarfläche in Anspruch genommen. Dieses Fleisch deckt allerdings nur 33 Prozent des Protein- und nur 17 Prozent des Kalorienbedarfs der Weltbevölkerung.

Rindermägen. Der Wirkungsgrad ist dabei auffallend schlecht. Es müssen fünf bis zehn Kalorien verfüttert werden, um eine Kalorie an tierischen Lebensmitteln zu erzeugen. Der größte Teil des Futters wird zu Abwärme und zu Gülle. Verfüttert man Getreide, vernichtet man Nahrungsmittel.

Angefeuert wird diese ungesunde Entwicklung durch die marktbeherrschenden Supermärkte. Sie liefern sich im Wettbewerb um möglichst hohe Marktanteile einen knallharten Preiskampf. Lebensmittel werden zur Ramschware degradiert, die zu Schleuderpreisen feilgeboten wird. Fleisch und Wurst, Milch und Milchprodukte, Brot und Kartoffeln, Obst und Gemüse wurden preislich immer günstiger, allerdings nur für den Verbraucher, für den Produzenten hingegen immer ungünstiger. Wurden in der Mitte des letzten Jahrhunderts noch 50 Prozent des Durchschnittseinkommens für Lebensmittel ausgegeben, sind es inzwischen nur noch 10 Prozent. Die wichtigsten Mittel zum Leben, eben die Lebensmittel, erlebten einen nie da gewesenen Preis- und Werteverfall. Sie sind uns Verbrauchern vom Preisniveau her fast nichts mehr wert. Der weltweite Handel, der Import von Nahrungs- und Futtermitteln aus Billiglohnländern mit niedrigsten Umwelt- und Sozialstandards drückt die Preise weiter – scheinbar gut für die Verbraucher, aber tödlich für einen intakten ländlichen Raum, sozial wie ökologisch. Nicht zuletzt leiden die Lieferländer unter dieser globalen Ausbeutung durch die mächtigen Handelskonzerne. Wenn wir vor allem »günstig« einkaufen, sorgen wir für das weitere Ausbluten der Schwachen, der arbeitenden Menschen ebenso wie der Natur.

Genau genommen handelt es sich bei der Wortwahl um eine schamlose Tatsachenverdrehung durch die Werbung: Was uns als »günstig« angepriesen wird, ist in der Gesamtbilanz definitiv »ungünstig« – und zwar in vielerlei Hinsicht: für die arbeitenden Menschen, für die Tiere, für das Klima und für die Natur, hier im Lande und erst recht jenseits unserer Grenzen. Abhilfe können ein wirksames Lieferkettengesetz, faire Preise für die Produzenten und eine Einpreisung der Umwelt- und Klimakosten schaffen. Es braucht mutige Politiker und aufgeklärte Verbraucher, damit unser Essen anständig und nachhaltig wird. Unsere Verantwortung muss über den Tellerrand hinauswachsen.

Es ist nicht schwer, seine eigene Ökobilanz zu verbessern. Wer den Verbrauch von tierischen Lebensmitteln reduziert und auf pflanzliche Nahrung setzt, kann Natur und Klima entlasten. Mit etwas Experimentierfreude findet man auch gute Alternativen zu tierischen Produkten. So kann Milch beispielsweise durch Haferdrink ersetzt werden. Dieses milchähnliche Getränk besteht lediglich aus Hafer, Wasser und Sonnenblumen-

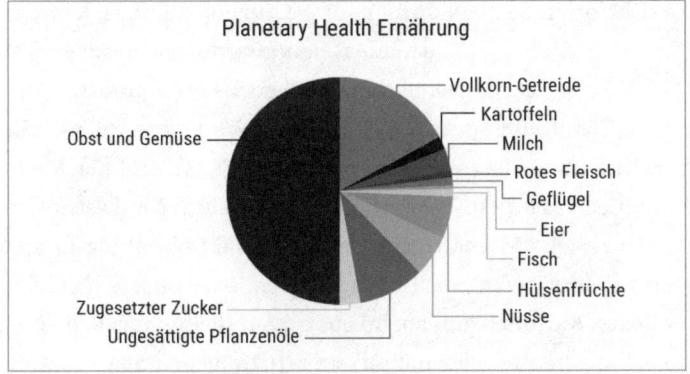

Planetary Health Ernährung

- Vollkorn-Getreide
- Kartoffeln
- Milch
- Rotes Fleisch
- Geflügel
- Eier
- Fisch
- Hülsenfrüchte
- Nüsse
- Ungesättigte Pflanzenöle
- Zugesetzter Zucker
- Obst und Gemüse

Abbildung 7: Dieser Speiseplan ermöglicht den gleichzeitigen Schutz von Mensch und Erde. So könnten sich bis zu zehn Milliarden Menschen gesund ernähren, ohne den Planeten zu zerstören.

öl. Es ist ausgesprochen wohlschmeckend und kann zudem den Cholesterinspiegel senken.

Nahrung mit Suchtpotenzial

Wer kennt sie nicht, jene Snacks, deren Verpackungen, einmal geöffnet, uns auch ohne Hunger endlos essen lassen, bis nichts davon mehr übrig ist?

Ernährungswissenschaftler haben herausgefunden, dass ein bestimmtes Verhältnis von Fett zu Kohlehydraten die Ursache für dieses Essverhalten ist. Wenn 35 Prozent Fett und 55 Prozent Kohlehydrate (Zucker und Stärke) zusammenkommen, dann wird das Belohnungszentrum in unserem Steinzeitgehirn zu einem Freudentanz verführt. Warum ist das so?

Die menschliche Kost in grauen Vorzeiten war meist sehr mager. Wenn dann aber das Jagd- oder Sammlerglück eintraf und kalorienreiche Nahrung zur Verfügung stand, setzte ein Fressrausch ein – eine frühe Art von Lebensversicherung. Genau diesen Mechanismus hat die Lebensmittelindustrie erkannt. Sie macht horrende Gewinne mit Produkten, die süchtig machen, aber sonst wenig zu bieten haben, außer einer Menge billiger Kalorien. Wertgebende Inhaltsstoffe? Ballaststoffe? Fehlanzeige! Wissenschaftler der Universität Nürnberg-Erlangen haben experimentell nachgewiesen, dass unsere handelsüblichen Kartoffelchips auch Laborratten süchtig machen können. Industrieprodukte mit diesem Fett/Kohlehydrat-Verhältnis liegen zu Hunderten in den Regalen der Supermärkte, darunter Pommes, Tiefkühlpizza, Gebäck, Knusperriegel, Schokolade und natürlich Speiseeis. Sie sind ein Hauptgrund dafür, dass in Deutschland die Hälfte der Frauen, zwei Drittel der Männer und sogar schon 15 Prozent der Kinder unter Übergewicht leiden. Wir essen falsch und wir essen zu viel.

Dicke Menschen gab es während meiner Kindheit kaum in meinem Umfeld. Ich kann mich nur an eine einzige, wirklich dicke Frau im ganzen Dorf erinnern. Sie wohnte schräg gegenüber und konnte kaum laufen. Darüber hinaus hatte noch ein Großbauer einen sichtbaren Bauch vorzuweisen. In unserer Schule war kein einziges Kind übergewichtig. Wie auch? Zucker war knapp, Süßigkeiten rar, Snacks waren noch nicht erfunden. Und der Belag auf den Frühstücksbroten triefte auch nicht gerade vor Fett. Sparsamkeit war angesagt – und viel Bewegung durch Austoben.

Übergewichtige Menschen tauchten gehäuft erst mit dem Beginn der Wirtschaftswunderjahre zunächst in Städten auf. Städter hatten höhere Einkommen und konnten sich mehr Konsum leisten. Zudem erlaubten Städte einen bequemeren Lebensstil: Bus statt Fußlauf, sitzende Beschäftigung statt körperlicher Arbeit. Doch neuerdings ändern sich die Verhältnisse auch auf den Dörfern. Der Grund: Die städtische Lebensweise hinsichtlich Ernährung und Bewegung erfasst auch die ländlichen Gebiete. Fast-Food-Ketten erobern mit ihren billigen und ständig verfügbaren Angeboten selbst entlegene Regionen. Die Anzahl der verzehrten Fertigprodukte mit ihrer hohen Energiedichte hat sich in zehn Jahren verdoppelt. Eine US-amerikanische Studie des National Institute of Health in Bethesda weist nach, dass Menschen, die sich von industriell erzeugten, stark verarbeiteten Lebensmitteln ernähren, täglich rund 500 Kalorien mehr zu sich nehmen. Damit wachsen überall die Fettpolster und mit ihnen die Gesundheitsprobleme. Bis 2030 wird WHO-Prognosen zufolge die Hälfte der Weltbevölkerung von Überernährung betroffen sein, die zum größten globalen Gesundheitsproblem heranwachsen könnte. Die bekannten Zivilisationskrankheiten etablieren sich durch die Globalisierung weltweit. Ihre Ursachen: Zu viel Zucker, oft auch versteckt in Getränken, und zu viele Fette in Snacks auf der einen Seite, auf der anderen Seite zu wenig frisches Gemüse, Obst und Ballaststoffe, dazu chronischer Bewegungsmangel. Stefan Kabisch vom Deutschen Institut für Ernährungsforschung Potsdam-Rehbrücke hält es für erwiesen, dass industriell verarbeitete Lebensmittel das Risiko für Übergewicht, Diabetes Typ 2 sowie Herzkrankheiten erhöhen.

Oft heißt es, dass diese Ernährungsweise vor allem sozial schwache Schichten mit niedrigem Einkommen betrifft. Doch Bildung ist entscheidender als Einkommen. Die Studentenschaft, die ganz sicher nicht zu den einkommensstarken Schichten zählt, ernährt sich gesundheits- und umweltbewusster als der Durchschnitt. Es wurde schon vielfach der Beweis angetreten: Man kann sich auch mit einem schmalen Budget gesund ernähren, wenn man es wirklich will. Aufklärung tut Not – doch sie allein reicht nicht. Der Ernährungswissenschaftler Barry Popkin von der University of North Carolina empfiehlt eine staatliche Steuerung des Essverhaltens, etwa durch günstigere Preise für gesunde Nahrungsmittel, Überwachung der Schulkost und eine deutliche Warnkennzeichnung hochverarbeiteter Lebensmittel auf der Verpackung, wie es in Chile bereits vorgeschrieben ist.

Die Weltgesundheitsorganisation WHO geht davon aus, dass viele Erkrankungen durch einen gesünderen Lebensstil verhindert werden können. Dabei geht es nicht nur um die Reduktion von Übergewicht, es betrifft auch die Lebensumstände, die für eine chronisch-toxische Stressbelastung sorgen. Die Wirkung dieser Faktoren ist umso größer, je jünger Menschen sind. So umfasst Krebsprävention in Bezug auf das spätere Leben nicht nur das Einhalten einer ausgewogenen, ballaststoffreichen sowie fleisch- und zuckerarmen Ernährung. Genauso wichtig ist die frühe Begeisterung von Kindern für gesunde, wertvolle Nahrungsmittel und für die schonende, frische Zubereitung der Mahlzeiten.

Es gibt Situationen im Leben, da hilft die beste Erziehung nicht weiter und auch die Selbstdisziplin gerät an ihre Grenzen. Heißhunger-Attacken kennt jeder. Die Gier nach Schokolade oder Snacks kommt unvermittelt, aber heftig und oft fühlt man sich der Versuchung erlegen. In Selbstversuchen habe ich eine Gegenstrategie erprobt, mit Erfolg: raus ins Freie, zu Fuß oder mit Fahrrad. Energische Bewegung befreit, macht glücklich und löst das Hungergefühl rasch auf, ganz so wie bei unseren Vorfahren, als sie zur Jagd aufbrachen.

Ganz am Rande sei erwähnt: Die Auswirkungen der Fast-Food-Ernährung reichen bis in die Tierwelt hinein. An Mäusen im Central Park von New York wurde nachgewiesen, dass deren Gene, die für die Verdauung zuständig sind, sich durch die überall verfügbaren Fast-Food-Abfälle angepasst und verändert haben und sich inzwischen von den Genen der auf dem Land lebenden Mäuse unterscheiden.

Was wir satthaben

Die Lage ist ernst, die Grenzen des Tragbaren sind erreicht, ja überschritten. Die Umweltorganisationen und Verbraucher machen mobil, sie organisieren Demonstrationen unter dem Motto: »Wir haben es satt«. Sie fordern von der Politik, die Weichen für eine umweltfreundliche, gesunde und nachhaltige Lebensmittelerzeugung zu stellen. Auch Bauern organisieren sich, setzen sich zur Wehr, allerdings aus anderen Gründen: Die nackte Existenzangst treibt sie in Traktorenkolonnen auf die Straße. Trotz harter Arbeit, oft an 365 Tagen im Jahr, fehlt vielen von ihnen das nötige Einkommen und die gesellschaftliche Anerkennung. Viele leiden unter Dauerstress, Depressionen, Burnout und auch die Suizidgefährdung nimmt zu. Der intensive Umgang mit Agrargiften führt zu gesundheitlichen Problemen. In den USA klagen mehrere Zehntausend krebskranke Farmer gegen jene Chemiekonzerne, die am Verkauf von Agrargiften gut verdient haben, und fordern nun Schmerzensgeld.

Die Fakten belegen es: Die chemiebasierte Erzeugung von Nahrung ist eine teure Sackgasse, ein Auslaufmodell. Rund ein Viertel der Treibhausgase stammt aus dem Bereich Landwirtschaft/Ernährung. 80 Prozent der Menge an Insekten und die Hälfte unserer Vögel sind in den letzten drei Jahrzehnten von Feld und Flur verschwunden. Schadstoffe wie Nitrate und Pestizide finden sich in Wasser und Nahrung wieder, die wir ungefragt schlucken. Darf es einfach so weitergehen, als handele es sich um vernachlässigbare Kollateralschäden?

Aus Gründen des Natur- und Umweltschutzes wie auch des Klimaschutzes ist eine Agrarwende überfällig. In Dänemark, aber auch in Frankreich und Schweden wurde bereits eine Pestizidsteuer eingeführt, die Wirkung zeigt. Seit 2013 gilt in Dänemark: Je giftiger die Substanz, desto höher der Steuersatz – ein nachahmenswertes Modell, gerade auch für Deutschland, einem der weltweit größten Pestizidhersteller. Ebenso sind die Düngung zu reduzieren und die Tierbestände zu halbieren. Wiesen und Weiden sind in ihrer Nutzungsintensität herunterzufahren: weniger düngen und seltener mähen. Um diese Maßnahmen umzusetzen, bedarf es veränderter Förderbedingungen in der Landwirtschaft. Nicht der Flächenbesitz – wie bisher üblich – ist zu subventionieren, vielmehr ist nachhaltiges, naturschonendes Wirtschaften zu belohnen und attraktiv zu machen. Landwirtschaft wird subventioniert, aber am verkehrten Ende, bislang vor allem nach Flächengröße, egal ob nachhaltig oder giftig gewirtschaftet wird. Flächenbesitz wird belohnt, und wer viel hat, bekommt viel Subventionen. Die Großen werden gefördert, die Kleinen lässt man laufen – in den Abgrund! Eine derartige Agrarpolitik untergräbt auf Dauer unsere wichtigsten Lebensgrundlagen. Sie fördert monotone Landschaften, massiven Chemieeinsatz, nicht artgerechte Massentierhaltung, Umwelt- und Gewässerbelastung, die Zerstörung der biologischen Vielfalt, sie vernichtet Arbeitsplätze und ruiniert bäuerliche Betriebe. Diese durch und durch absurde Politik muss endlich vom Kopf auf die Füße gestellt werden.

Die künftige Landwirtschaft soll wieder gesunden Boden unter die Füße bekommen. Wer Grund und Boden besitzt und bewirtschaftet, wer Tiere hält, muss sich seiner Verantwortung gegenüber dem Leben stellen. Immer mehr Landwirte begreifen, dass sie sich nicht länger von den Rezepten der gewinnorientierten Chemiekonzerne leiten lassen dürfen. Gefragt sind ihr eigener Verstand, die Aneignung wissenschaftlicher Erkenntnisse und ihr Mitgefühl gegenüber den Tieren und der gesamten Lebensvielfalt.

Was wir essen und nicht wissen

Der Industrielobbyismus hat ganze Arbeit geleistet, um die Umweltthemen klein zu halten. Die Studien der Konzerne, die den Nachweis der Unbedenklichkeit ihrer Produkte erbringen sollten, wurden geheim gehalten und waren der unabhängigen Wissenschaft nicht zugänglich. Sie galten als geschütztes Privateigentum der Unternehmen. Erst nach einem Urteil des Europäischen Gerichtshofes von 2019, wonach das öffentliche Interesse an Umwelt und Gesundheit schwerer wiegt als das Privatinteresse an der Maximierung des Profits, müssen diese Studien auch öffentlich zugänglich sein. Je mehr nachgeforscht wird, umso mehr Schadstoffwirkungen werden entdeckt. Allerdings bleiben auch viele Effekte unentdeckt, denn je mehr fremdartige Substanzen in unser Lebensumfeld treten und gleichzeitig einwirken, umso schwieriger ist es, eindeutige Ursache-Wirkungs-Beziehungen festzustellen, ganz besonders bei Langzeitwirkungen.

Dass Bienen bei der Anwendung von Insektiziden zwar nicht immer unmittelbar getötet werden, aber durch die Nervengifte der Neonikotinoide (»Neoniks«) die Orientierung verlieren, dadurch nicht wieder zum Bienenstock zurückfinden und so die Völker eingehen, ist nur ein Beispiel von vielen. Geprüft wird von den Herstellern zwar die akute Toxizität auf Bienen, nicht aber die chronische. Die allermeisten Organismen wurden bislang noch nicht einmal untersucht, wie sie auf die Einwirkung von Agrargiften reagieren. Die wenigen ausgewählten Tests finden nur unter Laborbedingungen statt. Die Wirkungen in den natürlichen Ökosystemen können auch ganz anders ausfallen, wie durch das Helmholtz-Zentrum für Umweltforschung Leipzig angenommen wird. Die Listen der Nebenwirkungen von Pestiziden wären ähnlich lang wie von den Medikamenten in der Humanmedizin, wahrscheinlich aber länger, da auf Grund der flächenhaften Anwendung eine Vielzahl von Organismen betroffen ist. Wie konnten wir uns nur daran gewöhnen, dass unsere Nahrungsmittel routinemäßig mit Hilfe von Giften erzeugt werden?

Wir werden von einer Agrar- und Ernährungsindustrie versorgt, die neben Pestiziden Hunderte verschiedene chemische Substanzen verwendet. Allein für die industrielle Broterzeugung sind 35 verschiedene Zusatzstoffe zugelassen. Was zum Brotbacken wirklich gebraucht wird, sind Mehl, Wasser und Hefe, mehr nicht. Ein Reinheitsgebot für Brot gibt es nicht, für Bier schon! Um die Verkaufserfolge zu steigern, werden den Lebensmitteln Farbstoffe, Konservierungsmittel, Emulgatoren, Stabilisatoren, Aromastoffe sowie Duftstoffe zugesetzt. Durch alle möglichen Tricks werden sie optisch aufgewertet. Sie sollen verführerisch duften, länger frisch oder gar ewig haltbar bleiben und nicht zuletzt technologisch schnell, einfach und billig herstellbar sein. Die Zusätze müssen nicht einmal alle deklariert werden. Die Zutaten der Zutaten müssen nicht auf der Verpackung stehen, wie das Nitrit der Salami auf der Fertigpizza. Mit dem systematischen Einsatz von Zusatz- und Fremdstoffen läuft ein Experiment an Mensch und Natur – Ausgang ungewiss! Selbst wenn es sich dabei nicht um klassische Gifte handelt, so sind es doch oft unnatürliche Fremdstoffe, auf die unser Körper reagieren muss. Er muss sie entsorgen und gegebenenfalls entgiften. Schafft er es nicht, ist er überfordert und es können Krankheiten auftreten, angefangen von Unverträglichkeiten über Allergien bis hin zu Krebserkrankungen. Manche Reaktionen treten sofort auf, andere nach Jahrzehnten. Unser Körper hat ein gutes Gedächtnis, er vergisst nicht!

Keine Frage: Obst und Gemüse gehören zu einer gesunden Ernährung. Doch wie gesund sind die Produkte, die gut verpackt die Regale der Supermärkte füllen? Bei 80 Prozent der Gemüseproben und bei 90 Prozent der Obstproben wurden Mehrfachrückstände nachgewiesen, wie aus den jährlichen Berichten vom Chemischen und Veterinäruntersuchungsamt Stuttgart (CVUA) hervorgeht. Demnach wiesen Tomaten und Zucchini im Schnitt mehr als fünf verschiedene Pestizidwirkstoffe auf. Unrühmliche Spitzenreiter waren einzelne Proben von Paprika, Limetten und Süßkirschen mit jeweils 18 verschiedenen Agrargiften. Schadstoffbelastungen in unserer Nahrung sind ein wachsendes Problem. Das Gesundheitsrisiko steigt, wenn nicht nur einzelne Pestizide, sondern mehrere in einer Mahlzeit enthalten sind. Bei einem solchen Cocktail können Kombinationseffekte auftreten. Die Schadstoffe können sich gegenseitig in ihrer Wirkung verstärken, ähnlich wie auch mehrere gleichzeitig verabreichte Medikamente unerwartete Effekte auslösen können. Genau diese Kombinationseffekte werden bei den Pestizid-Zulassungsverfahren aber nicht geprüft. In den üblichen Tierversuchen an Mäusen wird jeweils nur die Wirkung einer einzelnen Pestizidsubstanz ermittelt.

Die Untersuchungsergebnisse sollten eigentlich die Alarmglocken läuten lassen. Da man diese Schadstoffe jedoch weder schmecken noch riechen kann, werden sie nicht als Problem wahrgenommen. Auch fehlt es allerorten an gut ausgestatteten Kontrollinstanzen. Bislang war es politisch nicht gewollt, gründliche Prüfungen durchzuführen, stattdessen wurde Personal in den Kontrollbehörden abgebaut. Umweltschutz, Naturschutz und Gesundheitsschutz haben eines gemeinsam: Sie galten bislang als wirtschafts- und wachstumsfeindlich. Aber das ist zu kurz gedacht. Oft liegen die Folgekosten für Mensch und Umwelt höher als die Vermeidungskosten. Wir Bürgerinnen und Bürger, wir Wählerinnen und Wähler tragen dafür eine Mitverantwortung. Unser Verhalten und unser öffentliches Auftreten entscheiden darüber, wie unsere Lebensmittel und unsere Gesundheit in Zukunft beschaffen sein werden. Meine persönliche Schlussfolgerung: Nahrung besser nicht aus industrieller Fertigung beziehen. Stattdessen frische und giftfrei erzeugte Nahrung bevorzugen, entweder aus kontrolliert biologischer Erzeugung oder aus eigenem Anbau. Völlig schadstofffrei zu leben ist unmöglich, aber man kann gehörig reduzieren. Unser Körper wird es uns danken!

Bio? Was sonst!

Kluge Landwirte wissen: Gesunde Pflanzen wachsen auf gesundem Boden. Sie kümmern sich um einen belebten Boden ebenso wie um das Wohl der Tiere im Stall und auf der Weide. Sie produzieren nicht nur gesunde Nahrung, sondern auch sauberes Wasser. Sie verzichten auf den Einsatz chemisch-synthetischer Gifte und nutzen die Gratisleistungen der Natur. Kreislaufwirtschaft statt Dünger aus der Chemiefabrik, der ganz besonders CO_2-lastig ist. Die Landwirte der Zukunft schaffen eine Landschaft mit der dazugehörigen Biotopvielfalt. Sie fördern die Selbstregulation der Ökosysteme durch Artenvielfalt und lassen somit attraktive, abwechslungsreiche Erholungslandschaften entstehen. Und auch den Feldhasen soll es wieder besser gehen ebenso wie den wilden Bienen, den Lerchen, Goldammern, Rebhühnern, den Kiebitzen und den Turteltauben. Sie alle haben auf unseren Feldern und nirgendwo sonst ihr Zuhause. Ihr Lebensraum muss wieder lebenstauglich werden.

Damit diese Vorstellung umfassende Realität wird, bedarf es einer einschneidenden Wende in der Agrarpolitik: Jene Leistungen der Landwirte, die dem Gemeinwohl dienen, müssen auch von der Allgemeinheit honoriert werden. Auch der Bauer muss merken: Bio lohnt sich!

Beschleunigen kann diese Neuausrichtung der Landwirtschaft vor allem der Konsument. Er hat Hebel in seiner Hand, Einfluss auf eine Agrarwende zu nehmen, solange die Politik zögert. Hierbei hat vor allem die aufgeklärte Stadtbevölkerung als Großverbraucher eine Mitwirkungspflicht. Wem vertraue ich mein Geld beim Einkauf an? Einer giftlastigen Agrarindustrie oder einer umweltfreundlichen Landnutzung? Jeder hat das Recht, die Geiz-ist-geil-Ware links liegen zu lassen, denn sie tut weder dem Gewissen noch der Umwelt und der eigenen Gesundheit gut. Für diese Billigangebote zahlen wir alle doppelt und dreifach drauf. Als Steuerzahler subventionieren wir diese abartige Form der Landwirtschaft durch die pauschalen Flächenprämien und als Billigkonsumenten sorgen wir für deftige Profite der Chemiekonzerne. Hinzu kommen die Schäden an der Natur, an Insekten und Vögeln, die Belastung der Luft und des Wassers durch Gülle und Ackergifte, die Aufheizung des Klimas und nicht zuletzt leidet unsere eigene Gesundheit unter dem Cocktail an Schadstoffen. Wer Wert auf seine eigene

Gesundheit und auf eine gesunde Umwelt legt, hat jederzeit die Möglichkeit, sich für Bioware, und zwar möglichst aus der Region, zu entscheiden. Mit Lebensmitteln verhält es sich wie mit anderen Konsumgütern: Wer die höhere Qualität bevorzugt, kommt auf Dauer günstiger weg.

Ich persönlich finde großen Gefallen an biologisch erzeugter Nahrung – nicht zuletzt auch aus Eigennutz. Ist es nicht ein Akt der Selbsterhaltung und der Selbstliebe, wenn ich mich für Bio entscheide und dadurch meine Chancen steigere, meine Gesundheit zu stärken und die Natur in ihrer Faszination vielleicht noch ein paar Jahre länger genießen zu können?

Der wahre Preis

Bioqualität hat ihren Preis, es ist ein fairer Preis, der den Bauern zusteht und den wir auch zum Wohle der Tiere, unserer Umwelt und unserer Nachkommen gerne zahlen sollten. Doch schon höre ich den Einspruch: Ist in dem, wo »Bio« draufsteht, auch wirklich »Bio« drin? Oder ist es ein Geschäftsmodell, um die Verbraucher abzukassieren? In der Tat stehen »Bio«-Erzeugnisse hin und wieder unter Betrugsverdacht. Nun sind in unserem vorherrschenden Wirtschaftssystem Betrügereien alles andere als eine Seltenheit. Es ist schon vorgekommen, dass »Bio«-Eier in Wirklichkeit keine »Bio«-Eier waren, aber zum Bio-Preis verkauft wurden. Wenn derartige Fälle öffentlich werden, ist es kein Beweis, dass »Bio« schlecht ist, sondern dass die Kontrollen funktionieren. Es gibt kaum eine andere Branche, die derart streng überwacht wird. Auf »Bio« kann man vertrauen.

»Bio« ist teuer, das könne sich nicht jeder leisten, so bekomme ich immer wieder zu hören. Ja, 15 Prozent unserer Bevölkerung gelten in der Tat als arm oder leben an der Armutsgrenze, wie der Armuts- und Reichtumsbericht der Bundesregierung feststellte. Für ein reiches Land wie Deutschland ist das eine Schande und gehört schnellstens geändert. Aber der Rest der Bevölkerung ist eben nicht arm. Im Gegenteil, wir gehören zu den Reichsten der Welt. Unsere Gesellschaft ist so reich, dass sie es sich erlaubt, jährlich 20 Millionen Tonnen, ein Drittel aller Lebensmittel wegzuwerfen. Wenn dieses Drittel nicht in der Tonne landen würde, müsste es erst gar nicht produziert werden. Die Natur wäre entlastet und die Haushaltskasse ebenso. Damit wäre auch Geld übrig, um die ehrlichen Preise zu bezahlen. Es ist letztlich eine Frage der Wertschätzung von Lebensmitteln. Man muss sich fragen, warum gerade in Deutschland bei unseren wichtigsten Mitteln, den Lebensmitteln, mit jedem Cent gegeizt wird? Wer eine Vorstellung davon hat, wie Nahrungsmittel entstehen, oder selbst einmal mitgewirkt hat, ist eher bereit, für gutes Essen gutes Geld auszugeben.

Noch gelten die Verschmutzung der Umwelt und die Belastung des Klimas weitgehend als kostenfrei. Die Atmosphäre, der Boden und die Gewässer werden bislang als gebührenlose Müllschlucker missbraucht. Gerade die billigsten Nahrungsmittel im Supermarkt verursachen die höchsten Umwelt- und Klimakosten. Ein »kostenbewusster« Verbraucher ist durch diese Art von Preisgestaltung motiviert, Umwelt und Klima maximal zu belasten. Das würde sich ändern, wenn Treibhausgase und andere Schadstoffe einen Preis bekämen.

Ein erster Schritt war die Einführung einer (eher symbolischen) Abgabe für Kohlendioxid 2021. Ab 2025 sollen für die Tonne CO_2-Emission 55 Euro gezahlt werden. Was würde das für unsere Lebensmittelpreise bedeuten? Gemüse und Kartoffeln würden sich um zwei Cent verteuern, Brot um fünf Cent,

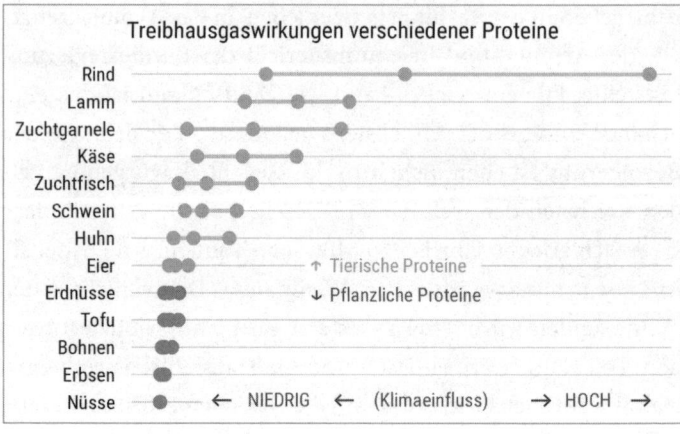

Treibhausgaswirkungen verschiedener Proteine

Rind
Lamm
Zuchtgarnele
Käse
Zuchtfisch
Schwein
Huhn
Eier
Erdnüsse
Tofu
Bohnen
Erbsen
Nüsse

↑ Tierische Proteine
↓ Pflanzliche Proteine

← NIEDRIG ← (Klimaeinfluss) → HOCH →

Abbildung 8: Pflanzliche Eiweiße sind den Proteinen aus tierischen Quellen in Sachen Klima, Umwelt- und Naturschutz haushoch überlegen.

Milch um sieben Cent, Tiefkühlpommes schon um 30 Cent, Rindfleisch um 90 Cent und Butter um ganze 1,30 Euro – jeweils pro Kilogramm. Professor Christoph Schmidt vom Leibniz-Institut für Wirtschaftsforschung Essen plädiert für eine Rückerstattung der Einnahmen aus dieser Klimaabgabe. Jede Person bekäme dann eine ihm zustehende feste Summe überwiesen. Wer umweltbewusst und pflanzenbasiert einkauft, senkt dann sogar seine Lebenshaltungskosten und hat am Ende mehr Geld übrig. Der Preis wird durch diese Abgabe zum intelligenten Lenkungsinstrument. So wird klimafreundliches Verhalten belohnt und zusätzlich findet ein sozialer Ausgleich statt.

Die Studie der Universität Regensburg »How much is the dish? – Was kosten unsere Lebensmittel wirklich?« geht einen Schritt weiter. Sie berücksichtigt die externen Kosten nicht nur des Treibhausgasausstoßes, sondern auch die des Einsatzes von Stickstoffdünger sowie des Energieaufwandes bei der Lebensmittelherstellung. Das Fazit: Die höchsten externen Folgekosten und damit größten Fehlbepreisungen gehen mit der Produktion konventionell hergestellter Produkte tierischen Ursprungs einher. Diese müssten auf Erzeugerebene dreimal so teuer sein, als derzeit bepreist (196 Prozent Aufschlag auf die Erzeugerpreise). Die zweithöchsten Aufschläge müssten für konventionell hergestellte Milchprodukte (96 Prozent) und die niedrigsten für Biolebensmittel pflanzlichen Ursprungs (6 Prozent) erfolgen. Dr. Tobias Gaugler erklärt, dass für viele negative Klima-, Umwelt- und Gesundheitsfolgen, die sich aus der Produktion von Lebensmitteln ergeben, bislang weder die Landwirtschaft noch die Konsumenten aufkommen. Diese Preisverzerrung sieht der Wissenschaftler als eine Art Marktversagen an, das wirtschaftspolitisch gelöst werden muss.

Selbst anbauen?

Obst und Gemüse im eigenen Garten anbauen? Lohnt es sich, den Rücken krumm und die Hände schmutzig zu machen, wenn für eine Packung Karotten nicht mal ein Euro an der Ladenkasse zu entrichten ist? Nein, das kann sich nicht lohnen! So urteilten viele Menschen, selbst jene, die bis vor Jahrzehnten noch eigenes Gemüse im Garten geerntet haben. Die Zeiten der Autarkie, der zumindest teilweisen Selbstversorgung hatten ausgedient. In der DDR war sie bis 1990 ein probates Mittel, um sich mit Obst und Gemüse einzudecken. Zusätzlich belieferten Kleingärtner den Handel und damit die Region. Dann kam die Wende. Sowohl die Bauerngärten in den Dörfern als auch die Flächen der Kleingärtner an den Stadträndern veränderten sich wie auf Kommando. Aus Nutzgärten wurden Ziergärten, Koniferen statt Obstbäume und vor allem Rasen und nochmals

Rasen – unproduktive Flächen also. Erdbeeren, Tomaten, Gurken und Äpfel kamen fortan im Überfluss aus Holland, Spanien oder Übersee. Die Gurken waren dann nicht mehr krumm, dafür in Plastik eingeschweißt, und die Äpfel sahen alle mustergültig und gleich groß aus. Kaum jemand interessierte sich für ihre Entstehungsgeschichte, für die Klima- und Umweltbilanz und für Menschenrechtsfragen.

Nicht alle Hobbygärtner sind dem Trend gefolgt. Nach und nach scheinen die alten Traditionen sogar neu aufzuleben. Das Verlangen nach Unabhängigkeit und Versorgungssicherheit mit gesunder Nahrung und nach sinnvoller Betätigung lässt die Idee einer gestärkten Autarkie wieder auferstehen, nicht nur was die Ernährung angeht. Autarkie bedeutet, sich im Verbrauch auf das zu beschränken, was im näheren Umfeld verfügbar ist oder aus eigenen Ressourcen hergestellt werden kann. Autarkie kann ein Land, eine Kommune oder ein Haushalt anstreben, sei es in Fragen der Ernährung, der Energieversorgung oder der Gesundheit. Was noch vor Jahrzehnten als überholt und rückschrittlich galt, wird wieder salonfähig. Die Zeiten und Wertvorstellungen ändern sich mit den neuen Erkenntnissen über Klima, Umwelt und Gesundheit. Es dämmert vor allem in Krisenzeiten: Es ist allemal sicherer, auf eigenen Beinen zu stehen, als auf Fern- und Fremdversorgung zu setzen, auch wenn sie noch so kostengünstig zu sein scheint, wie der 90-prozentige Import aller unserer Medikamente aus Fernost. Kurzfrist-Ökonomie ist eben nicht alles. Eine verantwortliche Autarkie entlastet die Gesellschaft und die Natur gleichermaßen.

Die Geschichte der Stadtgärten begann mit den sogenannten »Schrebergärten«. Sie wurden ab Mitte des 19. Jahrhunderts vom Leipziger Arzt Dr. Schreber und seinen Mitstreitern propagiert, vor allem um die »körperliche Ertüchtigung« zu fördern, um

den Kindern in der Stadt über »Kinderbeete« Beschäftigungs-
möglichkeiten im Freien zu bieten und schließlich auch, um
eine Eigenversorgung mit Obst und Gemüse zu befördern. Gärten wurden zu wichtigen Nahrungsquellen. In den Wirtschafts-
wunderjahren der Bundesrepublik ging dieser weise Gedanke
des Nutzgartens mehr und mehr unter. Die bunten Obst- und
Gemüsegärten verschwanden unter einförmigem Rasen oder
wurden zu Bauland. Mit der Rasenmanie und dem Mähroboter
erfolgte die Entwidmung des Gartens als Nahrungs- und Lebensraum. Sterilität, Ordnung und Sauberkeit nach Vorschrift
waren angesagt. Diese Art von Ordnung widerspricht jedoch
den Ordnungsprinzipien der Natur.

Nun setzt eine erfreuliche Rückbesinnung ein. Monotone
Rasenflächen sind nach und nach out. Die blühenden, bunten
und auch etwas wilden Gärten sind cool. Man lässt wieder mehr
von dem wachsen, was einen naturnahen Garten ausmacht.
Weniger Mähen heißt weniger Arbeit, weniger Lärm und weniger Energieverbrauch und damit weniger Treibhausgase, dafür mehr Blütenvielfalt, mehr Schmetterlinge, mehr Bienen und
mehr Freude, freie Zeit und Lebensqualität. Nicht zuletzt: mehr
strahlende Kinderaugen!

Der Hintergrund für die Renaissance von Familiengärten ist
ein gewachsenes Umweltbewusstsein. Fast alle Neugärtner arbeiten nach ökologischen Kriterien und vor allem giftfrei. Auch
die Eigenerzeugung von Nahrung ist wieder im Kommen. Jeder und jede kann es versuchen, einen Teil der Nahrung selbst
anzubauen, sei es im Garten oder notfalls auch auf dem Balkon mitten in der Stadt. Die Beliebtheit, Tomaten, Paprika oder
Kräuter selbst heranzuziehen, liegt im Trend. Mit einem einfachen Hängeschuhregal kann man die Anbaufläche selbst auf
einem Balkon vervielfachen. Das mit eigenen Händen gezoge-

ne Gemüse erfährt eine besondere Wertschätzung. Die Früchte müssen nicht makellos sein, um sie zu verwerten. Nichts davon ist wertlos, wenn die persönliche Geschichte, das eigene Engagement damit verbunden sind.

Ich persönlich habe das Gärtnern nie ad acta gelegt. Der Garten war immer ein Teil meiner Lebensgeschichte, oft sogar eine Art Lebensmittelpunkt. Schon mein Kinderwagen wurde unter hochstämmigen Obstbäumen abgestellt, während meine Eltern arbeiteten. Später schaute ich neugierig zu, wie meine Mutter Gurkenkörner in die Erde legte, Kohlrüben pflanzte und Tomatenpflanzen vor den Maifrösten schützte. In meinem ersten, selbst angelegten Kinderbeet wuchsen Riesenradieschen heran, über die ich mich wie ein Schneekönig freute, als ich sie aus der Erde zog. Als ich groß und stark zu sein glaubte, übernahm ich das jährliche Graben und Misten unseres großen Gartens. Ich war stolz auf meine Leistung, bei der ich meine Kräfte beweisen konnte. Im Laufe der Jahrzehnte dehnte ich mein Anbauspektrum aus und es wurde für mich zunehmend Normalität, einen Großteil der Nahrung aus dem Garten zu beziehen. Dieses Bedürfnis ist mit meinem Wissen um Umwelt und Gesundheit gewachsen. Nicht zuletzt hat mir die Eigenversorgung eine Souveränität verliehen, die ich niemals missen möchte.

Mein Gartenparadies

Der Garten Eden ist das Sinnbild für das Paradies. Dort wachsen angeblich die Äpfel und andere Früchte ganz von selbst. Man müsse nur zugreifen. Im realen Leben ist es nicht ganz so, man muss sich auch darum kümmern. Dennoch kann ein Garten etwas Paradiesisches ausstrahlen.

Für mich sind es in der Tat paradiesische Zustände, die Früchte meiner Arbeit wachsen und reifen zu sehen. Bei vielen Früchten habe ich mich sowohl für frühe als auch für späte Sorten entschieden, um die Zeit des Genießens auszudehnen. Mein Apfelspektrum ist besonders breit: Sommer-, Herbst- und Winteräpfel gedeihen in Nachbarschaft und jede Sorte schmeckt anders köstlich. Schon im Juli locken der Klarapfel und Vista Bella. Die kühl gelagerten Winteräpfel reichen bis Anfang Mai, dann ist Apfelpause. Die käuflichen Kühlhausäpfel aus Tirol oder die herbeigeschifften Früchte aus Neuseeland tragen einen schweren CO_2-Rucksack – ich meide sie konsequent.

Der Garten hat für mich seit jeher höchste Priorität. Noch bevor ich Schippe und Kelle in die Hand nahm, um unser erworbenes, altes Haus bewohnbar zu machen, pflanzte ich Bäume und Sträucher. Neben Äpfeln auch Birnen, Pflaumen, Süß- und Sauerkirschen, Pfirsiche, Aprikosen, Nektarinen, Mirabellen, Renekloden, Walnüsse und Haselnüsse. Bäume brauchen etliche Jahre des Wachstums, ehe sie Früchte ansetzen. Schneller geht es mit Beerensträuchern. Himbeeren und Brombeeren, Stachelbeeren, Johannisbeeren, Jochelbeeren, Preiselbeeren und Heidelbeeren, sie alle tragen meist schon im ersten Jahr, ebenso wie Erdbeeren. Meine besondere Zuwendung erfahren die Weinstöcke, die an jeder geeigneten, nach Süden gerichteten Wand ihren Platz gefunden haben. Ich liebe Wein über alles, allerdings esse ich die Früchte, statt sie einer alkoholischen Gärung zu überlassen.

Die »Beerenzeiten« gehören zu den schönsten Belohnungen meiner Gartenarbeit. Eine große Sortenvielfalt macht sich durch eine Steigerung der Gartenfreuden bemerkbar. Bei jedem meiner Gartenrundgänge kann ich Früchte entdecken, die voll ausgereift von der Hand in den Mund wandern. Als ob die Natur unserem Verlangen nach Abwechslung entgegenkommen und uns immer wieder überraschen möchte: Sie schenkt uns von Mai bis in den späten Herbst hinein Beeren-Köstlichkeiten. Den fulminanten Auftakt machen bei mir im Garten die Erdbeeren ab Mai, ein beispielloses Geschmackserlebnis nach der beerenfreien Zeit. Kurz danach stehen die duftenden Himbeeren an den geneigten Zweigen zum Vernaschen bereit. Für den Feinschmecker-Gaumen ein himmelweiter Unterschied, ob die Beeren frisch gepflückt oder im Laden gekauft wurden. Himbeeren schmelzen förmlich auf der Zunge und entfalten ein unbeschreibliches Aroma. Die Farbenpracht und der verführerische Duft der Früchte sind naturbedingt dann am größten, wenn sie vollreif sind und ihre Samen durch biologische Konsumenten, wie Vögel, verbreitet werden wollen.

In kurzer Folge melden sich dann die gelben Johannisbeeren, gefolgt von den kraftvoll-aromatischen schwarzen und den fruchtig-sauren roten Johannisbeeren. Auch die süß sauren Stachelbeeren, grüne wie rote, sind im Frühsommer reif. Dann lauern noch die Beeren, die aus einer Kreuzung zwischen Stachelbeeren und Schwarzen Johannisbeeren hervorgegangen sind, Jostas oder Jochelbeeren getauft. Fast übersehen hätte ich die beerenartigen Früchte der Felsenbirne, ein strauchartiger Baum, der mit extremer Trockenheit klarkommt, genauso wie die Maulbeeren, die wie länglich-gestreckte Brombeeren daherkommen. Schon wartet die nächste Gaumenfreude auf, es sind die Heidelbeeren. Sie mögen saure Walderde als Untergrund und saures Wasser aus der Regentonne. Über Monate hinweg erfreuen mich die Brombeeren, zur Erleichterung der Ernte gibt es die Sträucher auch ohne Stacheln. Sehr spät reifen die Preiselbeeren mit ihrem kräftigen Aroma. Von Juli bis in den Dezember begeistern mich die Weinbeeren, die je nach Sorte nach und nach reifen. Sie zählen zu meinen Gartenpralinen, von denen ich zwischendurch immer wieder gern im Vorübergehen nasche. Die Lese beginnt mit den rosafarbenen Muskattrauben, gefolgt von den weißen Weinbeeren, die besonders süß sind, wenn sie ins Gelbliche leuchten. Am längsten harren die blauen Trauben bei mir aus, sie werden auch von den Wespen und Vögeln als Kostgänger verschont. Weit oben in meinem privaten Ranking stehen die Feigen und Andenbeeren, die auf vollsonnigen und warmen Standorten gedeihen. Frische, vollreife Feigen könnten mich zum Diebstahl verleiten. Mit all diesen Früchten verwöhnt die Natur unsere Geschmacksnerven und befeuert unsere Lebensfreude.

Die Früchte aus dem Garten sind aber noch viel mehr als ein Geschmackserlebnis. Sie ersparen uns die überflüssigen Nahrungsergänzungsmittel, die bei ausgewogener Ernährung nur die Kassen der Produzenten füllen. Die heimischen Gemüse- und Obstsorten versorgen uns im rechten Maß mit Makro- und Mikronährstoffen, mit Vitaminen und Antioxidantien. Diese wirken entzündungshemmend und schützen uns vor freien Radikalen – im besten Fall auch vor Herz-Kreislauf-Erkrankungen, Krebs und Gelenkentzündung. Die Früchte des Gartens sind zudem reich an Ballaststoffen und unterstützen die Darmflora, was wiederum unsere Immunabwehr stärkt. Im Darm befinden sich rund 80 Prozent der menschlichen Immunabwehrzellen. Besonders die intensiv farbigen Früchte gelten als reine Wohltat und als Jungbrunnen. Sie enthalten Polyphenole, die unsere Neuronen im Gehirn aktivieren und der Zellalterung, dem geistigen und körperlichen Abbau im Alter entgegenwirken können.

Für mich gibt es Früchte immer erst dann, wenn sie in meinem Garten herangereift sind, auch wenn manche schon Wochen oder Monate vorher in den Supermärkten zum Kauf angeboten werden. Ich kann gern warten und die Vorfreude wachsen lassen. Die Süßkirschen machen den Anfang unter den Baumfrüchten. Schon in meiner Kindheit habe ich diesen Moment mit Ungeduld erwartet und ihre Reifezeit herbeigesehnt. Gerade weil die frischen Früchte nicht immer verfügbar sind, wächst das Verlangen. Auf den Kirschbaum zu klettern und drauflos zu essen, bis man nicht mehr mag, ist bis heute ein Hochgefühl für mich. Nach den Kirschen folgen die Aprikosen und die Pfirsiche. Erst wenn sie vollreif sind, so, wie man sie im Laden nie bekommt, strotzen sie vor Saft und verführerischem Aroma. Dann schmecken die Früchte am besten und sind am gesündesten. Das ist für mich Genuss pur. Wer diese sinnliche Erfahrung selbst einmal gemacht hat, rührt noch so schön aussehende Erdbeeren zur Unzeit nicht mehr an.

Der selbstständige Anbau von Obst, Gemüse und Kräutern macht zwar Arbeit, aber um Lebensmittel kaufen zu können, muss man auch arbeiten. Täglich im Schnitt eine Stunde Gartenarbeit bietet Abwechslung, körperliche Betätigung, sinnliche Freuden und vor allem Aufenthalt im Freien. Diese freie, selbstbestimmte Tätigkeit erspart mir entsprechende Erwerbsarbeit zum Geldverdienen. Der Durchschnittshaushalt in Deutschland gibt laut amtlichen Statistiken monatlich 360 Euro für Nahrung, Getränke und Tabakwaren aus. Nach meinen praktischen Erfahrungen kann man durch Eigenanbau und eine bewusst gesunde, pflanzenbasierte Ernährungsweise bis zu 75 Prozent dieser Kosten einsparen.

Wenn man es will und dafür Sorge trägt, wachsen eigenes Obst, Gemüse, Kartoffeln und Kräuter vor der Haustür. Den Naturkontakt, das Kennenlernen und Erleben von Pflanzen und Tieren bekommt man gratis dazu. Die Nahrung aus eigener Erzeugung kann kaum gesünder sein. Sie wird ohne Einsatz von Agrargiften und ohne unerwünschte Zusätze erzeugt. Nicht zu übertreffen ist der erntefrische Genuss der Früchte.

Um es klarzustellen: Eine vollständige Selbstversorgung ist nicht erstrebenswert. Man muss kein Getreide im Garten anbauen und auch keine Kuh halten, das macht der Biobauer für uns. Aber bei Obst, Gemüse, Kartoffeln und Kräutern gibt es bei mir keine Kompromisse, sie wachsen für den Eigenbedarf komplett unter meiner Obhut. Doch ein Kinderspiel ist es nicht, es setzt die Aneignung der erforderlichen Kompetenzen voraus. Auch ich lerne ständig hinzu. Warum sollten wir nicht erlernen können, was unseren Vorfahren schon seit vielen Jahrhunderten gelungen ist?

Auch dem Klima und der Umwelt tut es gut. Durch lokale Eigenerzeugung werden nicht nur Treibhausgase, sondern auch Energie, Transporte, Kühlketten, Agrochemie, Zusatzstoffe und Verpackungsmüll eingespart. Statt weit gereiste, unter fragwürdigen Umständen produzierte, tiefgefrorene, eingeschweißte, oft eingefärbte und mit anderen chemischen Zusätzen industriell veränderte Nahrung zu sich zu nehmen, ist die Nahrung aus dem Garten die reinste Wohltat – geschmacklich, gesundheitlich und ökologisch. Was viele nicht wissen: Importiertes Obst und Gemüse aus dem Süden, selbst aus EU-Ländern, wird nicht selten unter menschenunwürdigen, sklavenartigen

Bedingungen produziert. Geflüchtete aus Afrika werden dafür gnadenlos ausgebeutet. In der Regel werden die Früchte dort unreif geerntet, damit sie den Transport überstehen. Auf dem Weg zum Verbraucher setzt die Notreifung ein. Äußerlich scheinen die Früchte makellos, innerlich befinden sie sich aber schon mitten im biologischen Abbau- und Zersetzungsprozess, der Vitamingehalt schwindet. Erdbeeren verlieren mit jeder Stunde Aroma und Geschmack. Da lobe ich mir meine eigenen Früchte.

Der pure Überfluss

Zur breiten Obstpalette gesellen sich allerlei weitere Nahrungspflanzen. Die Hauptrolle spielen bei mir die Kartoffeln, seit Jahrhunderten sind sie für uns ein Hauptnahrungsmittel. Ich finde es fantastisch, wie man aus einer Knolle nach vier Monaten das Fünffache ernten kann – eine Rendite, die an keiner Börse zu erwirtschaften ist. Kartoffeln wachsen schnell, man kann durch ihren Anbau auch Flächen ohne große Mühe urbar machen, sie unterdrücken alle möglichen Unkräuter. Ergänzt werden bei mir die klassischen »Erdäpfel« durch die meterhohe »Indianerkartoffel«, auch Topinambur genannt. Sie ist besonders pflegeleicht, man muss sich nicht kümmern, nur ernten. Die übersehenen Knollen treiben im nächsten Mai aus und vermehren sich ganz von selbst. Zudem sind sie frosthart und überdauern auch den Winter im Boden. Am besten verzehrt man sie gemischt mit anderem gedünstetem Gemüse. Zu meiner Überraschung gedeihen auch Süßkartoffeln – eigentlich tropische Früchte – an den vollsonnigen Plätzen meines Gartens, wenn ich dem Boden mit Pferdemist tüchtig »einheize«.

Sehr wichtig sind für mich die Tomaten. Sie haben ihren

Platz unter dem Vordach auf der Südseite. Sie mögen keinen Regen und sind mit sich selbst verträglich, können also jedes Jahr am gleichen Standort angepflanzt werden. Wenn ich die Tomaten vor dem ersten Frost schütze, indem ich die Pflanzen mit den noch grünen Früchten abschneide, sie kühl und trocken lagere, kann ich rote Tomaten noch zur Weihnachtszeit ernten. Genug Platz bekommen bei mir auch Mangold, Zucchini, Kürbis, Paprika und Auberginen, sie passen zu jeder Gemüsepfanne, ebenso Möhren, Zwiebeln, Porree und Knoblauch. »Vegetarische Schnitzel« kann man gut aus Sellerieknollen zaubern. In Scheiben geschnitten und dann paniert gebraten stehen sie bei mir ganz oben auf der Hitliste.

Für unsere Vorfahren waren alle Varianten von Kohlgemüse ganzjährig ein überaus geschätztes Hauptnahrungsmittel. Vor allem im Winter liefert Kohl – sei es Wirsing, Weiß- oder Rotkohl, Rosenkohl, Kohlrabi oder Brokkoli – uns jene Abwehrkräfte, die wir brauchen, um die kalte Jahreszeit gut zu überstehen. Ein typisches Wintergemüse sind Rote Bete, egal ob roh oder gekocht, sie sind Eisenlieferanten und damit gut für die Blutbildung. Von diesen Rüben kann man auch die Blätter und Stängel essen, genauso wie von allen Kohlsorten. Ziemlich in Vergessenheit geraten ist der Meerrettich. Auch er ist winterhart. Seine fein geriebenen Wurzeln passen aufs Brot ebenso wie zu vielen Gerichten. Seine scharfen Inhaltsstoffe wirken antibakteriell.

Was nicht fehlen darf, sind Kräuter, täglich eine Handvoll und das rund ums Jahr. Während Petersilie mir nicht immer gelingt, vermehren sich Rucola und Kerbel von selbst. Man muss nur einige Pflanzen ausblühen und aussamen lassen. Schnittlauch und Winterhecke gehören zu den besonders belebenden Kräutern. Prächtig breitet sich Oregano bei mir aus, dessen zarteste Spitzen ich gern direkt pflücke und verspeise. Natürlich gibt es auch Dill, Rosmarin, Fenchel, Thymian, Minze und Basilikum. Kräuter lieben es sonnig. Alles hat seinen Platz im Garten und auf der Speisekarte.

Ergänzt werden die Gartenkräuter durch Wildkräuter. Bei mir darf wachsen, was wächst: Zarte Löwenzahnblättchen, Sauerampfer, Bärlauch, Schafgarbe, Brennnessel, Melde, Scharbockskraut sowie die frisch getriebenen, noch hellgrünen Giersch-Blätter sind vor allem im Frühling mein Begehr, roh oder gedünstet, gern auch zur selbst gebackenen Pizza oder mitten ins Omelette. Man kann sich nur wundern, wie bekömmlich Wildkrautsalat ist, spürbar belebt und verjüngt. Diese Pflanzen waren für unsere Vorfahren nicht nur die ersten frischen Vitamine im Jahresverlauf, sie galten als ein leicht zu erwerbendes Nahrungsmittel. Rund einhundert essbare Wildpflanzen kann man in unseren Landschaften finden, ein kostenfreies Gemüse, für jeden zugänglich. Auch unser Organismus verlangt danach und dankt es durch eine Stärkung seiner Abwehrkräfte.

Bei einem Vortrag zur Selbstversorgung vor Studenten fragte mich ein junger Mann: »Und was essen Sie im Winter?« Mich hat diese Frage erst einmal irritiert, zeigt sie doch, wie weit sich Menschen von der Natur entfernt haben. Noch bis ins letzte Jahrhundert legten unsere sesshaften Vorfahren Wintervorräte an, die bis zur nächsten Ernte reichten. Dieses Überlebenswissen scheint aus dem kollektiven Gedächtnis verloren gegangen zu sein. Zudem sind ja einige Gemüsesorten weitgehend winterhart, wie Porree, Pastinak, Rosenkohl, Wirsingkohl und Grünkohl. Kürbisse werden vor dem Frost geerntet und dekorativ im Haus gelagert. Andere Kulturen, wie Möhren, Mangold und Rote Bete, decke ich einfach mit Koniferenzweigen ab, das genügt als Schutz gegen nicht zu strengen Kahlfrost. Wenn

Schnee liegt, schützt die Schneedecke. Rot- und Chinakohl halten sich im kühlen Keller. Kartoffeln können auch in einer Erdmiete überwintern. Auch Äpfel mögen es kühl. Ich lasse sie nach der Ernte so lange wie möglich in Obststiegen draußen unter einem Dach stehen und decke sie lediglich bei leichtem Nachtfrost etwas zu. Diese Art von Frischhaltung ist zudem klimaneutral, ganz im Gegensatz zu den industriellen Lagerhäusern der Obstindustrie, die permanent gekühlt werden müssen. Man mag es kaum glauben: Diese hierzulande industriell gelagerten Äpfel kosten ab April mehr CO_2 als importierte Äpfel aus Neuseeland.

Zur Erntezeit herrscht der Überfluss. Das Gros an Obst wird eingeweckt, als Kompott, Marmelade oder als Mus. Pflaumenmus und Quittenmus sind meine Favoriten, Letzteres mit einem Apfel angereichert. Meine Pflaumenmusfabrikation funktioniert, anders als früher, ganz ohne Rühren mit einer dünnen Schicht Zucker auf dem dicken Topfboden. Darüber werden dann die entsteinten Pflaumen gelegt. So lasse ich den Topf über Nacht an einem kühlen Ort stehen. Am Folgetag wird der Inhalt über Sparflamme einige Stunden eingedickt. Eine Minute glatt gerührt oder gemixt wird das Mus kochend heiß in Schraubgläser abgefüllt, und fertig ist der Schmaus für die Winterzeit. Pflaumenmus auf Brot schmeckt sogar ganz ohne Butter, darauf hat schon meine Mutter geschworen. Ganz oben im Ranking der Marmeladen steht die Schwarze Johannisbeere, auch gemischt mit anderen Beeren. Die Vorräte reichen nicht nur über den Winter, sondern bis zur nächsten Ernte und darüber hinaus.

Eine Art naturgewachsenes Superfood liefern meine Nussbäume – je ein Haselstrauch und ein Walnussbaum. Nüsse sind nicht nur Energielieferanten, sie versorgen uns auch mit ungesättigten Fettsäuren und sind ein urgesunder und regionaler Schokoladenersatz, vor allem in der dunklen Jahreszeit, wenn der Körper nach einer Dosis von Glücksgefühlen verlangt. Nicht zuletzt fördern Nüsse unsere Gehirnaktivität.

Mein Garten ist nicht nur Nahrungsquelle im Überfluss. Er ist auch Treffpunkt. Gern teile ich ihn mit anderen Bewohnern und Gästen, die sich hin und wieder hier einfinden. Was der Garten und die umgebende Landschaft für Vögel und alle anderen Geschöpfe ist, ist er auch für mich: die natürliche Lebensgrundlage. Er nährt mich – körperlich, geistig und seelisch.

Essbares in der Landschaft

Nicht nur ein Garten, auch eine Landschaft kann an paradiesische Verhältnisse erinnern. Diese Idee ist ebenso wenig neu wie die Gartenidee. Manche Landschaften können durchaus mit dem Prädikat »Essbar« versehen werden.

In manchen Landesteilen, so auch bei mir im ehemaligen Fürstentum Anhalt, finden sich allerlei Obstbäume entlang von Straßen und Feldwegen. Je nach Bodenart gedeihen Alleen von Apfel-, Birnen-, Kirsch- oder Pflaumenbäumen. Sie gelten als Gemeingut. Das Konzept ist 250 Jahre alt und stammt vom Fürsten Friedrich Franz von Anhalt-Dessau. Gleichgültig, aus welcher Himmelsrichtung man damals die Grenzen nach Anhalt überschritt – überall wurde man von blühenden oder früchtetragenden Obstalleen überrascht. Der Fürst gehörte zu den ersten Aufklärern seiner Zeit. Die Gesundheit seiner Untertanen war ihm ein wichtiges Anliegen. Das war nicht ganz uneigennützig, denn er profitierte von deren Abgaben. Der beliebte Fürst verbreitete neben dem Wissen um den Obstbau und den Kartoffelanbau auch einfache Hygieneregeln wie das Händewaschen. An den historischen Gestaltungsideen erfreuen sich noch heute die Einheimischen wie die Radtouristen, die den Elberadweg erkunden. Das Verkosten der vielfältigen Obstsorten ist jedem erlaubt – eine willkommene Zwischenmahlzeit, durch die man sich die Landschaft schmecken lassen kann.

In freier Natur finden sich auch wild wachsende Himbeeren und Brombeeren, vor allem an Waldrändern. Die Himbeerzeit ist kurz, man darf die Reifezeit nicht verpassen. Die Brombeeren werden nach und nach reif. Heidelbeeren, auch Blaubeeren genannt, wachsen bevorzugt in eher feuchten Wäldern und Heiden mit saurem Boden. In meiner Kindheit haben wir zu dritt von morgens bis abends gepflückt und am Abend hatten wir einen Eimer voller blauer Beeren. Auch der Kindermund bekam Beeren ab. Das war nicht zu verheimlichen. Noch am Folgetag war die Zunge auffallend blau gefärbt. Unsere heimischen, wild wachsenden Heidelbeeren enthalten sehr viel mehr blauen Farbstoff als die Gartenheidelbeeren, deren Ursprung Amerika ist. Die Belohnung des mühsamen Heidelbeerpflückens folgte am nächsten Tag: Köstlicher, fruchtig-saftiger Heidelbeerkuchen. Der Rest wurde für den Winter in Gläsern eingekocht. Heidelbeerklöße gehörten zu meinen Lieblingsspeisen.

Hagebutten kennt wohl jeder. Sie wachsen an Waldrändern oder an breiten Feld- und Wiesenwegen. Aber wer weiß schon, dass sie mehr Vitamin C enthalten als Zitronen? Am liebsten esse ich das orangerote Fruchtmus im Winter nach einer Frostperiode. Dann lässt es sich nach dem Pflücken leicht aus der Frucht herausdrücken, und dann ab in den Mund!

In klimatisch milden Gegenden finden sich Esskastanien, eine besondere Leckerei mit einer hohen Energiedichte. Ich sammle sie im September immer nach einem stürmischen Tag kurz vor Sonnenuntergang auf. Verpasst man es, verspeisen die Wildschweine über Nacht die Früchte und sie lassen außer den stachligen Hüllen wirklich nichts übrig. Sie wissen genau, was schmeckt.

Nicht zu vergessen: Pilze! Im Wald finde ich nach einer Regenperiode, vor allem im Spätsommer bis Herbst, Massen an Maronen und Butterpilzen, manchmal auch Steinpilze und Rotkappen. Es sind so viele, dass ich sie klein schneide, trockne und in Schraubgläsern aufbewahre. Sie landen später auf der selbst kreierten Pizza. An Waldrändern und auf Weiden gedeihen Champignons, auch sie enthalten wie alle Pilze Eiweiß und viele Spurenelemente. Wenn ich großes Glück habe, entdecke ich manchmal auch einen strahlend weißen, fußballgroßen Riesenbovist. In Scheiben geschnitten und in heißem Öl leicht gebräunt schmecken Boviste besser als jedes Schnitzel. Sie sind oft so groß, dass ich Teile davon verschenke. Ganz ähnlich bereite ich Schirmpilze zu. Sie lassen sich bei milder Witterung manchmal bis zum Winteranfang im Wald entdecken.

Für Experimentierfreudige gibt es viele einfache Rezepte. Die Natur schenkt uns jede Menge gesunde, ursprüngliche Nahrung im Überfluss. Doch wer weiß schon, dass die Knospen von Linde, Pappel, Ahorn, Birke und vieler anderer Bäume und Sträucher essbar sind? In den Knospen stecken Nährstoffe, Vitamine und Mineralstoffe. Man braucht sie nur pflücken und verzehren. Auch die frisch getriebenen Blätter sind genießbar. Dazu ein Drink gefällig? Im Frühling kann man Birken anzapfen und den leicht süßlichen Saft trinken. Er soll wie ein Jungbrunnen wirken, denn der Saft enthält viele Mineralien, die uns guttun.

Haustiere oder Tiere am Haus?

Wohl jedes Kind wünscht sich irgendwann einmal ein Haustier als Spielgefährten. Ich selbst bin mit allen möglichen Tieren aufgewachsen, die zu einem traditionellen Bauernhof gehören, und ich möchte diese Erfahrung nicht missen. Vom Pferd bis zur Katze hatte alles seinen Platz und so habe ich ihr Verhalten und ihren ganz persönlichen Charakter studieren können. Der Bauernhof ist längst Vergangenheit und selbst die Kaninchen gibt es schon lange nicht mehr.

Inzwischen habe ich mich, auch bedingt durch meine berufliche Entwicklung, von Haustieren verabschiedet. Wer Tiere in seine Obhut nimmt, trägt tagtäglich die volle Verantwortung für ihr Wohlergehen – und zwar lebenslang. Manche Tiere können zehn, 20 Jahre oder gar einhundert Jahre alt werden wie die Schildkröten. Tiere brauchen regelmäßig Futter, Wasser, Körperpflege und notfalls gesundheitliche Versorgung durch einen Tierarzt. Haustiere sind auf Gedeih und Verderb von uns Menschen abhängig. Wenn man beruflich viel unterwegs ist, passt das nicht zusammen.

Da ich Tierkontakte nicht missen möchte, habe ich eine Alternative ersonnen, die mich unabhängig und glücklich macht: Tiere am Haus statt Haustiere! Um mein Reich herum haben eine ganze Reihe von Tieren die Lebensraumangebote angenommen. Sie sind freiwillig gekommen und sie bleiben, solange es ihnen gefällt. Sie können sich selbst versorgen und verschaffen mir durch ihre Anwesenheit Freude und Erkenntnis, allen voran die Vögel. Amsel, Drossel, Fink und Star, dazu Kohl- und Blaumeise, Feld- und Haussperling, Girlitz und Bluthänfling, Hausrotschwanz und Bachstelze, Rauchschwalbe und Mehlschwalbe, Türkentaube und Ringeltaube, Buntspecht,

Grünspecht und Kleinspecht, Heckenbraunelle, Rotkehlchen, Zaunkönig, Goldhähnchen und sogar die Nachtigall – sie alle sind ganz von sich aus zu meinen Mitbewohnern geworden.

Sie haben diesen Lebensraum sogar bezogen, ohne dass ich sie mit gekauftem Industriefutter anlocke. Ich will sie nicht zu Haustieren erziehen. Sie sollen ihre Wildheit, ihre Unabhängigkeit und ihre Fitness bewahren. Futterstellen sind Übertragungsorte von Krankheiten, nachgewiesen bei Finken, Blaumeisen und Amseln. Das »Finkensterben« tritt nachgewiesenermaßen nur dort auf, wo ganzjährig gefüttert wird. Viel gesünder als das Zufüttern ist es, die Lebensräume so natürlich und vielfältig wie möglich zu gestalten. In meinem Garten ist alles vorhanden, was Vögel zum Leben brauchen: Nahrung, Schutz und Wohnung. Bäume und Sträucher in Vielfalt und in allen Größenordnungen, grüne Efeu-Wände und Nischen, Komposthaufen, Stein-, Sand- und Reisighaufen, dazu Totholz, Nisthilfen und Bruthöhlen. Auch Wasserstellen und Sandbadestellen gehören zum Inventar.

Ganz von selbst wandern die Teich- und Laubfrösche und die Molche ein und besetzen den kleinen Teich. Es ist spannend, den Tagesrhythmus der Frösche zu beobachten. Sie gehören zu den Sonnenanbetern. Zum Paradies gehört bekanntlich auch die Schlange. Und in der Tat hat sich eine Ringelnatter mit ihrem markanten gelben »Halbmond« am Nacken eingefunden. Schlängelnd schwimmt sie mit erhobenem Haupt durch den Teich oder sonnt sich zusammengeringelt auf dem Schwimmfloß. Auch die Blindschleiche, die zu den Echsen zählt, hat ihre passenden Verstecke unter Altholz gefunden. Auf der Wasserfläche kreisen Trupps schwarz glänzender Taumelkäfer, schlanke, braune Wasserwanzen gesellen sich hinzu und scheinen auf Zehenspitzen zu tanzen. Unter Wasser und etwas heimlicher leben Gelbrandkäfer. Sie tauchen hin und wieder zum Luftholen auf. In der zweiten Sommerhälfte kreuzen Libellen im rasenden Tempo durch meinen Garten.

Gemäht wird bei mir nur, wo es unbedingt nötig ist – und wenn, dann traditionell von Hand mit der Sense. So wächst bei mir eine artenreiche Wiese heran. Auch wenn meine wild wachsenden Kräuter nicht an die Farbenpracht gepflanzter Blumenrabatten heranreichen, so bieten sie doch genau die passende Nahrung für unsere heimischen Schmetterlinge und Wildbienen. Wer sich wild wachsende Wiesenblumen wünscht, sollte auf keinen Fall düngen. Dünger fördert das Graswachstum und unterdrückt die blühenden Kräuter, die es bescheidener lieben und auf mageren Böden besser gedeihen. Wilde Narzissen und Wildtulpen breiten sich neben Schneeglöckchen und Krokussen aus, aber auch viele unscheinbare Pflanzen, wie Hirtentäschel, Vogelmiere, Vogelknöterich und Hungerblümchen. Auch Brachflächen, die im Vorjahr den Gemüsepflanzen Platz geboten haben und danach eine Saison pausieren, haben bei mir Existenzrecht. Was wächst, das wächst. Im zeitigen Frühjahr ist es die Rote Taubnessel, das gelbe Scharbockskraut und die Frühlingsprimel. Das alles lockt Insekten aller Art an, die mir sehr willkommen sind, denn sie befruchten auch meine Obstbäume und Sträucher. Die Meisen wiederum sammeln die Raupen von den Zweigen ab und sorgen dafür, dass es keine Plage gibt. Insgesamt sind wir alle zusammen ein eingespieltes Team.

Das alles klingt zu schön, um wahr zu sein. Manchmal ist die Realität eine andere. Hin und wieder gibt es eine Kollision von Interessen, eine Art von Nahrungskonkurrenz um die Früchte des Gartens. Es beginnt im Mai mit den Süßkirschen. Sie werden von den Staren ähnlich geliebt wie von mir. Noch vor zehn

Jahren fielen sie in früher Morgenstunde in Scharen ein und ließen kaum eine Kirsche am Baum. Inzwischen sind die Stare seltener geworden und es bleiben mehr Kirschen übrig. Mehr still und heimlich agiert die Mönchsgrasmücke. Sie vergeht sich an meinen geliebten Heidelbeeren gerade dann, wenn sie in tiefblauer Farbe erstrahlen und aromatischen Genuss versprechen. Die jungen Blaumeisen hingegen picken fast jeden meiner frühen Pfirsiche an, auf die ich mich nach langer Entbehrung besonders gefreut habe. Meine Aufklärungs- und Erziehungsarbeit blieb ohne Erfolg.

Seitdem die extreme Trockenheit um sich greift, haben die Sperlinge eine neue Lieblingsspeise entdeckt: meine zarten Salat-, Mangold- und Kohlpflänzchen. Sie werden geradezu skelettiert. Man könnte vermuten, dass die Vögel dem Veganertrend folgen. In der Tat lieben diese Körnerfresser junges Gemüse. Wenn sie bei Dürre sonst nirgendwo frisches Grünzeug finden, stürzen sie sich kollektiv mit geballter Macht auf meine liebevoll gegossenen Pflänzchen. Da hilft nur abdecken.

Hin und wieder wird mein Garten auch von größeren Tieren besucht. Die Wildschweine bleiben zum Glück im Wald. Das ist nicht überall so. In manchen Gegenden stürmen sie geradezu die Gärten und graben diese mit ihrem Rüssel in Nachtarbeit regelrecht um. Rehe kommen nur bei hohen Schneelagen still und heimlich in meinen Garten, um sich an den Rosenknospen und am Rosenkohl zu bedienen. Geräuschvolles nächtliches Theater führen die Igel zur Paarungszeit auf, sie schnaufen stundenlang wie eine Lokomotive und drehen sich dabei in Kreise. Selten besuchen mich Fuchs und Dachs, wogegen ich nichts einzuwenden habe. Wenn sich aber der Waschbär in tiefer Nacht einschleicht, stößt bei mir die Tierliebe an Grenzen. Er plündert dreidimensional: Er sucht den Boden nach süßen

Sachen ab, liebt besonders Erdbeeren, hat aber auch keine Hemmungen, bei den Weintrauben kräftig zuzulangen. Auch die von mir begehrten Renekloden hoch oben im Baum erreicht der Kletterkünstler spielend. Da helfen nur Manschetten um den Baumstamm, an denen er sich nicht festkrallen kann.

Dass frei lebende Tiere sich an dem bedienen, was ihnen schmeckt, kann man ihnen nicht verdenken. Sie sollten aber solidarisch teilen. Nur – wie bringen wir ihnen das bei?

6

Natur schenkt
Gesundheit

Die wichtigste Voraussetzung für ein gelingendes Leben ist Gesundheit. Das ist es, was wir uns immer wieder und wieder gegenseitig wünschen. Körperliche Gesundheit ist die eine Seite, das psychische Wohlbefinden ist genauso wichtig.

Der Mensch ist ein soziales Wesen. Kommunikation und Kooperation sind entscheidende Werkzeuge im Zusammenwirken. Nur im Team, im Eingebundensein in eine Gemeinschaft, durch Gruppenzugehörigkeit werden seine Gesundheit und sein Überleben gesichert. Das ist seit Urzeiten so und hat sich auch durch den Trend zur Individualisierung nicht geändert. Um das Zusammenspiel von psychischer und physischer Gesundheit und die Rolle der Natur soll es in diesem Kapitel gehen.

Naturprodukt Mensch

Wir Menschen sind samt Haut und Haar ein Naturprodukt. Nicht nur in der stofflichen Zusammensetzung, auch unser Bau- und Funktionsplan ist auf den Lauf der Natur abgestimmt. Seit der Ära der Jäger und Sammler sind unsere Erbanlagen weitgehend gleich geblieben. Wir sind als Dauerläufer konstruiert und als tagaktive Wesen vorgesehen, die ihre wache Zeit unter freiem Himmel verbringen und sich in der Dunkelheit dem Schlaf hingeben. Nachts konnten unsere Vorfahren – außer das Feuer zu bewachen und Raubtiere zu vertreiben – nur wenig anfangen.

Es ist unsere innere Uhr, die uns vorgibt, wann wir wach werden und fit für die Aktivitäten des Tages sind. Entspannt aufzuwachen, bringt viele Vorteile mit sich. Nur wenn wir ausgeschlafen sind, erreichen unsere Konzentration und Leistungsfähigkeit ihr Optimum. Neben dem Tag-Nacht-Rhythmus steuert uns auch ein Sommer-Winter-Rhythmus. Die Natur kennt weder Gleichschritt noch Gleichmaß. Der Gleichschritt ist eine Erfindung des Menschen, exakt eine preußische Erfindung. Die Natur lebt hingegen im ständigen Wechsel, in Rhythmen. Unsere Vorfahren haben jahrtausendelang mit diesem Wechsel gelebt. In der hellen Jahreszeit ist eine höhere Aktivität angesagt. Wenn die Nächte länger werden, überwiegen die Zeiten der Ruhe.

Unsere innere Natur ist ausgelegt auf eine Balance zwischen Anspannung und Entspannung. Nach Anstrengung, einer schweißtreibenden Jagd oder einem harten Arbeitstag beispielsweise, folgt normalerweise eine angemessene Pause zur Erholung. Dann steht das Nichtstun auf dem Programm. Auch das Faulsein gehört zur Natur des Menschen, Dauerbequemlichkeit allerdings nicht. Vögel beispielsweise verbringen im Jahresdurchschnitt zwei Drittel ihrer Lebenszeit im Schlaf- oder Ruhemodus und zu einem Drittel ihrer Lebenszeit sind sie in Aktion. Das war bei unseren menschlichen Vorfahren wahrscheinlich ähnlich.

Seit rund einhundert Jahren leben wir zunehmend gegen unsere innere Uhr. Durch Kunstlicht machen wir die Nacht zum Tage. Eine große Stadt schläft nie. In unserer Leistungsgesellschaft sind wir angehalten, immer mehr zu schaffen. Auch den Sommer-Winter-Rhythmus bekommen Stadtbewohner kaum noch zu spüren. Die meiste Zeit wird in klimatisierten Räumen verbracht. Dem Körper werden die natürlichen Kälte- und Wärmereize ebenso vorenthalten wie die Hell-Dunkel-Reize. So geht Widerstandskraft verloren, die Infektionsanfälligkeit wächst.

Unter naturnahen Bedingungen folgt die Lebensgeschwindigkeit dem natürlichen Wechsel. Im Winter geht es im Unterschied zum Sommer gemächlicher zu. Die sprichwörtliche Winterruhe in der Natur ist ein Paradebeispiel. In dieser Zeit ist für Lebewesen Sparflamme angesagt, man lebt von den angelegten Reserven. Das Körpergewicht nimmt ab, die Körpertemperatur und die Herzfrequenz können sinken. Erst mit steigenden Temperaturen im Frühling drehen sich die Verhältnisse. Ringsum sprießt und gedeiht es. Nach der Zeit des Einschränkens gibt es bald Nahrung im Überfluss.

Unser Körper benötigt permanent Energie, um die Körpertemperatur zu regeln und die sonstigen Funktionen zu sichern. Dafür nimmt er Nahrung auf, sie ist sein Treibstoff. Die Art der Nahrung richtete sich einst danach, was die Region und die Saison zu bieten hatten. Mal herrschte ein Angebotsüberfluss, mal dominierte der Mangel. Auf diesen Wechsel ist unser Organismus eingestellt. In Zeiten des Mangels, wie im Winterhalbjahr, greift der Körper auf die angelegten Energiereserven, auf das Körperfett zurück, er betreibt eine kluge Vorratswirtschaft. Die Winterzeit ist naturgemäß Verschlankungszeit. Von dieser Regel haben wir uns weit entfernt. Auch den Tag mit einer Mahlzeit zu beginnen, passt eigentlich nicht zu unserem biologischen Erbe. Unsere Vorfahren besaßen keinen Kühlschrank. Sie mussten sich erst einmal auf den Weg machen, um zu sammeln oder zu jagen. So gesehen ist das von Ernährungsmedizinern empfohlene Intervallfasten nichts wirklich Neues in der menschlichen Entwicklungsgeschichte, sondern eine ganz natürliche und dazu gesunde Verhaltensweise. Wissenschaftliche Erkenntnisse kommen dazu aus der Gesundheitsforschung. Der Langlebigkeitsforscher Dr. Slaven Stekovic von der Universität Graz sieht erstaunliche Wohlfahrtswirkungen im Fasten. Demnach stellen Körperzellen im Energiesparmodus auf Abfallrecycling (Autophagie) um, sie verwerten defekte Moleküle und decken damit ihren Energiebedarf. Auf diese Weise befördert gelegentliches Fasten sowohl eine Zellverjüngung (»Anti-Aging-Effekt«) als auch ein gesundes Altern. So wird gelebter Verzicht zu einem Geschenk an uns selbst.

Magere Zeiten sind in der modernen Welt des globalen Nordens im Allgemeinen passé. Nahrung ist immer und überall verfügbar, der Überfluss ist unser ständiger Begleiter. Die Winterzeit ist nicht mehr die Zeit des Innehaltens und der Mäßigung. Vielmehr ist Kampf angesagt, der Kampf gegen den Winterspeck.

Im Alltag unserer Vorfahren waren eintönige, bewegungsarme Tätigkeiten unbekannt. Alle Muskeln, Sehnen und Gelenke waren abwechselnd im Einsatz und alle Sinne blieben geschärft, nichts durfte verkümmern, das nackte Überleben hing vom reibungslosen Funktionieren der Organe ab.

Das grundlegende menschliche Verhalten wird im Zusammenspiel von »Kopf« und »Bauch« gesteuert. Beide sorgen im rechten Moment für das rechte Handeln. Das Durstgefühl fordert zum Trinken, das Hungergefühl zum Essen auf. Stressempfinden löst eine Bereitschaft zu Flucht oder Verteidigung aus. Auch die Partnersuche erfolgt zum passenden Zeitpunkt, sie wird durch Hormone und Emotionen ausgelöst und dient der Arterhaltung. Ein eingespieltes System.

Gesundheit kennzeichnet den Normalzustand des Menschen. Krankheit ist ein Ausnahmezustand, ein Korrektiv, um durch eine aktivierte Selbstheilung für die Rückkehr in den gesunden Zustand zu sorgen. Die Natur in uns verlangt nach einer gesunden Verfassung, es ist eine Überlebensfrage. So gesehen ist der Mensch ein wahres Naturwunder. Allerdings kann dieses Wunder auch aus dem Gleichgewicht geraten.

Meine Suche nach Gesundheit und Stille

Gesundheit war für mich schon immer ein hohes Gut. Normalerweise interessiert man sich als junger Mensch weniger für Gesundheit und nimmt Risiken nicht sonderlich ernst, frei nach dem Leitsatz: Was kann mir schon passieren? Das war bei mir anders. Mein Interesse an gesundheitlichen Fragen wurde schon sehr früh geweckt. Zu »verdanken« habe ich es meinem Vater. Er litt an Raucherhusten und ich litt mit ihm bei jedem seiner Hustenanfälle. Seine Bronchien und seine Lunge waren wohl schon durch seine lange Soldatenzeit im Weltkrieg vorgeschädigt. Wie alle Soldaten bekam auch er per Zuteilung Zigaretten, um in den Schützengräben den kalten russischen Winter durchzustehen. Und Schokolade wurde verteilt, angeblich angereichert mit einem Rauschgift ähnlich Crystal Meth. Seine bellenden und würgenden Hustenanfälle hallten allmorgendlich durch Haus und Hof, es gab kein Entkommen. Oft wurde ich dadurch geweckt. Er hustete und er fluchte und hustete und fluchte: »Scheiß Rauchen.« Aber er konnte nicht aufhören, er war abhängig, süchtig. Allwöchentlich bekam ich den Auftrag, im Dorfgasthof zwei Bier, zwei Brause und eine Schachtel Zigaretten zu kaufen, die billigsten namens Turf. Ich gehorchte, wusste aber schon, dass ihm das nicht guttat.

Mit 14 Jahren bekam ich als Schüler durch unseren Patenbetrieb, der LPG »Friedrich Engels«, ein Buch geschenkt – das Geschenk meines Lebens. Es war die Enzyklopädie Gesundheit vom Enzyklopädie-Verlag Leipzig, Ausgabe 1959. Ganze 707 Seiten aus dünnem Papier, mit extrem kleiner Schrift und sogar farbig illustriert. So erfuhr ich, was den gesunden und den kranken Menschen ausmacht, welche Krankheiten es gibt, welche Ursachen sie haben und was persönliche Gesundheitspflege umfasst. Ich habe den Inhalt verschlungen und als geistiges Rüstzeug auf meinen Lebensweg mitgenommen. Diese Lektüre hat mir die Stärke gegeben, Verführungen zu widerstehen.

Zigaretten und Alkohol waren mir zuwider. Ich verspürte schon als Jugendlicher die allergrößte Abneigung, denn ich wusste zu genau, was diese »Genussmittel« meiner Gesundheit antun konnten. Ich hatte gelesen, dass es sich um Nervengifte handelt. Anders meine Schulkameraden: Sie sammelten emsig weggeworfene Zigarettenstummel vor der Dorfgaststätte, um sie zu Ende zu rauchen und sich erwachsen zu fühlen. Auch waren die Zusammenhänge zwischen Rauchen und Lungenkrebs in den Fünfzigerjahren des letzten Jahrhunderts in der medizinischen Wissenschaft schon bekannt, ebenso die zwischen Alkohol und Leberkrebs. Folgen hatte es keine. Die Dorfkneipe war derart rauchgeschwängert, dass ich bei meinen kurzen Besuchen die Luft anhielt und so schnell als möglich wieder raus wollte. In der Bevölkerung war das allgemeine Verlangen nach Schnaps, Bier und Zigaretten hoch. Die Höhepunkte im Jahreslauf wurden mit Schnaps gekrönt. Kam am Schlachttag der

Fleischbeschauer ins Haus, wurde mit 38-prozentigem Weinbrandverschnitt oder mit 40-prozentigem Korn angestoßen. Die Männer prosteten sich zu, plapperten »Auf die Gesundheit«, kippten sich das Zeug auf Ex hinunter, verzogen ihr Gesicht und schüttelten sich danach am ganzen Körper. Mir war damals rätselhaft, warum sich Menschen diese Selbstkasteiung freiwillig antaten.

Die größte Fabrik im Dorf – so wie in vielen Dörfern – war die Schnapsbrennerei. Sie stand schräg gegenüber von unserem Haus, ein riesiges, rotes Backsteingebäude mit hohem Schornstein; nach der Kirche das imposanteste Gebäude im Ort. Dort wurde bis Anfang der 1950er Jahre aus Kartoffeln hochprozentiger Alkohol hergestellt. Der Abfall, die von Alkohol befreite Maische, auch als Schlempe bezeichnet, wurde gern an Schweine verfüttert. Und woher kam der Tabak? Er wuchs in den Gärten, auch in unserem Garten. Wie alle Bauern wurden wir zum Anbau von Tabakpflanzen verpflichtet und mussten eine bestimmte Menge »an den Staat« liefern. Die mannshohen Pflanzen wuchsen in Reihen, zwischen denen wir Kinder Versteck spielten. Im Spätsommer war Erntezeit. Die Blätter wurden von Hand einzeln vom Stängel gebrochen und mit einer großen Nadel auf einer dicken Schnur aufgefädelt. Dann hingen sie als lange Girlanden an der Hauswand oder auf den Heuboden zum Trocknen, bis sie abgeliefert wurden. Alkohol und Tabak galten ebenso als »Bevölkerungsbedarf« wie Brot und Kartoffeln. Sie standen gleichermaßen im »Staatsplan«, und der war heilig und musste erfüllt werden.

Meine Lieblingsbeschäftigung war schon damals, Sport zu treiben. Am liebsten mochte ich Querfeldeinrennen mit Hindernissen, auch Crosslauf genannt. Ich steckte mir eine Berg-und-Tal-Trainingsrunde ab, die ich immer wieder absolvierte, um mich zu steigern und besser zu werden. Wenn es öffentliche Wettbewerbe gab, war ich mit großer Begeisterung am Start dabei und erwarb so manche Urkunde, die mich weiter anfeuerte.

Im Winter gab es über Monate Eis und Schnee, das war absolut normal. Auf dem Dorfteich fuhren wir Kinder, Mädchen wie Jungen, Eisrösschen. Das Gefährt bestand aus einem dicken, meterlangen Brett, unter dem zwei Stahlkufen angeschraubt waren. Der Schmied im Dorf hatte sie uns angefertigt. Man kniete sich drauf und mit Hilfe zweier Stöcke mit Eisenspitzen nahm man beachtliche Fahrt auf, bis man gegen das Ufer krachte. War viel Schnee gefallen, lockte es mich zum Langlauf. Zunächst mussten dafür zwei Fassbretter von einem alten Holzfass herhalten, sie waren leicht nach oben gebogen, aber alles andere als rekordverdächtig. Eine bessere Lösung wurde gesucht. Im Nachbardorf fand sich ein Stellmacher, der mir ordentliche Ski mit Bindung in Handarbeit herstellte. Durch diesen Modernisierungssprung in meiner Ausrüstung kam mir die Idee zum Bau einer Sprungschanze. Ein waghalsiges Unterfangen, aber die Skispringer vom Neujahrsspringen im Fernsehen spornten mich an. Meine Sprungweiten schwankten zwischen drei und vier Metern.

Ganz gleich, wohin mich das Leben später verschlug, ich spürte immer das Verlangen nach körperlicher Bewegung, nach Naturkontakt und nach frischer Luft. Bis in die heutige Zeit unterbreche ich, sooft ich kann und mag, meine Tätigkeit, verlasse das Haus und gehe ins Freie. Es ist eine Art von Ritual geworden. Schon mit dem ersten Schritt zu Fuß und erst recht mit dem ersten Tritt in die Fahrradpedale sauge ich gierig die frische Luft bis in die letzten Lungenbläschen ein. Ich spüre eine Art von Befreiung, Auftrieb und Erleichterung. Mein Blick schweift dann in die Ferne, mein Gehör lauscht den Stimmen der Landschaft. Ich bin im Hier und Jetzt und erfreue mich am wahren Leben, am eigenen wie an allem anderen um mich herum. Welche Richtung schlage ich dieses Mal ein? Ich habe als freier Mensch immer wieder die freie Wahl, darf mich stets neu orientieren und entscheiden. Es gibt so unendlich viele Wege und Pfade, wo es Neues, Überraschendes zu entdecken gibt, in der Natur wie auch im Leben.

Frische, saubere Luft gilt schon lange als eine Grundbedingung für die Gesundheit. Lange unterschätzt wurde das Lärmproblem. Ich hatte das Glück, in einer Umgebung aufzuwachsen, die heute nur noch schwer vorstellbar ist. Den ersten »Lärm« des Tages verbreiteten die Hähne. Sie krähten mit den Nachbarhähnen um die Revierhoheit. Wenn die Hähne krähen, so hieß es, dann seien sie gesund. Autoverkehr erlebte ich in meiner Kindheit praktisch nicht. Es gab nur einen Traktor im ganzen Dorf. Die Dorfstraße gehörte uns spielenden Kindern. Die Hauptverkehrsmittel waren neben dem Fahrrad die Pferdegespanne. Die Tritte der eisenbeschlagenen Hufe auf dem Pflaster der Dorfstraße waren weithin zu hören, auf den Feldwegen aber kaum noch. Die Pferde gaben das Arbeits- und Lebenstempo vor. Die Pferdestärke PS war die gängige Maßeinheit der Leistung. Wir arbeiteten anfangs mit einem Pferd, also einer Pferdestärke, in späteren Jahren kam ein zweites Pferd hinzu.

Als Student zog ich in eine Großstadt. Der Autoverkehr und das Quietschen der Straßenbahnen vor dem Fenster waren die neue Einschlafmusik. Die Erschöpfung von den langen, oft zehnstündigen Labortagen half beim Einschlafen, doch der ungewohnte Lärm ging mir auf die Nerven. Ich suchte und fand ein Zimmer in verkehrsarmer Hinterhoflage. Inzwischen wohne ich wieder in einem Dorf, abseits stark befahrener Verkehrsstraßen. Die natürliche Stille ist für mich ein unbezahlbarer Luxus. Im Frühling werde ich durch Vogelgesang geweckt. Ab Herbst rufen die wilden Gänse, die hier überwintern. Die Kraniche ziehen regelmäßig über mein Dorf hinweg. Wenn sie rufen, um miteinander zu kommunizieren, merke ich auf und lausche. Das ist der »Lärm«, den ich mag, er vermittelt mir eine friedliche Geborgenheit.

Der Geräuschpegel in unserem modernen Lebensumfeld ist ein inzwischen anerkanntes Gesundheitsrisiko. Verkehrslawinen können Lärm bis zu 90 Dezibel verursachen. Nach einer Studie der Europäischen Umweltagentur EEA von 2020 ist mehr als die Hälfte der in Städten lebenden Europäer von gesundheitsschädigendem Lärm betroffen. Drei Viertel unserer Bevölkerung fühlt sich durch Lärm massiv gestört. 12 000 vorzeitige Todesfälle werden in der EU der Lärmbelastung angelastet. Die Hauptquelle ist der Verkehrslärm und er soll Prognosen zufolge noch weiter steigen. Je höher das Wirtschaftswachstum und die Siedlungsdichte, desto mehr Personen- und Güterverkehr, so die Annahme und bislang wohl auch die Realität.

Lärm ist inzwischen kein rein städtisches Problem mehr. Mit der Verbreitung von Rasenmähern, Motorsägen, Holzhäckslern und Holzschreddern durchdringen Lärmquellen inzwischen auch jedes Dorf. Es handelt sich nicht um permanenten, sondern um gelegentlichen Lärm, deshalb fällt er besonders auf. Dem einen geht dieses Gedröhn auf die Nerven, dem anderen Zeitgenossen gefällt er, er dient wohl auch der eigenen Aufwertung, vergleichbar mit laut dröhnenden Motorrädern.

Es ist inzwischen unstrittig: Krach macht krank. Nicht nur bei Mäusen, auch bei Menschen bewirkt Lärm eine Steigerung der Herzfrequenz und des Blutdrucks. Stresshormone fluten den Körper, ganz gleich, ob wir den Lärm wahrnehmen oder ihn ignorieren. Lärm wirkt auf unseren Organismus wie ein

Alarmsignal, das zur Flucht oder zum Kampf auffordert. Dauerlärm bedeutet Daueralarm. Wie durch eine Studie der Universität Mainz durch Professor Thomas Münzel 2019 nachgewiesen wurde, reagieren die Herzkranzgefäße unter Lärmeinwirkung mit Verengung und Verkalkung, das Infarktrisiko steigt, Schlaganfälle nehmen zu. Vor allem nächtlicher Lärm beeinträchtigt unsere Gesundheit. Schlafstörungen, verkürzte Schlafdauer, Herzrhythmusstörungen, Angststörungen und Depressionen sind die Folge. Das Gehirn altert schneller. Auf Kinder wirkt Lärm besonders schädlich. Ihre kognitive Entwicklung verzögert sich, Gedächtnis und Lernleistung leiden darunter.

An Lärm kann man sich nicht wirklich gewöhnen. Lärmschutzwände und Lärmschutzfenster sind ein Weg, Lärm zu umgehen. Diese technischen Maßnahmen bekämpfen aber nicht die Quellen des Lärms, sie kapseln den Menschen nur ab, trennen ihn mechanisch von seiner Umwelt. Es gibt zur rigorosen Lärmreduzierung und Lärmvermeidung keine vernünftige Alternative. Neben strengeren Lärmgrenzwerten für technische Geräte und Fahrzeuge aller Art wären autofreie Städte ein entscheidender Schritt zur Problemlösung. In einigen Wohngebieten ist es schon gelungen, die Autos zu verbannen. Wie angenehm und entspannend ein Lebensumfeld ohne Lärm ist, wie Kommunikation auf den Straßen wieder zu einem Vergnügen werden kann, haben viele Stadtbewohner während der Corona-Pandemie erfahren können. Mit den verordneten Einschränkungen des öffentlichen Lebens erlebte mancher Bewohner großer Städte erstmals seinen Lebensraum ohne Lärmbelastung. Die natürlichen Geräusche, wie der Vogelgesang, wurden während des großen Stillstandes in einer Intensität wahrgenommen wie nie zuvor im städtischen Leben. Unter dem sonstigen, tagtäglichen Lärmpegel geht das Gezwitscher für menschliche

Ohren weitgehend verloren. Doch mit dem Verschwinden der Lärmquellen ab Mitte März 2020 wurde die Natur in der Stadt wieder hörbar. Die zuvor gestörte Verbindung zwischen Mensch und Natur konnte neu geknüpft werden. Wenn das Ankämpfen gegen den Verkehrslärm entfällt, bleibt mehr freie Energie übrig. Das hebt die Tageslaune.

Nicht nur den Menschen, auch den Vögeln selbst erging es messbar besser, wie eine Studie von Elizabeth Derryberry von der University of Tennessee im September 2020 ergeben hat. Die untersuchten Vögel, es waren Dachsammern, sangen während des allgemeinen Stillstandes anders als sonst. Der Grund: Die Verkehrsdichte war auf das Niveau der 1950er Jahre zurückgefallen und der Lärmpegel um 50 Prozent niedriger. Für die werbenden Vogelmännchen fiel der Stressfaktor Lärm weg, so dass sie wieder natürlicher, nämlich leiser singen und auch tiefer pfeifen konnten. Zusätzlich verdoppelte sich ihr Wirkradius, sie waren auch in größerer Entfernung von den Weibchen zu hören. Auf die Vogelweibchen wirken sanftere Töne sowie die größere Bandbreite der männlichen Lautäußerungen attraktiver und verführerischer, so dass auch ihre hormonell gesteuerte Paarungsbereitschaft wuchs. Ob es durch den Lockdown letztlich mehr Vogelnachwuchs in den Nestern gegeben hat, wurde in dieser Studie allerdings nicht überprüft.

Stadtluft und Landluft

Mit 18 Jahren verließ ich mein 300-Seelen-Dorf am Rande der Dübener Heide, um ein Studium aufzunehmen. Ich hatte die Wahl zwischen einem Studienort im sogenannten Chemiedreieck und einer Stadt an der Elbe mit einem Park direkt neben dem Hochschulgelände. Nach einem Besuch beider Orte fiel mir die Entscheidung nicht schwer. Ich wählte den grüneren Studienort ohne den penetranten Chemiegestank in der Luft. Die reine Luft, die ich gewohnt war, vermisste ich in der Stadt dennoch. Im Chemielabor roch es trotz offener Fenster höchst unangenehm, zuweilen widerlich und aus vielen Schornsteinen der Häuser qualmte der Rauch der Kohleheizungen. Die Industrieschornsteine taten ihr Übriges und pusteten ihrerseits Abgase in die Atmosphäre. Je nach Windrichtung roch es unterschiedlich. Für die meisten Menschen war das normal, sie bemerkten es kaum noch und hatten sich daran gewöhnt. Ich konnte und mochte mich nicht daran gewöhnen.

In den modernen Städten des globalen Nordens raucht inzwischen kaum mehr ein Schornstein. Die offensichtliche Luftverschmutzung wurde zum großen Teil beseitigt und die Industrie aus den Städten verbannt. Nicht selten wurde sie in ärmere Länder ausgelagert, in Regionen, die nun zu den schmutzigsten der Welt zählen. Ist unsere Stadtluft nun also rein und gesund? Mitnichten! Im Vergleich zu den ländlichen Räumen ist die Luft in den Städten besonders hoch belastet, obwohl gerade dort die meisten Menschen leben. Die Europäische Umweltagentur (EEA) kam 2020 erneut zu dem Ergebnis, dass in der Europäischen Union Jahr für Jahr mehr als 400 000 Menschen an den Folgen der Luftverschmutzung vorzeitig sterben. Demnach stellt die Luftverschmutzung in Europa nach wie vor die größte Umweltbedrohung für unsere Gesundheit dar. Die winzigen, unsichtbaren Partikel kennen keine Ländergrenzen und gelangen mit jedem Atemzug in unseren Körper. Nach UN-Angaben sind sie global verantwortlich für ein Drittel der tödlich endenden Schlaganfälle, für Lungenkrebs und chronische Atemwegserkrankungen. Als Hauptverschmutzer gelten Verbrennungsprozesse, vor allem durch den immensen Verkehr. Stickoxide, Schwefeldioxid, Kohlenmonoxid und Ozon zählen zu den gefährlichsten Schadstoffen. Die größten Probleme verursacht aber der Feinstaub, der viele Quellen hat, darunter auch der Abrieb von Reifen und Bremsen. Feinstaub sieht und riecht man nicht. Das macht ihn so heimtückisch wie radioaktive Strahlung. Sein Durchmesser beträgt ein Hundertstel bis ein Tausendstel der legendären »Haaresbreite«. Während die groben Staubpartikel in unseren Luftwegen von Härchen und Schleim aufgefangen werden, dringt der Feinstaub bis in unsere Lungen und weiter über die Blutbahn in Herz, Hirn und Lunge vor. Feine Gefäße können dadurch verstopfen und das Infarktrisiko und selbst die Demenz befördern. Gefährlich ist der Feinstaub deshalb, weil er auf Grund der Winzigkeit seiner Teilchen eine hohe Oberflächenaktivität besitzt und alle möglichen Gifte aus der Umwelt quasi magnetisch anziehen kann, darunter Schwermetalle, Dioxine und polyzyklische, aromatische Kohlenwasserstoffe (PAK). Der Verkehr und die daraus resultierende Belastung sind unser Alltag geworden. Die im Jahresverlauf absolut höchsten Feinstaubkonzentrationen werden in Städten jedoch zum Jahreswechsel gemessen, hervorgerufen durch die Feuerwerke. Die Deutsche Umwelthilfe setzt sich deshalb für ein vollständiges und dauerhaftes Böller-Anwendungsverbot ein – für saubere Luft und den Schutz von Mensch und Tier.

Je feiner der Staub, umso gefährlicher ist er. Gesundheitlich besonders bedenklich ist der Ultrafeinstaub. Er löst in Lunge, Herz und Gehirn nachweislich Entzündungsprozesse aus. Auch der Ultrafeinstaub stammt überwiegend aus dem Autoverkehr. Wo viele Autos unterwegs sind, leben viele Menschen. Die Weltgesundheitsorganisation WHO stufte den Ultrafeinstaub als eindeutig krebserregend ein. Um unsere Gesundheit zu schützen, wurden Grenzwerte eingeführt, die nicht überschritten werden sollten. Doch gleichgültig, ob Stickoxide oder Feinstaub – es gibt auch unter dem Grenzwert keinen Wert, dem eine gesundheitliche Unbedenklichkeit bescheinigt werden kann.

Wissenschaftler des Umweltbundesamtes fanden an freiwillig teilnehmenden Schachspielern in einem Experiment heraus, dass die Konzentration und die geistige Leistungsfähigkeit mit steigendem Feinstaubgehalt signifikant sinken. Die Denksportler machten mehr Fehler als die Kontrollgruppe unter Reinluftbedingungen. Ein Grund mehr, sich für saubere Luft zu engagieren. Frischluftschneisen sind in Städten unabdingbar und dürfen keinesfalls verbaut werden. Auch Grünflächen mit Bäumen und Sträuchern, grüne Wände und grüne Dachflächen helfen als Luftfilter, bewirken aber keine Wunder. Luftverschmutzung muss an den Quellen bekämpft werden. Schmutziger Verkehr gehört nicht in den Lebensraum von Menschen. Viel zu lange haben wir diesen Missstand als unabänderliche Selbstverständlichkeit hingenommen und uns daran gewöhnt. Erst im Urlaub in den Bergen oder an der Küste merken wir, dass Luft auch sauber sein kann. Saubere Atemluft ist ein menschliches Grundbedürfnis.

Welche gesundheitlichen Folgen hat unsere Stadtluft insgesamt? Untersuchungen des Robert-Koch-Institutes belegen, dass Großstädter häufiger unter Allergien, Asthma, Neurodermitis, Autoimmunerkrankungen und Nahrungsmittelunverträglichkeiten leiden als die Dorfbevölkerung. Je größer die Stadt, desto verbreiteter treten diese Krankheitsbilder auf.

Allergische Erkrankungen werden häufig von Blütenpollen von Erlen, Weiden, Birken oder Gräsern ausgelöst, umgangssprachlich auch als Heuschnupfen bezeichnet. Heuschnupfen wäre eigentlich eher in ländlichen Gebieten zu erwarten, wo die Pollen in großen Mengen ausgeschüttet werden. Doch es verhält sich genau umgekehrt. Pollen können sich durch die Luftströmungen über Hunderte von Kilometern verbreiten. Studien zeigten schon seit 2013, dass die Allergie auslösenden Pollen in den Städten aggressiver sind, weil sie sich an ihrer Oberfläche mit Schadstoffen aus dem Verkehr aufladen.

Einen anderen Zusammenhang haben Wissenschaftler der Universität Bari sowie der Harvard University 2020 nachgewiesen. Sie stellten fest, dass Staubteilchen als Transportmedium für Viren dienen können. Je mehr Feinstaub, umso mehr Viren schwirren durch die Luft. Sie können sich bei ausreichender Luftfeuchtigkeit über Tage oder gar Wochen halten. So ist es wohl kein Zufall, dass die Corona-Pandemie genau dort die meisten Opfer forderte, wo per Satellit die höchste Luftverschmutzung in Europa nachgewiesen wurde: im industriellen Norden Italiens um Mailand.

Und die Landluft? Auch wenn sie traditionell einen guten Ruf hat, ist sie keineswegs immer zufriedenstellend. Die rühmliche Ausnahme: Waldluft. Sie ist dank der Filterleistung der Bäume uneingeschränkt empfehlenswert und enthält 90 Prozent weniger Staubteilchen als Stadtluft. Im Gegensatz zum Wald wird nicht nur in Städten, sondern auch in baumarmen Agrarlandschaften vor allem in Trockenzeiten viel Staub aufgewirbelt und verfrachtet. Leistungsfähige Landmaschinen setzen auf hohe Arbeitsgeschwindigkeiten. Mit der Austrocknung der Landschaften, der zunehmenden Größe der Felder und dem Verschwinden von Baumreihen und Hecken wächst das Problem der Bodenerosion. Es wurden sogar schon Massenkarambolagen auf Autobahnen durch Staubwolken von umliegenden Feldern ausgelöst.

Das größte gesundheitliche Problem der neuzeitlichen Landluft liegt allerdings in riesigen Stallanlagen mit Hunderten oder gar Tausenden von Tieren. Dort lässt sich das Problem nicht wegdiskutieren. Die Ausscheidungen der Tiere enthalten Harnstoff, aus dem der Problemstoff Ammoniak hervorgeht. Wird Gülle auf die Felder ausgebracht, bleibt der stechende Geruch in der Luft kaum jemandem verborgen. Er hält sich tagelang bis wochenlang. Diese Ammoniak-Moleküle binden alle möglichen Luftschadstoffe an sich und bilden dadurch gefährlichen Ultrafeinstaub. Eine nachhaltige Verbesserung der Landluft lässt sich am ehesten mit einer Reduzierung der überhöhten Tierbestände erzielen.

Luft ist absolut lebensnotwendig. Sie ist unser meistgebrauchter Rohstoff. Es sollte nichts Wichtigeres geben, als für saubere Luft in Stadt und Land zu sorgen und sich dafür einzusetzen, persönlich wie auch gesellschaftlich.

Was kann ich im Alltag persönlich dazu beitragen, die Luftqualität zu verbessern? Der größte Luftverschmutzer in den Städten ist mit Abstand der Autoverkehr. Er ist es, der seine Abgase in Nasenhöhe der Kinder ausstößt. Deshalb ist unseren Kindern zuliebe das Umsteigen angesagt, umsteigen auf Öffentliche Verkehrsmittel oder auf das Fahrrad. Vielleicht sollten wir für die letzte Meile auch wieder einmal unsere Füße benutzen? Diese Schritte mindern nicht nur die Schadstoffbelastung der Luft, sie regen zudem unsere Atmung an und heben unsere Stimmung.

Auch für die Verbesserung der Landluft haben wir Hebel in der Hand. Verbraucher aus Stadt und Land können dazu beitragen, Belastungen zu mindern, indem sie ihren Verbrauch an tierischen Produkten, vor allem an Fleisch, deutlich reduzieren. Eine verringerte Nachfrage führt zur Reduktion des Angebotes. Wir Konsumenten haben die Macht dazu, wir müssen sie nur ergreifen.

Umweltgifte reduzieren

In den ersten zwei Lebensjahrzehnten waren in meinem Lebensraum Umweltgifte kaum ein Thema. Nitrate und Pestizide, Schwermetalle, Lebensmittelzusätze und Mikroplastik kamen erst später in meine Welt. Heute sind sie allgegenwärtig und die Anzahl chemischer Substanzen wächst von Tag zu Tag. Als ausgebildeter Doktor der Chemie habe ich diese Entwicklung aufmerksam verfolgt.

Im Jahre 1990 wurde ich in das Parlament der DDR, in die Volkskammer, gewählt und zum Vorsitzenden des Umweltausschusses berufen. Als der McDonald's-Konzern im Sommer 1990 ankündigte, in der DDR Filialen zu gründen, habe ich mich für ein Verbot dieser »Einweg-Gastronomie« starkgemacht. Das Wegschmeißen von Plastikgeschirr und -besteck nach einmaliger Verwendung hielt ich für unverantwortlich. Doch außer einem Presseartikel auf der Titelseite einer Tageszeitung passierte nichts. Meine Verbotsforderung fand keine Mehrheiten. Dafür erhielt ich Zuschriften, etwa mit dem Satz: »Aber ich will McDonald's!«

Drei Jahrzehnte später hat sich das Blatt gewendet. Die Folgen dieser abwegigen Plastikwegwerfpraktiken sind heute unübersehbar. Mikroplastik ist überall angekommen und zu einem globalen Problem herangewachsen. Selbst die modernsten Kläranlagen können nichts dagegen ausrichten. In immer mehr Ländern werden erste Verwendungsverbote erlassen. Selbst in einigen afrikanischen Staaten wurden Plastiktüten verboten. Doch in unseren Supermärkten sind immer noch viel zu viele Artikel mit Plastik umhüllt. Sie enthalten nicht selten die gesundheitlich gefährlichen Weichmacher. Diese können laut Verbraucherzentrale Leber und Niere angreifen, die Fortpflanzungsfähigkeit beeinträchtigen und embryotoxisch wirken.

Die Schadstoffpalette, die uns heute umgibt, ist kaum mehr zu überblicken. Zu den Umweltgiften aus dem Straßen-, Flug- und Schiffsverkehr sowie anderen Verbrennungsprozessen kommen zahllose Innenraumbelastungen auf Grund von Ausgasungen aus Farben, Lacken, Klebern, Dichtungen, Haushaltsreinigungsmitteln, Polstermöbeln, Laserdruckern und vielen anderen Produkten. Kosmetika und Körperpflegemittel wie Shampoos, Bodylotions und Cremes wirken direkt auf unseren Organismus ein, Pestizide erreichen uns über Wasser, Luft und Nahrung und nicht selten kommen noch Medikamente hinzu, die geschluckt werden. Das alles haben wir als Segnungen des Fortschritts bereitwillig angenommen.

Ein Leben ohne Schadstoffe und Gifte – geht das in unserer durch und durch technisierten Welt überhaupt noch? Nein, das ist unrealistisch, utopisch. Egal ob Feinstaub oder Pestizide, ob Schwermetalle oder Mikroplastik – all diese Stoffe haben mehr oder weniger selbst die entferntesten Ecken und Enden der Welt erreicht, bis hin zur Antarktis und den Tiefen der Weltmeere. Ob wir es merken oder nicht: Jeder Tag hält aufs Neue einen bunten Schadstoffcocktail für uns bereit. Wir sind umgeben von einer unüberschaubaren Zahl von Wirkstoffen, die unserem Organismus eine permanente Entgiftungsarbeit abverlangen. So erschütternd, wie diese Tatsache ist – dürfen wir deswegen gleichgültig sein, müssen wir uns ohnmächtig fühlen? »Allein die Dosis macht das Gift«, so postulierte schon Paracelsus und er hat recht. Wir sollten Schlimmeres verhindern. Deshalb ist für mich Vorsorge und Vermeidung oberstes Gebot.

Schadstoffen aus dem Wege zu gehen und so ihre Aufnahme zu reduzieren, ist durch entsprechendes Verhalten in vielen Fällen möglich.

In der Europäischen Union sind mehrere Zehntausend Chemikalien auf dem Markt. Viele davon lassen sich im Blut und im Urin des Menschen nachweisen. Bislang gibt es jedoch kaum verlässliche EU-weite Daten zur Belastung der Bevölkerung, so das Bundesumweltministerium. Um der Frage nachzugehen, in welchem Umfang und auf welchen Wegen Chemikalien im menschlichen Organismus landen, soll nun ein Human-Biomonitoring vorangebracht werden.

Die Medizinische Universität Wien hat begonnen, Mikroplastik unter die Lupe zu nehmen. Diese Partikel, ein Konglomerat aus vielen verschiedenen Kunststofftypen, finden sich nicht nur in Fischen und Meeresfrüchten, sondern regelmäßig auch im menschlichen Körper, nachgewiesen in Stuhlproben. Es gibt Anzeichen, dass Mikroplastik Entzündungen begünstigt, die auf Abwehrreaktionen des menschlichen Organismus hindeuten. Diese Forschungen befinden sich noch ganz am Anfang.

Die Zunahme an neuartigen, teils rätselhaften Erkrankungen lässt nichts Gutes erahnen. Die sogenannten »Kreidezähne« bei Kindern sind so ein Beispiel. Noch zu meiner Kindheit völlig unbekannt, ist es inzwischen zu einem Massenphänomen herangewachsen, welches häufiger als Karies auftritt. Bei 28 Prozent der Zwölfjährigen bröckeln die Backenzähne wie Kreide. Molar-Incisor-Hypomineralisation (MIH) heißt das Phänomen. Die Zähne müssen überkront werden. Normalerweise kommen derartige Eingriffe erst im höheren Lebensalter in Frage. Auslöser sind Stoffwechselstörungen, die noch nicht vollständig erforscht sind. Unter Verdacht stehen mehrere Umweltgifte, die über die Muttermilch aufgenommen werden, wie Dioxine und PCBs. Bei Tierversuchen lösen sie ähnliche Effekte aus, allerdings erst bei höheren Konzentrationen. Meist werden aber nur Einzelsubstanzen auf ihre Wirkungen hin geprüft. Doch im wahren Leben sind wir einer langen Liste von Schadstoffen ausgesetzt, die in Kombination ganz andere Effekte haben können als Einzelstoffe. Neben den Giftstoffen scheint auch der Vitamin-D-Haushalt eine Rolle zu spielen, denn Kinder im nördlichen Europa sind häufiger von dieser Zahnerkrankung betroffen als in Südeuropa. Je mehr Zeit die Kinder in Innenräumen statt im Freien verbringen, umso weniger Vitamin D kann der Körper bilden, das zum Knochenaufbau unbedingt benötigt wird.

Der moderne westliche Lebensstil scheint auch einen Einfluss auf unser Denkvermögen zu haben. Während bis in die 1990er Jahre der Intelligenzquotient durch Verbesserung der Lebensumstände zunahm (»Flynn-Effekt«), wird seither ein Rückgang des IQ festgestellt, auch als »umgekehrter Flynn-Effekt« bezeichnet. Der IQ junger Menschen wird zum Beispiel bei Musterungen in Skandinavien seit Jahrzehnten routinemäßig ermittelt. Über die Ursachen des Intelligenzverlustes herrscht Unklarheit. Diskutiert werden unter anderem der Einfluss des Medienkonsums und der Rückgang des Bücherlesens.

Parallel nehmen die Symptome von Hyperaktivität, von nachlassender Aufmerksamkeit und Konzentration zu. Inwieweit die inzwischen allgegenwärtigen Umweltschadstoffe eine Rolle spielen können, ist unklar; die Ursachen sind ganz sicher komplex.

Wie wichtig eine Neuausrichtung der Chemieindustrie ist, zeigt beispielhaft folgende Feststellung von gleich mehreren Forschern: Die Qualität der männlichen Spermien nimmt ab. Im begründeten Verdacht stehen Umwelthormone, synthetisch erzeugte chemische Substanzen, die unseren Hormonhaushalt beeinflussen. Sie ähneln unseren körpereigenen Hormonen und enthalten oft Halogene wie Fluor, Chlor oder Brom. Sie kommen in Lebensmittelverpackungen aus Plastik vor, in vielen Kunststoffen, Möbeln, Matratzen, Textilien oder auch in technischen Geräten wie Mobiltelefonen, sie werden auch als Flammschutzmittel oder als Pestizide eingesetzt. Bei über 65 verschiedenen Umweltchemikalien wurden bereits Effekte auf die Gehirnentwicklung nachgewiesen, einige davon können auch mutagene oder kanzerogene Wirkung haben. Inzwischen sind diese Schadstoffe fast überall in unserer Umwelt zu finden, in Stadt und Land gleichermaßen, denn die Konsum- und Lebensgewohnheiten haben sich weitgehend angeglichen.

So schlimm kann es doch nicht sein, mag man einwerfen. Schließlich werden wir immer älter, unsere Lebenserwartung steigt seit vielen Jahrzehnten, in Deutschland seit 175 Jahren kontinuierlich. Zu verdanken haben wir diese Entwicklung den Fortschritten der Medizin, der besseren Hygiene, dem höheren Lebensstandard sowie der 75-jährigen Friedenszeit in der Mitte Europas. Wissenschaftler erkennen aber Anzeichen, dass sich der Trend umkehren könnte. Als Ursachen werden ungesunde Lebensweisen und damit verbundene Folgeerkrankungen angesehen. Nach den vorliegenden Statistiken ist die Lebenserwartung bei US-Amerikanern sowie in Großbritannien bereits rückläufig. Für gesicherte Aussagen ist es aber noch zu früh.

Das komplexe Problem Umweltgifte kann nicht weiter geleugnet werden. Obwohl wir uns seit vielen Jahrzehnten verschiedensten chemischen Substanzen aussetzen, kennen wir die möglichen Wirkungen auf den menschlichen Organismus genauso wenig wie die Wirkungen auf komplexe Ökosysteme. Manchmal können Korrelationen festgestellt werden, wie in Frankreich, wo Parkinson als Berufskrankheit bei Landwirten anerkannt ist, wenn sie häufigen Umgang mit Pestiziden hatten.

Es ist zu begrüßen, dass im Green Deal der EU-Kommission das »Null-Schadstoff-Ziel« zum Schutz von Umwelt und Verbrauchern inzwischen festgeschrieben ist. Es geht dabei um eine Chemiewende, um den Ausstieg aus fossilen Rohstoffen, um konsequente Kreislaufwirtschaft sowie um ein Ende der Freisetzung giftiger und hormonverändernder Stoffe in die Umwelt. Alles in allem kommt das einer Revolution unserer Industriegesellschaft gleich. Nichts wird so bleiben, wie es ist. Bislang gibt es kaum einen Wirtschaftszweig, der diese Anforderungen auch nur annähernd erfüllt.

Völlig hilflos sind wir den Schadstoffen keineswegs ausgesetzt, Wissen hilft weiter. Das Umweltbundesamt bietet eine kostenlose und werbefreie Android- und iOS-App »Luftqualität« an, mit deren Hilfe man die aktuelle Luftqualität abrufen kann. Die Daten für Feinstaub, Stickstoffdioxid und Ozon werden an 400 automatischen Messstationen stündlich erfasst. Man kann auch den Empfang von Warnhinweisen aktivieren und Tipps für Aktivitäten im Freien erfahren.

Schadstoffe in Alltagsprodukten lassen sich mit der Tox-Fox-App »Kosmetikcheck« des BUND überprüfen, darunter in Spielzeug, Kleidung, Möbeln und Elektrogeräten. Nach der europäischen Verordnung »REACH« (steht für »Registrierung, Bewertung, Zulassung und Beschränkung von Chemikalien« – »Registration, Evaluation, Authorisation and Restriction of Chemicals«) gibt es das EU-Recht, sich über Schadstoffe in Produkten vom Hersteller zu informieren. Einfach den Barcode von Produkten scannen, zumindest, solange das »Null-Schadstoff-Ziel« noch nicht erreicht wurde.

Vielfalt für unser Mikrobiom

Bakterien sind böse und Viren erst recht! So die verbreitete Auffassung. Mit dem Umzug in die Stadt geht der Mensch auf Abstand zu den unsichtbaren, aber umso mehr gefürchteten Mikroben. Hygienisch möchte man leben, die vielen, womöglich schlimmen Keime für immer hinter sich lassen. Für die chemische Industrie ist es ein lohnendes Geschäft, ein Geschäft mit der Angst. Desinfektionsmittel sind gefragter denn je. Schließlich will man sich schützen. So werden nicht nur Schwimmbäder, Toiletten und Waschbecken, sondern auch Fußböden, Möbel, Türklinken, Treppengeländer, Handy-Tastaturen und noch vieles mehr desinfiziert. Selbst in ganz normalen Zeiten ohne akute Gefahr sprühen manche Menschen ihren Körper vorsorglich mit keimtötenden Chemikalien ein. Sie glauben, sich damit zu schützen, bewirken aber eher das Gegenteil. Das Hamburger Umweltinstitut warnt vor derartigen Anwendungen, denn die Chemikalien können neurotoxisch wirken und die Atmungsorgane, die Leber und die Niere schädigen. Auch hormonelle Wirkungen sind möglich wie bei Triclosan.

Es ist ein fundamentaler Irrtum, Mikroben als Feinde abzustempeln! Im Gegenteil: Die allermeisten Bakterien, Viren und Pilze sind unsere engsten, unsere besten Freunde, es hat sich nur noch nicht herumgesprochen. Wir brauchen diese kleinen Helfer zum Schutz unserer Haut, unserer Atmungsorgane und vor allem zur Verdauung unserer Nahrung. Unser Körper ist innen wie außen übersät mit Mikroben. Der Durchschnittsmensch schleppt 40 Billionen Bakterien und 380 Billionen Viren mit sich herum, insgesamt rund zwei Kilogramm. Ob wir in einen Apfel beißen oder Salat essen, immer sind die kleinen Passagiere mit an Bord und wir nehmen sie zu uns, ohne es zu wissen – und das ist gut so. Diese mikroskopisch kleinen Lebewesen sind ein unverzichtbarer Teil der Natur. Unser Körper braucht, um gesund zu bleiben, eine große Vielfalt von Mikroben, vor allem in den Verdauungsorganen. Ohne diese »Heinzelmännchen« würden wir Menschen zugrunde gehen, denn sie versorgen uns letztlich mit Nährstoffen und mit Körperwärme. Manche Viren wiederum schützen uns vor krank machenden Bakterien. Es sind die Bakteriophagen, die Bakterienfresser unter den Viren, die sogar Leben retten können, wenn Antibiotika nicht mehr helfen, weil Bakterien dagegen resistent geworden sind.

Es ist kaum fassbar: An und in unserem Körper leben mehr Mikroben, als wir menschliche Körperzellen haben. Allmählich wird erkannt, dass unsere Gesundheit und unser Wohlbefinden maßgeblich vom sogenannten Mikrobiom, der großen Gemeinschaft von Mikroorganismen, bestimmt wird. Man kann sie als ein ganz eigenes Ökosystem ansehen. Wenn dieses System durch Stress, durch Gifte oder schlechte Ernährung aus dem Gleichgewicht kommt, kann es zu Krankheiten von Neurodermitis bis hin zum Krebs kommen. Das Mikrobiom trainiert unser Immunsystem, beeinflusst aber auch unser Verhalten und selbst unsere Stimmung hängt von diesen Kleinstlebewesen ab.

Im Zuge der naturfernen, industriegeprägten Lebensweise hat sich die Zusammensetzung unseres humanen Mikrobioms verändert. Nach Erica und Justin Sonneberg von der Stanford University liegen die Gründe hauptsächlich in der Veränderung der Ernährungsgewohnheiten. Festgestellt wurde auch, dass die Vielfalt der Mikroben am und im menschlichen Körper abgenommen hat. Im Vergleich zu afrikanischen Naturvölkern haben wir Europäer nur noch halb so viele Arten aufzubieten. Auch wenn die Effekte einer reduzierten Diversität des Mikrobioms aktuell nicht streng wissenschaftlich zu belegen sind, stellen sich Fragen: Aus der Ökologie wissen wir, dass Artenverarmung häufig mit einem Verlust von Robustheit verbunden ist. Büßen wir als Bewohner der reichen Länder womöglich einen Teil unserer natürlichen Abwehrkräfte ein? Ist unsere Gesundheit dadurch labiler und leichter angreifbar? Wir werden zwar immer älter, aber auch immer anfälliger – und das selbst in jungen Jahren. Nur noch ein kleiner Teil unserer Bevölkerung kann als kerngesund angesehen werden. Sehr viele Menschen sind auf regelmäßige medizinische Behandlungen oder auf Medikamente angewiesen. Es sind beileibe nicht nur körperliche, sondern auch psychische Leiden, mit denen sich eine zunehmende Zahl von Menschen in den Industrieländern herumschlagen muss. Noch stecken wir ganz am Anfang unserer Erkenntnisse, aber es scheint so, dass wir unsere engsten Verbündeten, die Bakterien, Viren und Pilze, schlecht behandelt haben. Wir sind innerlich ärmer und möglicherweise verwundbarer geworden.

Warum sind gerade wir in den reichen Ländern diesbezüglich verarmt? Eine übertriebene häusliche und persönliche Hygiene sowie der übermäßige Einsatz von Desinfektionsmitteln ist nur ein wesentlicher Grund. Eine weitgehende Abtötung unserer Bakterien im Inneren unseres Körpers wird auch bei der Einnahme von Antibiotika ausgelöst. Antibiotika gelten als Wunderwaffe im Kampf gegen bakterielle Erkrankungen. Sie können Leben retten. Der lange gepflegte gute Ruf von Antibiotika kann aber auch den Missbrauch fördern. Es soll Patienten geben, die geradezu verlangen, dass ihnen Antibiotika verschrieben werden, selbst wenn es sich nur um eine profane Erkältung handelt, die mit Bakterien nichts zu tun hat.

Insgesamt gesehen ist unsere Mikrobiom-Verarmung vor allem auf ein naturfernes Leben zurückzuführen. Unsere Nahrung, vor allem die industriell verarbeiteten und keimfrei in Folie eingeschweißten Produkte sind alles andere als eine Bereicherung für die kleinen Helfer. Eines der größten Defizite scheint der Mangel an Ballaststoffen in der Fertignahrung zu sein. Der Wert von Ballaststoffen für unser Wohlergehen wurde lange Zeit unterschätzt. Unsere Vorfahren waren damit noch bis Mitte des letzten Jahrhunderts gut versorgt, denn ihre Nahrung war weitgehend naturbelassen und reich an Pflanzenfasern. Gerade die Ballaststoffe, die selbst wenig Kalorien zu bieten haben, sind die Hauptnahrung der Mikroorganismen und für eine gesunde Entwicklung der Darmflora unentbehrlich. Gut bedient ist man mit einer pflanzenbasierten Kost. Wird sie teils roh und teils schonend gedünstet verabreicht, kann das Mikrobiom in seiner Vielfalt wieder wachsen.

Was können wir daraus lernen? In der Natur – und wir sind ein Teil davon – ergeht es den großen Lebewesen wie den kleinen Geschöpfen: Wenn ihnen die existenziellen Lebensgrundlagen entzogen werden, verkümmern und erkranken sie und sterben schließlich ab. Die Folge des Artensterbens ist eine Artenverarmung in den Ökosystemen und damit eine schwindende Stabilität und Gesundheit – gültig für Mensch und Natur.

Wir haben es selbst in der Hand, für unser Wohlbefinden zu sorgen. Dazu müssen wir verstehen, was sich in unserem Körper abspielt, wer zu den wichtigen Akteuren gehört. Nur aus dem gedeihlichen Zusammenspiel mit unseren Mitbewohnern, im Großen wie im Kleinen, kann ein gesundes und austariertes Gleichgewicht hervorgehen. Körperwissen und Körperbewusstsein sind mit Umweltwissen und Umweltbewusstsein untrennbar verbunden. Wir haben alle Möglichkeiten, uns dieses Wissen nicht nur anzueignen, sondern es auch in unserem täglichen Leben anzuwenden. Auf keinen Fall dürfen wir unsere guten alten Freunde vernachlässigen, diskriminieren oder gar bekämpfen, vielmehr müssen wir sie gut behandeln und mit ihrer bevorzugten Nahrung versorgen: Frische und vielfältige, vor allem pflanzliche Kost steht ganz oben auf deren Speisekarte. Sie werden es uns danken.

Pandemien verstehen und vermeiden

Manchmal können kleine, mit bloßem Auge unsichtbare Mikroben unser Leben auf den Kopf stellen. Das ist dann der Fall, wenn sie leicht übertragbar sind und lebensbedrohliche Krankheiten bei einer großen Anzahl von Menschen gleichzeitig auslösen. Aus Epidemien können sich weltumspannende Pandemien entwickeln. Die Corona-Pandemie war eine Art Zeitenwende, ein Schock, der unser Bewusstsein für elementare ökologische und soziale Fundamente geschärft hat.

Wir haben gelernt: Um die Verbreitung von ansteckenden Krankheiten zu unterbinden, ist die Kontakteinschränkung das Mittel der Wahl. Dem entgegen steht eine hohe Individuendichte und damit eine hohe Übertragungswahrscheinlichkeit. In vielen Städten leben 1000 und mehr Einwohner pro Quadratkilometer, in manchen Stadtbezirken von Berlin und Hamburg sogar mehr als 10 000. Beim Auftreten hochvirulenter Erreger, wie die Corona-Pandemie gezeigt hat, bleibt im Extremfall nur noch die Ausgangssperre, um die Ausbreitung der Krankheit einzudämmen. Über Wochen in einer engen Wohnung auszuharren, ist nicht nur für Kinder und Jugendliche mit ihrem natürlichen Bewegungsdrang eine Zumutung. Aggressionen bauen sich auf, wenn elementare Lebensbedürfnisse wie die freie Bewegung und der Aufenthalt an der frischen Luft verwehrt bleiben. Landbewohner haben in diesen Fällen einen unschlagbaren Vorteil. Sie genießen mehr Freiräume, ohne die Allgemeinheit zu gefährden. Gärten und Landschaften bleiben von dem schrecklichen Geschehen unberührt.

Epidemien und Pandemien sind so alt wie die sesshafte Menschheit. Im Mittelalter verbreiteten sich entlang der Handelsrouten die Erreger der Pest. Von der Insel Krim über Schifffahrtswege gelangten sie über die Mittelmeerhäfen nach Mitteleuropa. Die Schwarze Pest, wie sie genannt wurde, raffte im 14. Jahrhundert ein Drittel der Bevölkerung Europas dahin. Es war die tödlichste Katastrophe in der Geschichtsschreibung. Keine andere Seuche hat die Menschheit derart in Angst und Schrecken versetzt. Die Menschen waren damals ahnungslos und kannten die Ursachen des Massensterbens nicht.

Heute wissen wir, wo sich die entscheidenden Eintrittspforten für neue Krankheitserreger befinden. Es sind meist unmittelbare Kontakte zu wild lebenden Tieren. Die höchste Übertragungswahrscheinlichkeit ist auf Tiermärkten gegeben, wo die unterschiedlichsten Tierarten auf engstem Raum in Käfigen gehalten und zum Verkauf angeboten werden. Lieferanten,

Züchter und Kunden treffen dabei im dichtesten Getümmel aufeinander und tragen die Keime weiter.

Die wichtigsten Quellen von neuartigen Viren dürften aber Orte sein, an denen Tiere gezüchtet oder gefangen werden. Sowohl Wildtiere als auch Zuchttiere werden aus Profitgründen rund um die Welt verschoben. Der Tierhandel ist ein riesiges Geschäft, das uns mit unkalkulierbaren Risiken konfrontiert und deshalb dringend auf den Prüfstand gehört. Nur wenige Wochen nach Ausbruch der Corona-Pandemie erließ die chinesische Regierung ein dauerhaftes Verbot der Zucht von Wildtieren für die Produktion von Fleisch.

Auch unsere industriellen Tierfabriken können neuartige, pathogene Viren hervorbringen, gegen die wir Menschen zunächst schutzlos sind. Christian Drosten, Leiter des Institutes für Virologie an der Berliner Charité, erklärt, dass die industrielle Tierhaltung eine Art Reservoir für neue Krankheitskeime bildet.

Im Jahre 2009 grassierte eine pandemische Schweinegrippe, der vor allem Menschen mittleren Alters zum Opfer fielen. Das Friedrich-Löffler-Institut vertritt die Auffassung, dass im Schwein durch Mutationen neue Virusvarianten entstehen können, die unerwartete und unvorhersehbare Eigenschaften aufweisen und neuartige Infektionen mit pandemischem Potenzial beim Menschen hervorrufen. Umgekehrt sind Schweine auch empfänglich für menschliche Influenzaviren. So entsteht im Schweineorganismus eine risikoreiche Gemengelage. Europaweite Untersuchungen des Löffler-Institutes bestätigen »Sammelbecken von Viren« sowohl in deutschen als auch europäischen Schweinepopulationen. Gestresste Tiere unter widernatürlichen Haltungsformen bieten mit ihren geschwächten Abwehrkräften den besten Nährboden für eine rasante Vermehrung von Erregern. Mehrere internationale Studien (IPES

FOOD, FAO, UNEP) sehen ebenfalls ein zunehmendes Risiko für neue Zoonosen durch die intensive Nutztierhaltung.

Neben engen Tierkontakten kann die Übertragung von Erregern auch durch den Verzehr von tierischen Produkten wie infiziertem Fleisch und Eiern (Salmonellen) sowie von Milch (TBC) erfolgen. Manche Krankheiten werden nicht direkt vom Wirtstier auf den Menschen übertragen; es bedarf eines Zwischenwirtes. Was im Falle der Pest die Flöhe übernommen haben, übernehmen bei der Malaria die Mücken und bei der Borreliose die Zecken.

Unser mikrobiologisches Wissen ist enorm gewachsen. Es kommt einem Wunder gleich, in welchem Tempo die Corona-Erreger durch die internationale Zusammenarbeit der Wissenschaft identifiziert und geeignete Impfstoffe entwickelt wurden. Doch Entwarnung ist nicht für alle Zeiten angesagt. Der größte Teil der potenziell pathogenen Virenarten ist bislang noch unentdeckt, so der Ökologe Joachim Spangenberg. Wir müssen damit rechnen, dass es weitere Erreger mit noch schlimmeren Auswirkungen geben kann. Nach Schätzungen der UNEP existieren noch 1,7 Millionen unbekannter Viren in Säugetieren und Wasservögeln, die beim Menschen die nächste Krankheitswelle auslösen könnten. Hinzu kommt, dass jede Art von Viren bei ihrer Vermehrung beliebig viele Mutationen hervorbringen kann. Mit derartigen »Kopierfehlern« erhalten die mutierten Viren neue und womöglich auch gefährlichere Eigenschaften.

Die Pandemien der Vergangenheit lassen einen Schluss zu: Je weiter der Mensch in bisher unberührte Naturräume vordringt und je mehr er Tiere missbraucht und ausnutzt, je skrupelloser er fremdes Leben aus eigener Gier zerstört und die Gesetze der Natur missachtet, umso höher ist das Risiko, dass völlig neuartige Viren in Umlauf kommen.

Mit der Globalisierung der Wirtschaft und dem Bevölkerungswachstum potenzieren sich die Infektionsrisiken. Die meisten gefährlichen Krankheitserreger sind erst in den letzten einhundert Jahren von Tieren auf den Menschen übergesprungen. Besonders anfällig für Epidemien sind erfahrungsgemäß dicht besiedelte, urbane Ballungsräume. Zudem breiten sich die Krankheitserreger durch die weltumspannende Mobilität und den weltweiten Handel rasend schnell aus. Bakterien und hochansteckende Viren kennen keine Ländergrenzen und können binnen 24 Stunden über den Luftverkehr alle Kontinente erreichen. Professor Jonas Schmidt-Chanasit vom Institut für Tropenmedizin der Universität Hamburg ist davon überzeugt, dass Pandemien künftig häufiger auftreten werden. Immer mehr Flugverbindungen in alle Teile der Welt steigern die Wahrscheinlichkeit des Einschleppens von fremden Erregern. Wenn Menschen in neue Gebiete eindringen, sei es aus touristischen oder wirtschaftlichen Gründen, ist es sehr wahrscheinlich, dass sie mit Erregern konfrontiert werden, gegen die bisher keine Immunabwehr besteht. Aus der Geschichte ist bekannt, dass große Teile der Ureinwohner Amerikas sterben mussten, weil sie durch europäische Einwanderer mit Keimen infiziert wurden, denen sie hilflos ausgesetzt waren.

Es ist letztlich die Zerstörung der Natur, die den Seuchen den Weg öffnet. Die Liste der in den letzten Jahren und Jahrzehnten von Tieren auf Menschen übergesprungenen Viren ist lang. Und sie wird sich zukünftig noch verlängern. Denn unsere Eingriffe in die Natur und das Vordringen in Wildnisgebiete fördert bestimmte Tierarten und ihre Pathogene, die Menschen infizieren können, wie eine Studie vom University College London nahelegt. Die Untersuchungen auf sechs Kontinenten zeigen, dass mit der Umwandlung von Wildnisgebieten in Acker-,

Weide- und Siedlungsland vor allem anpassungsfähige Nagetiere und Fledertiere profitierten. Die Dichte dieser Kulturfolger und Träger pathogener Keime erhöhte sich um das 2,5-fache im Vergleich zu den naturbelassenen Regionen. Ratten, Mäuse und Fledermäuse kommen mit den neuen Bedingungen gut zurecht, vor allem wenn ihre Fressfeinde ausgerottet werden. Zudem sind diese Tiere sehr mobil und sie pflanzen sich schnell fort. Ihr Immunsystem kommt offensichtlich gut mit einer Vielzahl an Erregern zurecht. Das Seuchenrisiko für den Menschen steigt also mit der Naturzerstörung. Nicht die Wildnis ist die wichtigste Quelle von Zoonosen, sondern deren Vernichtung.

Wenn wir so weitermachen, ist die nächste Pandemie nur eine Frage der Zeit, meint auch Inger Andersen, die dänische Ökonomin, Ökologin und Direktorin des UN-Umweltprogramms. 75 Prozent aller Infektionskrankheiten sind Zoonosen. Jährlich treten weltweit im Durchschnitt drei neue Infektionskrankheiten auf. Unter Fachexperten ist es unstrittig, dass die Kosten und Folgen einer Pandemie die Kosten für ihre Verhinderung bei Weitem übersteigen. Um uns vor neuartigen Seuchen zu schützen, müssen wir lernen, intakte Ökosysteme in ihrer natürlichen Vielfalt zu verstehen und zu respektieren. Das bedeutet auch, Abstand zu Wildtieren einzuhalten und ausreichend große Schutzgebiete auszuweisen und zu sichern. Die wilde Natur braucht ihren ganz eigenen Raum, zu dem wir Distanz wahren müssen. Dazu ist ein Stopp der Zerstörung von Naturräumen unersetzlich und alternativlos. Dafür tragen wir alle eine hohe Verantwortung, egal, ob es um die Regenwälder in Amazonien, in Indonesien oder um unsere eigenen schutzwürdigen Gebiete geht. Die gigantische Nachfrage nach Sojafutter und billigem Fleisch, nach immer neuen Möbeln und nach sogenannten Biotreibstoffen aus Palmöl bringt unersetzliche Naturökosysteme zu Fall. Die rücksichtslose Rodung der Urwälder findet in der Ferne statt, aber die Treiber sind die Konsumenten in den reichen Ländern. Es ist höchste Zeit für einen Boykott dieser Produkte durch den aufgeklärten Verbraucher. Vor allem aber muss der Druck auf politische Entscheider wachsen, um einen Importstopp zu verhängen und damit die weitere Naturzerstörung zu beenden. Statt für Sojaschrot und Palmöl zu zahlen, sollten wir die Mittel ganz eigennützig für den Erhalt der Regenwälder ausgeben. Durch unser bewusstes persönliches Verhalten können wir signalisieren, dass es uns ernst ist mit Natur-, Klima- und Gesundheitsschutz, kurzum – mit einer gesellschaftlichen Transformation.

Lange Zeit hatten sie nichts miteinander zu tun, sie arbeiteten nebeneinanderher: das Gesundheitswesen und der Naturschutz. Es gab kaum ernsthafte Berührungspunkte. Zwar haben vereinzelt Wissenschaftler immer wieder davor gewarnt, dass mit der Zerstörung von Naturräumen Krankheitserreger von Tieren auf Menschen überspringen können, aber diese Warnungen wurden, wie schon so oft in der Geschichte, von der Öffentlichkeit nicht ernst genommen. Die Kassandra-Rufer, die Mahner waren seit jeher unbeliebt. Es musste erst die Corona-Pandemie zuschlagen und das gewohnte gesellschaftliche Leben zum Stillstand bringen, bis Politik und Massenmedien der Wissenschaft zuhörten. Darin liegt jetzt die große Chance für eine bessere Zukunft für Mensch und Natur.

Klima und Gesundheit

So wie der Zusammenhang zwischen Naturschutz und Gesundheit lange Zeit ein Schattendasein führte, verhielt es sich auch mit dem interdisziplinären Themengebiet Klima und Gesundheit. Zwar wusste man, dass Seeklima sich günstig auf Atemwegserkrankungen auswirken kann, aber der Klimawandel stand für die Mediziner lange nicht vordergründig auf der Agenda. Das hat sich nun gründlich geändert.

Unbeschwert im Sommer in Nord- und Ostsee zu baden, ist ein Traum vieler Urlauber. Mit der Klimaerwärmung tauchen seit wenigen Jahren zunehmend Vibrionen im Wasser vor unseren Küsten auf. Es handelt sich dabei um fleischfressende Bakterien, die sich über kleinste Verletzungen in der Haut Zutritt zu unseren Körpern verschaffen und sich dort vermehren. Das Alter der Betroffenen scheint dabei keine Rolle zu spielen, sie waren zwischen 3 und 93 Jahre alt. Die Infektionen sind lebensgefährlich. Die Erkrankung kann Schwimmer ebenso treffen wie Liebhaber von Meeresfrüchten. Einmal infiziert, leiden die Betroffenen unter Geschwüren, manche unter Blutvergiftungen.

Nicht nur das Meer, auch das Land erwärmt sich zunehmend. Das erleichtert den Tigermücken, die eigentlich aus tropischen Klimazonen stammen, auch bei uns das Überleben. Ideale Bedingungen zur Vermehrung finden diese gestreiften Mücken im Wasser von Blumenvasen auf Friedhöfen, aber auch in den Regentonnen der Gärten. Besonders attraktiv sind im Freien gelagerte Autoreifen. Die Tigermücken haben sich bereits über ganz Südeuropa bis nach Süddeutschland verbreitet. Gesichert ist, dass die Tigermücke für den Menschen gefährliche Viren übertragen kann. Im Sommer 2019 meldete das Robert-Koch-Institut, dass erstmals in Deutschland, in Sachsen, ein Mensch von einer Stechmücke mit dem West-Nil-Virus infiziert wurde. Meist verläuft die Infektion nur mit leichtem Fieber. Bei sehr seltenen, schweren Verläufen kann es zu einer Hirnhaut- oder Gehirnentzündung kommen. »In den kommenden Sommern müssen wir mit weiteren West-Nil-Virus-Infektionen rechnen«, prophezeit Professor Lothar H. Wieler, Präsident des Robert-Koch-Institutes. Der vorsorgliche Schutz vor Mückenstichen wird immer wichtiger.

Es ist eine erwiesene Tatsache, dass der Klimawandel die Ausbreitung von Krankheitserregern begünstigt. Als Krankheitsüberträger kommen vor allem Insekten, insbesondere Stechmücken in Frage. So breitet sich der »Tigermoskito« unaufhaltsam weiter nach Norden aus. Neben dem West-Nil-Fieber könnten sich in Europa die Malaria, Zika-Fieber, Dengue-Fieber und das Chikungunya-Fieber etablieren. Zu einem Chikungunya-Ausbruch (Swahili: »sich zusammenkrümmen«) kam es schon 2007 in Norditalien nahe der Adria.

Neben den übertragbaren Krankheiten kommen weitere Gesundheitsrisiken durch steigende Temperaturen auf uns zu. Durch das vermehrte Auftreten von Hitzewellen, Dürren, Stürmen und Hochwasserfluten erkranken nach Schätzungen der Weltgesundheitsorganisation schon jetzt jährlich fünf Millionen Menschen an den Folgen, 150 000 davon sterben.

Der Vorsitzende der neu gegründeten »Allianz für Klima und Gesundheit« (KLUG), Dr. Martin Herrmann, sieht in der Klimakrise einen »medizinischen Notfall« und die »größte Gefahr für die menschliche Gesundheit«. Er fordert, die »Behandlung« der Klimakrise und ihrer Folgen für die Gesundheit zu einer zentralen Aufgabe zu machen. Dazu müssen die Ziele des Pariser Abkommens mit der 1,5-Grad-Celsius-Begrenzung eingehalten und Deutschland bis 2035 klimaneutral werden.

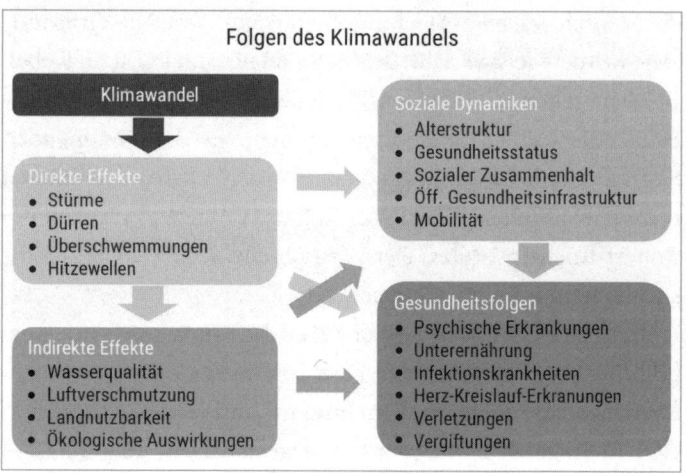

Abbildung 9: Der Klimawandel ist die größte Bedrohung für die globale Gesundheit im 21. Jahrhundert und gleichzeitig könnte die Bewältigung des Klimawandels die größte Chance für die globale Gesundheit sein.

Der internationale Bericht »Lancet Countdown 2020«, erstellt von 38 weltweit führenden akademischen Institutionen und UN-Organisationen, unterstreicht den dringenden Handlungsbedarf hinsichtlich Klimaschutz und Gesundheit. Die Hauptforderungen der Wissenschaftler zielen auf den erforderlichen Umbau der Wirtschaft in Richtung Nachhaltigkeit, die Veränderung der Ernährung, eine Verkehrswende sowie die Schaffung gesunder urbaner Räume. Professor Dr. Annette Peters, Direktorin des Institutes für Epidemiologie am Helmholtz-Zentrum München, hebt in dem Zusammenhang hervor: »Die Umsteuerung auf eine gesunde und nachhaltige Ernährungsweise ist gleichzeitig klimafreundlich.« Immerhin ist der Ernährungssektor für ein Viertel der Treibhausgasemission verantwortlich, ebenso viel wie der Verkehrssektor.

Es stimmt hoffnungsvoll, dass inzwischen die erste Universitätsprofessur für Klimawandel und Gesundheit eingerichtet wurde, angesiedelt an der Charité in Berlin. Berufen wurde darauf Frau Professor Dr. Dr. Sabine Gabrysch, die auch am Potsdam-Institut für Klimafolgenforschung die Abteilung »Klimaresilienz« leitet.

Unsere Psyche braucht Natur

Die meisten Menschen stehen mit der Natur nur noch lose in Kontakt. Die Natur ist vielen von uns fremd geworden, wir glauben, sie nicht mehr nötig zu haben. Nur etwa 10 Prozent seiner Lebenszeit verbringt ein Stadtbewohner im Freien außerhalb von geschlossenen Räumen. Und selbst die Landbewohner haben den Rückzug angetreten. Meist ist es nur der tägliche Weg zur Arbeit oder zur Schule, der uns nach draußen verleitet, wo wir bestenfalls auf ein paar Bäume als Naturkulisse am Straßenrand treffen. So bleibt für einen intensiveren Naturkontakt nur noch das Wochenende und der Urlaub. Die Suche nach Wald und Wasser steht zumindest in dieser Zeit bei vielen Menschen im Vordergrund.

Aber reicht das, um unsere Naturbedürfnisse zu befriedigen und uns gesund zu erhalten? Gesundheitsvorsorge ist ein Stiefkind in unserer Zeit. Wir haben zwar eines der besten und teuersten Gesundheitssysteme, doch sorgt es für die Gesunderhaltung der Bevölkerung? Ist es nicht eher ein großer Reparaturbetrieb mit hohen Umsätzen? Die Warteräume werden immer voller, die Wartezeiten immer länger. Warum ist das so?

Zum einen ist mit Vorsorge kein Geschäft zu machen. Eine privatisierte Gesundheitsindustrie kann daran nichts verdienen, im Gegenteil, sie gräbt sich damit selbst das Wasser ab. Zum anderen lebt ein Großteil der Menschen unter ungesunden Bedingungen. Unser Körper ist nicht auf Dauersitzen in künstlich beleuchteten Räumen eingestellt. Dennoch verbringen die meisten Erwachsenen 15 Stunden täglich im Sitzen. Unsere Sinne sind ebenso wenig für ein stundenlanges Starren auf einen Bildschirm, auf Reizüberflutung und Dauerbereitschaft eingerichtet. Unsere Psyche wird von Eindrücken überschwemmt. Weder flüchtige Massenkontakte noch chronische Einsamkeit entsprechen unseren natürlichen Anlagen. Auch unser Essen hat mit natürlicher Nahrung und maßvoller Ernährungsweise nur noch wenig zu tun. Wir haben das gesunde Maß aus dem Blick verloren.

Die Folgen der naturfremden Lebensweise für Körper und Psyche sind inzwischen kaum noch überschaubar. Die ganze Palette von Zivilisationskrankheiten hat hier ihre Wurzeln: Herz-Kreislauf-Erkrankungen, Übergewicht, Diabetes, Krebs, Rückenschmerzen, Schlafstörungen, Angststörungen, Essstörungen, Depressionen, Kurzsichtigkeit. Noch Mitte des letzten Jahrhunderts Ausnahmeerscheinungen, wurden sie inzwischen zum Massenphänomen, zu neuen Volkskrankheiten, selbst bei jungen Menschen. Burnout hat es vor 50 Jahren noch nicht gegeben, heute trifft es unzählige Menschen. Die registrierten Fälle haben sich innerhalb eines Jahrzehnts vervierfacht.

Was tun wir gegen die neuen gesundheitlichen Probleme? Psychotherapien sind gefragter denn je. Es werden zahllose Medikamente geschluckt und teure Hüft- und Knieoperationen stehen auf dem Plan. Man kann den Eindruck gewinnen, die Gesundheitsindustrie braucht den kranken Menschen, den Medizinkonsumenten. Muss man sich dafür zur Verfügung stellen?

Das aktuelle Gesundheitssystem stützt sich auf Spezialistentum. Es werden Organe ins Visier genommen, für den ganzen Menschen mitsamt seinem Umfeld fehlt oft die Zeit. Doch das wird sich ändern müssen. Die Symptome mit Tabletten und Spritzen zu unterdrücken, ist keine dauerhafte Lösung und auch keine nachhaltige Medizin. Wir müssen nach den Ursachen des kranken Menschen und nach den Ursachen der kranken Umwelt gleichermaßen forschen.

Umweltbezogene Erkrankungen sind das Arbeitsfeld der Umweltmediziner. Sie spüren Umweltnoxen auf wie beispielsweise Asbest, Schwermetalle, Chlorverbindungen, Weichmacher und Agrochemikalien, Strahlung, Pollen und Schimmelpilze. Auch Lärm und Abgase gehören dazu. Die Einführung grüner Umweltzonen in Städten und die Verbannung von schmutzigen Dieselfahrzeugen ist einer der Erfolge der Umweltmediziner. Die Umweltmedizin sieht es als ihre Aufgabe an, gesundheitliche Risiken zu minimieren, Belastungsgrenzen festzulegen und den Einsatz gefährlicher Stoffe zu verbieten, gemäß dem Motto: »Vorbeugen ist besser als heilen.«

Lange standen sie im Schatten der Gesundheitspolitik: die psychischen Erkrankungen, die seelischen Leiden. Sie sind schwerer nachweisbar, nehmen aber stetig zu. Die Ursachen sind vielfältig und noch längst nicht vollständig aufgeklärt. Welche Rolle spielt das Lebensumfeld für ihre Entstehung? Wie das Zentralinstitut für Seelische Gesundheit in Mannheim feststellte, müssen Menschen, die in einer Stadt aufwachsen, mit einem höheren Risiko für Angststörungen, Schizophrenie und Depressionen rechnen.

Der menschliche Körper hat ein gutes Gedächtnis. Kinder scheinen unter urbanen Stressoren stärker zu leiden als Erwachsene. Speziell in den ersten drei Lebensjahren werden ganz wesentliche Weichen gestellt. Nach einer dänischen Studie war das Risiko, an einer schizophrenen Psychose zu erkranken, mehr als doppelt so hoch für Personen, die ihre ersten 15 Lebensjahre in einer Großstadt gelebt hatten, im Vergleich zu jenen, die in ländlichen Gebieten aufgewachsen waren. Das erhöhte Schizophrenierisiko bestätigen auch andere epidemiologische Studien. Dabei steht die urbane Dosis in direkter Relation zur Schizophrenie: Je mehr Zeit man als Kind in einem städtischen Milieu verbracht hat, desto höher ist das Risiko für eine schizophrene Psychose im Erwachsenenalter. Das Schizophrenierisiko ist in dicht bewohnten Städten 2,37 Mal höher als auf dem Land, wie das Institute of Psychiatry, King's College London, ermittelte.

Freiwillige Testpersonen mit städtischem Hintergrund reagierten auf gesteigerte Anforderungen mit einer höheren Stressreaktion, gemessen an der Hirnaktivität. Städter, die meist höherem Stress ausgesetzt sind, können Stresssituationen weniger gut bewältigen und sind deshalb anfälliger für Stresskrankheiten als die Landbewohner, deren Reaktionen gelassener ausfallen. Auch die Forscher um Oliver Grübner und Michael Rapp von der Universität Potsdam schlussfolgern auf der Grundlage ihrer Literaturrecherchen ein in Städten generell höheres Risiko für einige psychiatrische Erkrankungen, wie zum Beispiel auch für Suchterkrankungen.

Die Bevölkerungsdichte in Städten ist zehn- bis hundertmal größer als auf Dörfern. Soziale Spannungen treten häufiger dort auf, wo man sich nur schwer aus dem Wege gehen kann. Eine hohe Dichte von Individuen befördert Stressreaktionen. Aus der Massentierhaltung ist hinlänglich bekannt, dass enge Haltungsformen zu aggressiven Verhaltensänderungen (Kannibalismus bei Geflügel und Schwanzbeißen bei Schweinen) führt. Auch wenn Menschen sich im dichten Gewimmel scheinbar friedlich verhalten, so schüttet der Organismus doch Stresshormone aus. Der Körper befindet sich dabei im Aggressionsmodus.

Wir Menschen haben im Zuge unserer Zivilisation lernen müssen, die natürlichen Stressreaktionen – Flucht oder Verteidigung – zu unterdrücken. Eine Folge dieser unnatürlich hohen und nahezu permanenten Stressexposition ist auch eine erhöhte Infektionsanfälligkeit, da die Abwehrkräfte unter Dauerstress geschwächt sind.

Inmitten eines Menschengetümmels kann auch das Gefühl von Verlassenheit aufkommen. Einsamkeitsprobleme treten vor allem dort auf, wo viele Menschen unterwegs sind, aber jeder sich selbst der Nächste ist. Man ist zwar mittendrin, fühlt sich aber außen vor, nicht zugehörig, ausgegrenzt. Nähe und Vertrautheit können dann nur schwer zustande kommen oder sie erfordern ein hohes Maß an Überwindung bei der Kontaktsuche, verbunden mit dem Risiko des Scheiterns. Ein andauerndes Gefühl von Einsamkeit kann zu Depressionen führen und das Leben um bis zu zehn Jahre verkürzen. Gerade deshalb sind Orte der entspannten Begegnung, öffentliche Plätze, Grünanlagen und Gärten in Städten so eminent wichtig. Sie bieten bei Bedarf Rückzugsmöglichkeiten, können zur Entschleunigung, zur Kontaktaufnahme und Kommunikation unterstützend beitragen. Nicht zuletzt können wir in der Natur unseren Alarmpegel herunterfahren, abschalten, zu uns selbst kommen und in uns hineinhören, um in Erfahrung zu bringen, wonach unser Körper und unsere Seele verlangen. Die eigene Gesundheit ist beeinflussbar, wir müssen uns mehr darum kümmern und je früher wir damit anfangen, desto besser!

Körperliche und psychische Gesundheit hängen eng miteinander zusammen. Sowohl ökologische Faktoren als auch das soziale Milieu nehmen entscheidenden Einfluss auf das Wachsen und Werden von Kindern. Der britische Bindungsforscher John Bowlby und die kanadische Psychologin Mary Ainsworth gehen davon aus, dass in den ersten beiden Lebensjahren die Grundlagen des Selbst- und Umweltempfindens und damit auch des Stressempfindens gelegt werden. Bereits in dieser Lebensphase wächst das Fundament für die Resilienz, für die Widerstandskraft gegenüber Stressoren. Eine verlässliche, sichere Bindung zu Bezugspersonen sowie eine warmherzige Fürsorge gelten als wichtige Einflussfaktoren für die weitere Entwicklung. Wer in der frühen Kindheit ein Aufgehoben- und Angenommensein erfahren hat, kann leichter Empathie entwickeln, sowohl zu seinen Mitmenschen als auch zur belebten Natur. Das Leben in seiner Gänze als etwas Verletzliches zu begreifen, sich in anderes Leben hineinversetzen und mitfühlen zu können, dürfte sehr entscheidend dafür sein, wie wir mit unserem Planeten und all seinen Geschöpfen umgehen.

Was uns glücklich macht

Man kann einen neuen Tag sehr unterschiedlich beginnen. Viele Menschen trinken als Erstes einen Morgenkaffee zum Wachwerden. Für mich ist die Ausschau nach der Morgendämmerung die schönste Art, in den Tag zu starten. Den freien Blick gen Osten finde ich auf einer Wiese am Waldrand, nur wenige Minuten mit dem Fahrrad entfernt. Jedes Mal neu spannend ist das Himmelsschauspiel während der Blauen Stunde, der Stunde vor dem Sonnenaufgang. Die Farbvariationen kommen und gehen. Wenn der Horizont im feurigsten Rot förmlich zu glühen scheint, nehme ich diese Energie mit in den Tag.

So wie ich hat auch der Wald am Morgen ausgeschlafen. Die Bäume strecken sich zum Licht. Bäume atmen Tag und Nacht, aber nur wenn es hell ist, assimilieren sie auch. Mit dem Erstrahlen der Sonne spenden sie mir ihren Sauerstoff in »statu nascendi«, im Augenblick seines Entstehens. Frischer Sauerstoff statt frischer Brötchen – vielleicht eine natürliche Art von Frischzellenkur? Mit dem Betreten des Waldes öffnen sich meine Sinne, Wachheit und Neugier leben auf. Nach und nach entdecke ich die Fülle dieses ganz eigenen Lebensraumes. Jeder Baum ist einzigartig, jeder Vogel, jeder Käfer, jede Ameise. Ich fühle mich zugehörig, geborgen.

Die Bäume strahlen eine tiefe Ruhe aus, sie sind wahrlich standhaft, sie kennen keine Hektik. Das steckt an und färbt ab, gibt Gelassenheit für den Tag. Der Wald hat keine Erwartungen an mich. Er nimmt mir, wenn nötig, so manche Last ab, schenkt mir Leichtigkeit, macht mich schwerelos, ähnlich, wie ich den Auftrieb im Wasser erlebe. Einen Waldaufenthalt als »Waldbaden« zu bezeichnen, ist keineswegs abwegig. In Japan gilt das »Waldbaden« als Medizin und wird von Ärzten auf Rezept verschrieben. »Shinrin Yoku« nennen Japaner diese Tradition, die sich inzwischen zu einem weltweiten Gesundheitstrend verbreitet hat – eine ausgesprochen schlaue Methode, der eigenen Gesundheit zu dienen, und kostenfrei ist sie außerdem.

Lebendige Natur vor der Haustür zu haben, ist ein großes Geschenk. Sie ist der Lebensraum unserer Vorfahren seit Jahrmillionen, darauf sind wir genetisch geprägt. Grüne Natur wirkt beruhigend. Sie verleiht uns mit ihrer reichen Pflanzenvielfalt ein sicheres Gefühl für unser Überleben. Es sind auch ganz besondere Wohlfahrtswirkungen, die uns ein Wald bietet. Die Waldluft duftet nach Terpenen, das sind Aromastoffe, die von Bäumen abgegeben werden, um miteinander zu kommunizieren und sich vor Schädlingen zu warnen. Wie japanische Wissenschaftler nachgewiesen haben, aktivieren sie die Killerzellen in unserem Körper, jene Zellen, die Krankheitserreger, wie Bakterien oder Viren, gekonnt abwehren. Blutdruck, Herzfrequenz und Adrenalinspiegel sinken messbar, wenn wir in einen Wald eintauchen, und selbst das Krebsrisiko verringert sich. Krebs ist im frühesten Stadium heilbar, ein gesunder Organismus erledigt das ganz von selbst, ohne dass wir es bemerken. 40 Prozent der Krebserkrankungen, so die Weltgesundheitsorganisation WHO, seien vermeidbar, vor allem durch eine Verbesserung der Lebensumstände. Ein regelmäßiger Naturaufenthalt wirkt nicht nur heilsam, sondern auch lebensverlängernd. Ärzte und Kliniken arbeiten bei Patienten mit Suchtproblemen, Depressionen oder anderen seelischen Konflikten wie Lebenskrisen mit Naturtherapeuten zusammen. Der Brite Joe Harkness, einst von einer schweren psychischen Erkrankung betroffen, hat über die Beschäftigung mit Vögeln zu seiner Genesung gefunden. Mit seinem Buch »Bird Therapy« gelang es ihm, die therapeutischen Potenziale des »Birding« auf den britischen Inseln populär zu machen.

Der Mensch, sein Bewegungsapparat, seine Sinnesorgane und seine Psyche sind auf die Natur als Lebensraum programmiert. Ein naturnahes Lebensumfeld begünstigt ein gesundes und erfülltes Leben. Die natürlichen Regulationsprozesse des Körpers zu erhalten oder wiederherzustellen, ist ein wesentlicher Schlüssel zur Gesundheit. Ohne Selbstregulation gibt es keine Selbstheilung. Beides können wir fördern. Dass jedes Organ im Körper mit jedem anderen Organ in Beziehung steht, dass sie ineinandergreifen, ist inzwischen kein Geheimnis mehr.

Allzu oft bestimmt unser Lebensstil und das Lebensumfeld über unsere Gesundheit. Umweltkrankheiten standen lange Zeit nicht auf der Liste der Ärzte, so dass es immer wieder zu Falschbehandlungen gekommen ist. Die tägliche Flut an Stressoren macht uns nicht plötzlich, sondern schleichend krank, ganz besonders dann, wenn die Anpassungsfähigkeit, die Selbstregulation des Organismus überfordert ist. Zunehmend reagieren Menschen darauf mit Multipler Sklerose (MS) oder mit Multipler Chemikalien-Sensitivität (MCS). Andere leiden unter Hyperaktivität oder unter einem Chronischen Erschöpfungssyndrom (CFS). Oft liegen keine eindeutigen Ursache-Wirkungsbeziehungen vor, vielmehr handelt es sich um komplexe Vorgänge, oft auch um Langzeitwirkungen. Nicht nur über unsere Atemluft und über unsere Nahrung, auch über Körperpflegemittel und Medikamente nehmen wir Schadstoffe auf, deren Wechselwirkungen kaum durchschaubar sind. Allergien haben massiv zugenommen. Ein Drittel unserer Bevölkerung leidet darunter, ganz besonders auch Kinder. Mit der Industrialisierung hat sich die Zahl der allergischen Erkrankungen verhundertfacht. Allergien sind inzwischen die häufigste chronische Erkrankung in Deutschland und Europa. Lange Zeit wurden Allergien nicht als ernsthafte, entzündliche Erkrankungen angesehen. Die Betroffenen können in der Folge unter Dauerstress, Angst und Depression leiden.

Das Erkennen von Umwelterkrankungen braucht meist sehr viel Zeit. Zeit, die Ärzte oft nicht haben. Der ganze Mensch muss in den Blick genommen werden, gründliche Befragungen und weitergehende Analysen sind unerlässlich. So lohnend, wie eine solche Vorgehensweise für die Erstellung einer umfassenden Diagnose ist, so wenig lohnt es sich finanziell für einen Arzt. Gesprächsmedizin ist unterbezahlt, Gerätemedizin bringt das Geld.

Die beste Vorsorge zur eigenen Gesunderhaltung ist ein Lebensstil, der schädliche Einflüsse so weit als möglich meidet. Dazu ist einerseits eine umfassende Aufklärung nötig, andererseits müssen gesundheitsschädliche und bedenkliche Stoffe aus dem Verkehr gezogen werden, ganz besonders, wenn sie entbehrlich sind oder es bessere Alternativen gibt. Diese Maßnahmen kann man nicht dem freien Spiel der Märkte überlassen, hier muss der Staat seiner Verantwortung nachkommen und regulierend eingreifen. Der so oft gepriesenen »freien Marktwirtschaft« müssen Grenzen gesetzt werden, wenn es um Gesundheitsrisiken geht. Solange die notwendigen politischen Entscheidungen verschleppt werden, kann schon mal jeder bei sich selbst beginnen. Jeder hat es in der Hand, seine natürlichen Selbstheilungskräfte aufzubauen und zu stärken. Mit dem »Waldbaden« kann sofort begonnen werden.

Die Glücksforschung hat nachgewiesen, dass unser Glücksempfinden durch noch mehr Konsum nicht weiter wachsen kann. Die reichen Länder sind am oberen Verbrauchslimit angekommen, ja sie liegen weit darüber, aber der Glücksindex ihrer Einwohner stagniert. Wir werden auch nicht gesünder, je mehr Konsum wir uns leisten. Es ist nicht etwa ein vergleichsweise geringes Einkommen, das unglücklich und krank macht, es ist vor allem der psychische Druck, nicht zu genügen, nicht mithalten zu können, die Anforderungen und (vermeintlichen?) Erwartungen nicht erfüllen zu können. So wird immer weiter und weiter konsumiert und der Umsatz gesteigert, so will es unser Wirtschaftssystem und selbst die allermeisten Wirtschaftswissenschaftler sind darüber hocherfreut. Ist dieser blinde Massenkonsum womöglich bloß ein billiger Ersatz für verloren gegangenen, authentischen Naturgenuss, Ersatz für die einfachen Freuden des Lebens?

Muss man wirklich dieses miese Spiel immer und überall mitspielen? Kann man sich davon nicht befreien? Sind wir nicht freie Menschen, die frei darüber entscheiden können, was wir tun und lassen? Ich jedenfalls verweigere meine Teilnahme an diesem ruinösen Wettbewerb. Ich lasse mir nicht etwas aufzwingen, was mir und was der Umwelt nicht guttut. Mir ist die Sinnhaftigkeit des eigenen Lebens und Wirkens wichtiger, als jedem Trend hinterherzuhecheln. Ich möchte meine ganz eigenen Fähigkeiten, meine Kreativität entfalten können. Dazu muss ich mich von äußeren Zwängen lösen. Das kostet Kraft und ein gesundes Selbstbewusstsein, aber es lohnt sich, dieses aufzubauen. Auch mit ganz eigenen Wertmaßstäben, mit gemeinnützigem Handeln kann ich gesellschaftliche Anerkennung erwerben, sie ist wichtiger für das Wohlbefinden als der Inhalt der Lohntüte.

Für sein Glück kann jeder selbst sorgen. Dazu ist Wissen hilfreich, Bildung unverzichtbar. Gesundheitsbewusstsein und Naturbewusstsein können uns widerstandsfähiger und zugleich glücklicher machen. Das Einkommen sollte nicht wichtiger sein als eine selbstbestimmte Tätigkeit, die freie Entfaltungsmöglichkeiten bietet. In erster Linie ist es ein sinnerfülltes Dasein, das gesund und zufrieden macht.

Auf die Frage, was uns glücklich macht, können die Antworten sehr verschieden ausfallen. Ein überraschendes Resultat erbrachte Ende 2020 eine wissenschaftliche Studie über 26 europäische Länder: Biologische Vielfalt macht glücklich! An dieser Arbeit waren renommierte Institute beteiligt wie die Senckenberg Gesellschaft für Naturforschung, das Deutsche Zentrum für integrative Biodiversitätsforschung (iDiv) und die Universität Kiel, veröffentlicht in »Ecological Economics«. Die glücklichsten Menschen sind den Ergebnissen zufolge jene, die in einer naturnahen Umgebung mit viel Grün- und Wasserflächen und vielen verschiedenen Vogelarten beheimatet sind. Dr. Katrin Böhning-Gaese, Direktorin des Senckenberg Biodiversität und Klima Forschungszentrums und Professorin an der Goethe-Universität Frankfurt am Main, kam nach Auswertung sozioökonomischer Daten zu dem Ergebnis, dass für die individuelle Lebenszufriedenheit die erlebbare Vogelvielfalt genauso wichtig ist wie das Einkommen. Als Datengrundlage dienten die Publikation »2012 European Quality of Life Survey« und der Europäische Brutvogelatlas. Ein Anstieg der Vogelarten im Lebensumfeld um 10 Prozent (14 Vogelarten zusätzlich) machen mindestens genauso zufrieden wie 124 Euro monatlich mehr an Einkommen, wenn man von einem durchschnittlichen Einkommen in Europa von 1237 Euro pro Monat ausgeht.

Auch nach dem Erwerbsleben können Vogelbeobachtungen die Lebenszufriedenheit steigern. Das legen die Ergebnisse einer Studie der Katholischen Universität Eichstätt-Ingolstadt zusammen mit dem bayerischen Landesbund für Vogelschutz in 76 Pflegeheimen nahe. Es wurden Vogelfutterstationen errichtet und Informationsmaterial angeboten, die das Interesse der Senioren an der Vogelwelt weckten. Viele ältere Mitmenschen verknüpfen mit den Vogelbegegnungen frühere Erinnerungen, aktivieren ihre kognitiven Ressourcen und wirken so einer fortschreitenden Demenz entgegen. Auch die körperliche Mobilität und das soziale Miteinander wurden positiv beeinflusst.

7

Landkind und Stadtkind

Kindheiten können sehr verschieden verlaufen, je nachdem, wann und wo ein Kind heranwächst. Fest steht, dass die Veränderungen der Lebensumstände seit Mitte des letzten Jahrhunderts so gravierend sind wie nie zuvor in der Menschheitsgeschichte. Das Tempo und die Tiefe der erlebten Wandlungen kommen einer Flut gleich, unabhängig davon, ob es um das Leben der Kinder in der Stadt oder auf dem Land geht.

So war es einmal …

Ich verbrachte meine Kindheit auf dem Dorf und zum größten Teil draußen unter freiem Himmel, im Garten, auf Feld und Wiese oder im Wald. Oft fuhr ich mit meinem Vater auf einen unserer Äcker. Unsere zwei Pferde, Moritz, ein brauner, ruhiger Wallach, und Bubi, ein junger, temperamentvoller Rappe, zogen den Wagen, der noch fast vollständig aus Holz gebaut war. Selbst die Räder waren kunstvoll aus Eichenholz gefertigt, umgeben von einem Metallreifen. Wir saßen zu zweit auf dem Kutschbock und manchmal durfte ich auch die Zügel halten und die Pferde dirigieren. Dann ging es mit dem Pflug und anschließend mit der Egge über die Fläche. Am nächsten Tag wurde gesät, Roggen, Weizen, Gerste oder Hafer. Ich lief nebenher, nicht selten barfuß. In den Pausen bekamen die Tiere ihren Hafersack umgehängt, um Energie zu tanken. Wir verspeisten auf einer ausgebreiteten Pferdedecke unsere Wurstbrote, dazu gab es oft einen Apfel aus dem Garten. Draußen an frischer Luft schmeckte es immer besonders gut – am Appetit hat es nie gemangelt.

Aufregende Tage erlebten wir zur Heuernte. Schon das Mähen des Grases in meterbreiten Streifen verbreitete einen besonderen Duft. Zwischen den Gräsern blühten weiße Margeriten und lila Glockenblumen. Während mein Vater die Sense schwang, wurde ich zur Quelle in einer Senke geschickt, um Wasser für den Wetzstein zu holen. Das Sensenblatt musste immer wieder nachgeschärft werden, dazu war es nützlich, den Wetzstein in Wasser zu tauchen. Das gemähte Gras wurde anschließend »gebreitet«, es sollte möglichst rasch trocknen, je schneller, umso besser, nur dann wurde daraus ein gutes Heu. Täglich wurde es mit dem Handrechen gewendet – das galt als Frauenarbeit und war die Aufgabe meiner Mutter. Bei sonnigwindigem Wetter war es nach drei Tagen so weit. Die Heuernte konnte beginnen. Der Pferdewagen war durch ein aufgesetztes Holzgerüst verbreitert, um die Aufnahmekapazität zu steigern. Die ganze Familie war voll beschäftigt: Meine Mutter harkte das Heu auf Haufen, mein Vater hatte die Heugabel mit extra langem Stiel und hievte das Futter auf den Wagen. Oben hockten meine zwei Jahre ältere Schwester und ich. Wir nahmen das Heu entgegen und schichteten es so, dass möglichst viel davon auf die Fuhre passte. Die Ladung wurde immer höher und wackliger. Dann ging es über holprige Feldwege heim. Wir Kinder saßen oben, es schwankte bedenklich, wir kuschelten uns in der Mitte der Ladung an der tiefsten Stelle im Heu ein und hofften das Beste. Wenn Regen oder ein Gewitter aufzog, musste es schnell gehen, die Pferde liefen im Trab, denn das Heu musste unter Dach und Fach, auf den Heuboden über dem Stall. Meist haben wir es gerade noch geschafft. Das Heu war für uns lebenswichtig, denn es war das Winterfutter der vier Kühe. Abends ging ich oft zu meiner Mutter in den Stall und sah beim Melken der Kühe zu. Die noch körperwarme Milch durften wir Kinder trinken. Die Kühe waren TBC-frei, denn, so wusste man schon damals: Rinder-TBC macht Kinder-TBC.

Gesunder Kuhstall

Wir Dorfkinder waren nur selten krank. In den 1950er Jahren wurde die allgemeine Impfpflicht in der DDR eingeführt. Gesundheit hatte Verfassungsrang. Wir wurden ausnahmslos gegen Pocken, Kinderlähmung, Diphtherie, Tetanus, Keuchhusten, Tuberkulose geimpft. Die sonstigen Kinderkrankheiten, für die es zu meiner Zeit noch keine Schutzimpfungen gab, wie Ziegenpeter (Mumps), Röteln, Windpocken und Masern, musste man durchstehen. Erkrankte ein Kind an Masern, war es nicht unüblich, die gesunden Geschwisterkinder gleich mit ins Bett des Kranken zu stecken. Kam der Arzt aus der Stadt ins Haus, legte er die Hand auf die Stirn, lächelte sanftmütig, machte Mut mit dem Satz »Wird schon wieder« und verordnete meist Pfefferminztee und Bettruhe, bis die Beschwerden abgeklungen waren. Manchmal gab es den beliebten Hustensaft, zuckersüß mit Thymian. Tabletten? Ich kann mich nicht daran erinnern, dass es sie gegeben hat. Die Heilung erfolgte von innen heraus nach dem Motto: Kommt Zeit, kommt Heilung.

Durch unsere Lebensweise, unseren Aufenthalt in Garten, Feld und Stall, wurden wir ständig mit Mikroben aller Art konfrontiert. Wir haben uns darüber keine Gedanken gemacht, es war einfach normal. Mehrere wissenschaftliche Studien haben nun nachgewiesen, dass das Landleben förderlich auf die Abwehrkräfte wirkt. Kinder, die auf einem traditionellen Bauernhof aufgewachsen sind und mit Tieren, insbesondere mit Kühen, Umgang hatten, erkranken nachweislich seltener an Allergien und Neurodermitis. Auch Schwangere und ungeborene Kinder können davon profitieren. Magdeburger Wissenschaftlerinnen um Professorin Monika Brunner-Weinzierl konnten bis auf kleinster molekularer Ebene zeigen, dass Immunzellen von Neugeborenen, wenn sie nichts zu tun bekommen, allergieartige Reaktionen entwickeln. Sobald sie aber Bakterienbestandteilen ausgesetzt werden und Beschäftigung haben, hören sie damit auf. Impfungen bewirken einen ähnlichen Effekt.

Der Staub eines herkömmlichen Kuhstalles ist voller Mikroorganismen, die mit ihren Proteinen das menschliche Immunsystem stimulieren. Wie Wissenschaftler der Universität Wien herausgefunden haben, ist die schützende Wirkung der in der Landluft enthaltenen Kuhproteine im Umkreis von 300 Metern um einen Bauernhof nachweisbar. Inzwischen wird auch schon an einer »Kuhstall-Pille« geforscht, damit künftig auch Stadtkinder einen vorbeugenden Schutz gegen Allergien erhalten können.

Dass eine Kuh, eine Gans oder eine Schwalbe hin und wieder etwas fallen lässt, war für uns völlig normal und kein Grund für Aufgeregtheit oder gar Hysterie. Die Zeiten haben sich geändert. Mikrobenängste erfassen inzwischen ganze Gesellschaftsschichten. So werden Schwalbennester aus Furcht vor Vogelklecksen vorsätzlich von Häuserwänden entfernt, obwohl es ein Straftatbestand ist, da alle Singvögel unter gesetzlichem Schutz stehen. Mensch und Natur sind sich erschreckend fremd geworden. Nicht selten steht der Mensch der Natur aus purer Unwissenheit nicht nur ängstlich, sondern auch feindselig gegenüber. Das ist alles andere als vorteilhaft. Heute wissen wir durch zahlreiche wissenschaftliche Nachweise: Wer in steriler Umgebung aufwächst, hat mehr gesundheitliche Nachteile als Vorteile zu erwarten. Auch Mikroorganismen sind ein selbstverständlicher Teil der Natur. Wenn unser Immunsystem nicht täglich Bakterien ausgesetzt ist, also nicht trainiert wird, neigt es schon bei harmlosen Kleinigkeiten zu Überreaktionen. Dann kann schon der Verzehr eines Apfels oder einer Nuss zu bedrohlichen Asthmaanfällen führen. Die Forschungen im Universitätsklinikum Magdeburg bestätigten inzwischen einen Paradigmenwechsel in der Allergieprävention. Nicht die Allergenmeidung, sondern die frühe Exposition gegenüber Umweltallergenen gilt als wichtigstes allergiepräventives Element. Das trifft sowohl für Pollen und Hausstaub als auch für den Umgang mit Haustieren zu.

Schulzeit damals

Unsere Grundschule befand sich im zwei Kilometer entfernten Nachbardorf und nannte sich Geschwister-Scholl-Schule. Der Schulweg war nicht selten ein Abenteuer. Wir Kinder waren immer zu Fuß unterwegs und unter uns. Heute würde man sagen: Wir waren unbegleitete Kinder. Im Winter kämpften wir uns durch Schneewehen. Je höher der Schnee lag, umso mehr Freude hatten wir dabei. Schneeballschlachten zwischendurch steigerten unsere Begeisterung. Anfangs gab es nur einen Lehrer für vier Klassen in zwei Klassenräumen. Der Lehrer pendelte und wir hatten zwischendurch Stillarbeit zu erledigen. So ganz still ging es nicht immer zu, und wer aus der Reihe tanzte, musste zur Strafe mit dem Gesicht zur Wand in der Ecke stehen. Das war unangenehm und hatte Wirkung. Mir passierte dieses Missgeschick nur einmal. In der Schule ging es jede Pause raus auf den Schulhof, wir tobten, spielten Hasche, Huppel oder Völkerball. Die Sportstunden fanden selbst bei Wind und Wetter draußen statt, ebenso der Schulgartenunterricht; beides machte mir besondere Freude, es hatte viel mit meiner Lebenswirklichkeit zu tun. Mit meinem 14. Lebensjahr wechselte ich zur Erweiterten Oberschule mit dem Ziel Abiturabschluss. Schon der tägliche Weg zur Schule war eine Herausforderung: Es waren über zehn Kilometer, meist über sandige Feld- und Waldwege, zu überwinden – mit einem Fahrrad, das man heute bestenfalls zu Schrott erklären würde. Im Winter wehte mir eisiger Wind entgegen. Ich trug zwar eine russische Fellmütze, die über beide Ohren reichte, aber ich fror an Händen und Füßen. Als Entschädigung versüßten mir im Sommer Kirschen und Pflaumen am Wegrand den anstrengenden »Ritt« zur Schule. Diese Strecke zweimal täglich absolvieren zu müssen, hat mich nicht nur körperlich trainiert und Muskeln aufgebaut, ich bereitete mich außerdem geistig auf den Unterricht vor und auf der Rückfahrt verarbeitete ich das Erlernte und Erlebte. Ich erinnere mich, wie ich des Öfteren auf dem Fahrrad Lieder gesungen habe, um mich auf das angekündigte »Zensurensingen« einzustimmen und meine Hemmungen zu überwinden.

Schon in unteren Klassen erzählten unsere Lehrerinnen, wie wichtig das Sammeln von Altstoffen ist. »Martin braucht Schrott«, so lautete eine gängige Losung. »Martin« – das war ein Siemens-Martin-Hochofen in Unterwellenborn in Thüringen zur Stahlherstellung, der immer hungrig war und gefüttert werden wollte. So fuhren wir Kinder mit dem Handwagen von Hof zu Hof und sammelten ein, was an Metallen entbehrlich war.

Auch Flaschen, Gläser, Lumpen und Papier wurden aufgeladen, um es bei der Sammelstelle für Sekundärrohstoffe, kurz SERO genannt, abzuliefern. Wir hatten das Gefühl, wichtig zu sein und Gutes zu tun, und wir waren stolz auf uns. Noch mehr Spaß machte mir das Sammeln von Heilkräutern. Unser Schuldirektor hat uns dazu angeregt. Wir zogen mit Enthusiasmus »in die Berge«, so nannten wir den Wald, der auf einer eiszeitlichen Anhöhe stand, und suchten junge Birken, deren Blätter wir, soweit unsere Arme reichten, abstreiften und in Beuteln mitnahmen. In der Schule wurden sie auf dem Dachboden getrocknet, um sie später abzuliefern. Birkenblättertee ist bis heute ein anerkanntes Heilmittel.

Höhepunkte im Schuljahr waren die Wandertage. Wir wanderten mit Begeisterung viele Kilometer über Waldwege durch die Heide bis zu einem See, ohne je zu maulen. Die Kindergeburtstage organisierten wir Kinder selbst. Wir luden uns gegenseitig ein und pirschten durch entfernte Ecken des Waldes. Wir wussten, wo Brombeeren, wo Heidelbeeren und wo Himbeeren zu finden waren. Als einer der Höhepunkte galt die Suche nach Fuchsbauten. Dabei machten wir uns gegenseitig mal Angst und mal Mut. Hatten wir einen Bau entdeckt, steckten wir neugierig, dennoch respektvoll unsere Nasen in die Eingangsöffnung und staunten lautstark über den penetranten Raubtiergeruch.

Wie alle Kinder spielten wir gern. Spielplätze gab es nicht, aber es gab einen Sandkasten im Gutsbusch, so hieß der kleine Wald neben dem ehemaligen Rittergut. Viel lieber spielten wir aber am Teich und teilten uns diesen ganz unbefangen mit den Hausenten und unzähligen Fröschen. Der Schlamm störte uns nicht. Im Gegenteil, mit Schlamm, wir nannten ihn Modder, lässt sich allerhand anfangen. Schlamm ist nicht nur ein idealer

Baustoff, er ist auch ein wirkungsvoller Farbstoff für kreative Gesichtskosmetik.

Mit zwölf Jahren kam mir die Idee, eine Fußballmannschaft ins Leben zu rufen. Alle Jungs aus dem Dorf und ein Mädchen machten voller Begeisterung mit. Wir bauten zunächst zwei Tore aus Holzbalken und trainierten fleißig. Es fand sich bald ein kaputter Fußball aus echtem Leder, den uns ein freundlicher Mann aus dem Dorf, er hieß Bruno, fachmännisch mit Nadel und Faden reparierte. Mit dem Gefühl, fast professionell ausgerüstet zu sein, forderten wir schließlich die Nachbardörfer zum Wettstreit auf und steckten so manche Niederlagen ein.

So karg und ärmlich, wie unser damaliges Leben heute erscheinen mag: Wir hatten nicht das Gefühl, dass uns etwas Wesentliches fehlte. Meine Schulkameraden haben es mir erst jüngst bestätigt.

Kindheit heute

Für die heutige Kindergeneration sind solche Erfahrungen kaum noch zu haben, in der Stadt noch weniger als auf dem Land. Der Hang zur Sauberkeit und Hygiene haben dem wilden Treiben ein Ende gesetzt. Die Kontrolle durch die Eltern und Erzieher wurde perfektioniert.

Kinder brauchen nicht viel zu ihrem Glück. Statt ihnen Freiräume und Freiheiten zu gewähren, um sich zu entfalten, um mit den eigenen Händen etwas Kreatives zu erschaffen, um sich gemeinsam Spiele auszudenken, wurden sie zunehmend mit Plastikspielzeug aller Art überschüttet, um den Mangel an Zeit und Zuwendung zu kaschieren.

Kinder sieht man kaum noch draußen spielen oder herumstrolchen. Spielplätze befinden sich selten vor der Haustür.

Abenteuerräume mit Versteckmöglichkeiten sind rar geworden. Die modernen Kindheiten finden vorwiegend in Innenräumen statt, viele Stunden davon an Computer, Tablet oder Smartphone.

Diese innerhalb von nur einer Generation radikal veränderte Lebensweise bleibt nicht ohne Folgen. Seit etwa zehn Jahren grassiert weltweit vor allem unter Kindern und Jugendlichen die Kurzsichtigkeit, eine neue Zivilisationskrankheit. In der Folge kann es zu irreversiblen Sehbehinderungen bis hin zur Erblindung kommen. In Europa leiden bereits 50 Prozent der jungen Menschen darunter, in den asiatischen Industriestaaten China und Singapur bis zu 80 Prozent. Die Gründe der epidemischen Ausbreitung waren zunächst unbekannt. Erst eine australische Studie sowie Lichtexperimente an Hühnerküken durch Professor Frank Scheffel von der Universität Tübingen brachten Licht ins Dunkel – im wahrsten Sinne des Wortes. Es sind die veränderten Umweltfaktoren, der chronische Mangel an Tageslicht, der zur Verformung der Augäpfel führt. Dadurch wird die Wirklichkeit auf der Netzhaut nur noch unscharf abgebildet. Ohne Brille geht dann normales Leben nicht mehr. In den Schulklassen meiner Zeit waren Brillenträger eine sehr seltene Ausnahme, manchmal wurden brillentragende Mädchen unfair als »Brillenschlange« tituliert. Heute ist es fast umgekehrt: Eine große Anzahl an Studenten und Schülern kommt ohne Brille kaum noch zurecht.

Inzwischen wissen wir, was man zur Vorbeugung der Erkrankung tun kann. Es ist denkbar einfach und das Natürlichste der Welt: mehr Draußen-Aufenthalt, mehr Tageslichtexposition, mindestens zwei Stunden täglich. Es schützt Kinder vor lebenslanger Kurzsichtigkeit. Durch das Tageslicht, vor allem durch den hohen Blauanteil, wird im Körper auch mehr Dopamin ausgeschüttet. Dieses Hormon hebt nicht nur die Stimmung, es fördert auch das Wachstum der Netzhaut und senkt das Risiko der Kurzsichtigkeit. Diese Erkenntnis hat in Taiwan dazu geführt, dass naturwissenschaftlicher Unterricht in Schulen bevorzugt draußen durchgeführt wird. Nachweislich ging dadurch die Kurzsichtigkeit der Kinder zurück.

Wohl noch nie zuvor in der Menschheitsgeschichte wachten die Eltern so intensiv über das Wohl und Wehe ihrer Sprösslinge wie heute. Die Fernüberwachung durch Video dringt bis in die Kinderzimmer vor. Die Kinder werden zur Schule, zum Musikunterricht oder zum Sport per Elterntaxi chauffiert. Kindergeburtstage werden aufwändig geplant und inszeniert. Man steht im Wettbewerb und meint, immer ein bisschen besser sein zu müssen.

Was die Überbehütung aus den Kinderseelen letztlich macht, werden wir wohl erst in der Zukunft genauer erfahren. Wie sollen Kinder Entscheidungskompetenz erlangen, wenn sie keine Fehler mehr machen dürfen und ihnen alle Entscheidungen abgenommen werden? Wie sollen sie mit Problemen, Konflikten und Widrigkeiten umgehen lernen? Und wie können sie Selbstständigkeit und Resilienz für Krisenzeiten erlangen?

Kinder brauchen Freiraum für ihre Persönlichkeitsentwicklung. Wunsch und Wirklichkeit können weit auseinanderliegen. Nach einer Erhebung im Rahmen der großen Deutschland-Studie des ZDF 2019 fänden 78 Prozent der Eltern es besser, wenn ihre Kinder im ländlichen Raum aufwachsen könnten. Sie hätten mehr Auslauf und auch sonst wäre es ein bisschen ungefährlicher und friedlicher. Wenn dem so ist, dann kann ich nur sagen: Mehr Mut, liebe Eltern!

Naturkontakt im Kindesalter

Regelmäßig erlebe ich bei meinen Bildvorträgen in Schulen, dass über 90 Prozent der Kinder Gänse für Enten halten. Sie erleben keine Gänse mehr in ihrem realen Leben. Enten kennen sie zumindest durch Donald Duck. Zeige ich einen Seeadler, rufen die Schüler durchweg »Weißkopfseeadler«. Sie kennen durch Fernsehen oder Video nur die amerikanische, aber nicht die heimische Adlerart. Kaum ermutigender sind die Ergebnisse, wenn man Kinder und Jugendliche nach dem Aussehen von Tomaten-, Kohl- oder Kartoffelpflanzen fragt. Diese allgemeine Unkenntnis führt zu Fehleinschätzungen und zu Fehlverhalten in der Natur.

Es gibt sie durchaus schon, die hoffnungsvollen Ansätze. Waldkindergärten sind im Kommen. Egal, was das Wetter sagt, die Waldkinder verbringen den Tag draußen, genauso wie zu meiner Zeit. Wer gerät nicht ins Schwärmen, wenn er sich an Naturabenteuer seiner Kindheit erinnert? Auf alle möglichen Bäume klettern oder gar ein Baumhaus errichten, im Laub herumtoben, eine Hütte aus Ästen bauen und die Geheimnisse der Natur mit allen Sinnen aufspüren. Oder durch einen Bach waten, ihn aufstauen, auf einer Wiese liegen und in die Weite des Himmels blicken, einen Käfer über die Hand krabbeln lassen und einen Regenwurm anfassen. Das sind prägende Erfahrungen, sie bleiben lebenslang in Erinnerung. Immer mehr Wissenschaftler, die sich mit kindlicher Entwicklung befassen, erkennen, wie wichtig Naturkontakte für unsere Kinder sind.

Wird der Kindergarten oder das Klassenzimmer in die Natur verlegt, fühlen sich die Kinder ausgeglichener, sie sind aufmerksamer, aktiver und engagierter. Die gemessenen Stresshormonwerte liegen signifikant niedriger als beim Aufenthalt in geschlossenen Räumen. Die Atmungsfunktion wird an frischer Luft besser trainiert, die Abwehrkräfte werden gestärkt und die Infektionsanfälligkeit sinkt. Die Ansteckungsgefahr mit pathogenen Bakterien und Viren ist in Innenräumen signifikant höher, im Außenbereich um Größenordnungen geringer. Nach einer chinesischen Studie erfolgten von 7324 Ansteckungen mit dem Coronavirus lediglich zwei Fälle im Freien.

Nicht nur Wissenschaftler, auch Pädagogen und Künstler empfehlen, mehr Naturerleben im Alltag der Kinder zu ermöglichen. Ein grünes Lebensumfeld, egal ob in der Stadt oder auf dem Land, bietet freie Gestaltungsmöglichkeiten und begünstigt die Entwicklung der Kinder. Kognitive Fähigkeiten wachsen vor allem dann heran, wenn Kinder nicht vorgefertigten Mustern folgen, sondern beim freien Spielen mit eigenen Einfällen aktiv werden. Der Hirnforscher Gerald Hüther sagt es so:»Kinder haben eine angeborene Entdeckerfreude – bis irgendwann jemand kommt und ihnen sagt, was sie jetzt machen sollen.«

Eine neue, durchaus begrüßenswerte Art der Naturerfahrung dringt zunehmend in die Kinderzimmer vor – in Stadt und Land gleichermaßen. Über installierte Webcams wird das Familienleben von Eulen, Adlern, Falken und Störchen authentisch vom Schlüpfen bis zum Ausfliegen in die weite Welt übertragen. Ohne zu stören, können dadurch Einblicke in das Privatleben von wild lebenden Tieren gewonnen werden. Man wird Zeuge von natürlichen Vorgängen, die einem normalerweise verborgen bleiben. Dazu gehören nicht nur niedliche Kuschelszenen, sondern auch Zank und Streit um das Futter, das Zerfleischen und Verschlingen von Beutetieren wie Mäusen oder Junghasen. Fürsorge und Zuwendung, aber auch Kampfszenen spielen sich vor den Augen des Betrachters ab. Dieser Zugang – eine Art von Voyeurismus – zum geheimnisvollen Geschehen in fremden Nestern löst starke Gefühle aus, von Ekel bis Begeisterung. Doch darf es bei der medialen Naturerfahrung über den Monitor nicht bleiben. Das reale, unmittelbare Erlauschen und Erspähen von Naturvorgängen kann dadurch nicht ersetzt werden. Diese direkte Mensch-Natur-Kommunikation, die Wahrnehmung mit allen Sinnen ist sowohl für Kinder wie auch für Erwachsene erst durch den achtsamen, stressfreien Aufenthalt in der freien Landschaft oder im Park erlernbar.

Oftmals fehlt es heute am einfachsten Grundwissen über die heimische Tier- und Pflanzenwelt. Nur was man kennt und liebt, kann und will man auch schützen. Wenn wir mehr Naturschutz in den Alltag tragen wollen, dann braucht es mehr Naturbildung, mehr Naturwissen und mehr Naturbewusstsein. Meine hoffnungsvolle Erkenntnis im Umgang mit Kindern: Sie sind neugierig und wissbegierig, ganz besonders in den Klassenstufen eins bis sechs. Ihre Fragen zur Natur und ihr Mitteilungsbedürfnis über eigenes Erleben reißen nicht ab. Besonders für Tiere können sich Kinder begeistern. Aber auch für den Schutz unserer Umwelt sind sie sehr sensibel. Sie sind sogar in der Lage, ihr erworbenes Wissen und ihr Umweltbewusstsein engagiert in ihre Familien zu transportieren. So können die Rollen vertauscht werden und Kinder ihre Eltern zu umwelt- und gesundheitsbewussten Menschen erziehen – nötig hätten sie es!

Landeier und Dorftrottel?

Manche Eltern wollen ihren Kindern nicht zumuten, eine Dorf-schule zu besuchen. Die Bildungschancen seien dort geringer, das Niveau niedriger. Sind die Entwicklungsmöglichkeiten in den Landkreisen tatsächlich schlechter als in den großen Städten? Innerhalb einer Stadt sind die Unterschiede oft größer als zwischen Stadt und Land, so Professorin Tina Seidel von der TU München. Für Bildungsunterschiede, die in unserer Gesellschaft tatsächlich sehr groß sein können, ist die soziale Herkunft viel entscheidender als die lokale Herkunft.

Dass in der Stadt die Schulen besser und die Schüler schlauer sein sollen, hat sich 2019 durch eine Studie des Aktionsrates Bildung im Auftrag der Vereinigung der bayerischen Wirtschaft weitgehend als Mythos entpuppt. Für Stadt- und Landkinder bestehen demnach vergleichbare Ausbildungsmöglichkeiten. Dass die Abiturientenquote in Städten höher liegt, ist durch die höhere Akademikerrate in den Städten, aber auch durch das unterschiedliche Statusdenken der Eltern zu erklären. In Städten ist die Akademikerlaufbahn erstrebenswerter, in ländlichen Regionen erfährt dagegen das Handwerk mehr Wertschätzung.

Nicht nur in der Stadt, auch auf dem Land haben sich tiefgreifende Wandlungsprozesse in der Lebenswirklichkeit junger Menschen vollzogen. Die Stereotypen von den Landeiern und den Dorfdeppen gehören endgültig der Vergangenheit an. »Wir haben eine urbanisierte Gesellschaft. Das gilt auch für den ländlichen Raum«, sagt die Geografie-Professorin Ulrike Gerhard von der Universität Heidelberg. Die Lebensweisen unterscheiden sich kaum noch. Massenmedien und Massenkonsum haben inzwischen auch die letzten Winkel des Landes erreicht. In vielen Lebensbereichen vollzieht sich eine Annäherung zwischen Stadt und Land. Landjugendliche leben heute durch die gewachsene Mobilität sowie durch die sozialen Medien gleichzeitig in mehreren Welten. Ihre Möglichkeitsräume haben sich enorm erweitert. Sie erfahren Vor- und Nachteile dörflicher und städtischer Milieus gleichermaßen. Wenn auch die Gestaltungsspielräume für die eigene Lebensplanung im Stadt-Land-Vergleich durchaus unterschiedlich sind, von einem chronischen Mangel an Möglichkeiten sind wir weit entfernt. In beiden Lebensbereichen herrscht ein Überfluss an Angeboten. Die Ressourcen sind größer, als die Realität, vor allem der Faktor Zeit, ihre vollumfängliche Nutzung zulässt. Die größten Herausforderungen für Jugendliche bestehen eher darin, sich immer wieder zwischen mehreren Optionen entscheiden zu müssen.

Stadtmaus oder Landmaus?

Menschen sind verschieden. Mäuse auch, so liest es sich in der folgenden Geschichte:

Eine Stadtmaus traf sich mit einer Feldmaus, die gerade dabei war, Eicheln und Bucheckern zu fressen. Sie lud die Feldmaus ein, sie in die Stadt zu begleiten.»Komm mit in das Haus, in dem ich lebe«, sagte sie zu ihr,»dort findest Du Wurst, Schinken, Käse und viele andere leckere Speisen im Überfluss.« Die Feldmaus wurde neugierig und folgte der Stadtmaus in den Vorratskeller ihres stattlichen Hauses.»Nimm Dir von allem, so viel Du willst«, sagte die Stadtmaus und beide begannen, sich die guten Sachen, die in den Regalen und Wandschränken lagen, schmecken zu lassen.

Doch plötzlich hörten sie, wie ein Hausdiener seinen Schlüssel in das Schloss der Tür zur Kammer steckte. Beide Mäuse erschraken. Die Stadtmaus stahl sich sofort durch ein Loch in der Wand davon. Die Feldmaus aber kannte dieses Loch nicht und eilte in panischer Angst an den Wänden der Vorratskammer hin und her. Zu ihrem Glück bemerkte der Hausdiener sie nicht und verließ die Kammer bald wieder. Da kam die Stadtmaus wieder aus ihrem Loch gekrochen und sagte: »Jetzt kann es weiter gehen. Lass Dir die vielen Vorräte wohl bekommen.«

Die Feldmaus aber antwortete: »Ich will zurück aufs Land, wo ich meine Körner, Nüsse und Eicheln fressen kann, ohne Angst haben zu müssen, dass ein Mensch kommt und mich erschlägt, oder Fallen aufstellt, die über mir zuschnappen. So gut es Dir auch gerade geht, finde ich Dein Leben nicht beneidenswert.«

Diese Geschichte geht auf den griechischen Dichter von Fabeln und Gleichnissen Äsop zurück. Ihre Moral: Genügsamkeit und Zufriedenheit machen glücklicher als Reichtum und Überfluss unter großen Sorgen.

So wie die Mäuse in dieser Geschichte, so haben auch Menschen Vorlieben für ihren Lebensmittelpunkt. Manche Menschen fühlen sich von der Stadt magisch angezogen, andere nicht. Umgekehrt kann das Landleben für den einen die Erfüllung eines Traumes sein, für einen anderen die reinste Horrorvorstellung.

Gibt es einen Zusammenhang zwischen Charaktertyp und dem bevorzugten Lebensraum? Angeblich sind es die kontaktfreudigen, geselligen Persönlichkeitstypen, die es in die Zentren zieht. Sie sind extrovertierter, offen für Neues, Modernes und sehr anpassungsfähig. Man geht ins Konzert oder ins Kino, setzt sich gelegentlich auch alleine mit dem Laptop ins Café oder trifft sich mit Freunden. Man plaudert ein wenig und hat bald darauf einen anderen Termin. Bildung, Kunst und Kultur hat eine

Großstadt im Überfluss zu bieten. Hier ist auch das Bildungsbürgertum angesiedelt. Die kulturellen Angebote übertreffen die zeitlichen Möglichkeiten zur Wahrnehmung. Man muss es sich allerdings leisten können, kaum ein Angebot ist kostenfrei. Kulturelle Teilhabe ist nicht selten eine Einkommensfrage.

Nicht alle hält es in dem anonymen Großstadtgetümmel, in dem man sich auch sehr schnell einsam und verlassen fühlen kann, obwohl es um einen herum nur so brodelt. Naturliebende Menschen zieht es eher in den Grüngürtel der Stadt oder ganz und gar aufs weite Land. Sie scheuen die räumliche Eingeschränktheit des Stadtlebens, die vielen Reibungspunkte mit Artgenossen. Für diesen Menschentyp sind die Wälder, das Wasser und das Licht unverzichtbare Lebensmittel. Statt auf Anonymität legen sie innerhalb ihres sozialen Umfeldes mehr Wert auf Kooperation und Verlässlichkeit. Ein harmonisches Miteinander ist ihnen wichtig.

Viele Stadtmenschen träumen vom Leben in einer ländlichen Idylle, vom Leben unter Bäumen, Vögeln und Schmetterlingen, ohne dass sie ihren Traum je verwirklichen. Der Wochenendausflug ins Grüne oder der Urlaub können einen gewissen Ersatz bieten. Manche wagen jedoch den Sprung in diese so ganz andere, langsamere Welt mit mehr Stille und Tiefe, den Sprung in das Leben weit draußen auf dem Land, fernab von der City und dem dicken Speckgürtel. Das kann gut gehen und kann genauso gut scheitern.

Nicht nur der Charakter, auch die Herkunft kann bestimmend dafür sein, wer sich wo hingezogen fühlt. Viele junge Menschen verlassen ihr Dorf oder ihre Kleinstadt, um eine Ausbildung zu machen. In dieser Lebensphase fällt es leichter, sich auf neue Bedingungen einzustellen. Für junge Menschen, die ein Ausbildungsangebot in die Großstadt lockt, ist diese neue Welt eine wichtige Erfahrung und eine Chance zur persönlichen Entfaltung. Viele von ihnen bleiben in der Stadt, sie bietet mehr Arbeitsplatzangebote, die oft auch besser bezahlt werden, und auch bei der Partnersuche bietet die Stadt die größere Auswahl.

Es sind nach den vorliegenden Statistiken vor allem junge Frauen, die dem Landleben »Adieu« sagen. Sie begreifen ihren Umzug in eine Stadt als Gelegenheit, den traditionellen Rollenbildern zu entkommen und ein emanzipiertes Leben nach eigenen Vorstellungen zu führen. Das fällt gerade dort leichter, wo andere junge Frauen einen unkonventionellen Lebensstil schon vormachen.

Junge Männer hingegen sind nach den Erhebungen des Statistischen Bundesamtes deutlich sesshafter, sie kehren nach ihrer Ausbildung nicht selten in ihre alte Heimat, in ihr vertrautes Nest, zurück. In der Vogelwelt ist es ähnlich: Die Männchen halten an ihrem Revier fest, kommen auch nach ihrer Reise in den Süden immer wieder in die angestammten Gefilde zurück, während die Weibchen auffallend flexibler sind. Sie sind die Suchenden, die Wählerischen. Durch ein solches Verhalten wird auch der genetische Austausch beflügelt. Was verursacht aber die ausgeprägtere Sesshaftigkeit der jungen Männer? Möglich, dass auch hier Erbfaktoren oder kulturelle Hintergründe, wie Haus- oder Betriebsübernahmen, eine Rolle spielen. Es sind aber auch – neben den Annehmlichkeiten vom »Hotel Mama« – die in der Jugendzeit gewachsenen sozialen Netzwerke, die eine lebenslang starke Bindungskraft ausüben können. Je kleiner der Ort, in dem ein junger Mensch aufgewachsen ist, desto fester und anhaltender die sozialen Bindungen. Nicht zuletzt sind Werte wie Überschaubarkeit, die Mitwirkungschancen und auch Umweltaspekte gewichtige Gründe zum Bleiben.

So wie die Geschichte von der Stadtmaus und der Landmaus schon lehrt, hat das Stadtleben Vor- und Nachteile und das Landleben ebenso. Wer mit einem Umzug Richtung Land liebäugelt, sollte kein zu ängstlicher Typ sein. Wer sich schon in der Stadt vor fremden Menschen und der Dunkelheit fürchtet, wird sich auf dem Land vor dem Fuchs und dem Fuchsbandwurm fürchten und keine Himbeeren mehr essen, sich aus Angst vor Zecken lieber drinnen verkriechen und sich nach einem desinfizierten Schwimmbad sehnen, statt im See zu baden. Auch bequeme Typen, die gern bedient werden wollen, die Hängematte dem Spaten vorziehen und sich die Hände nicht mit Gartenerde schmutzig machen wollen, wären auf dem Lande eher deplatziert. Wer sich für das wahre Landleben entscheiden möchte, sollte zupacken können, körperlichen Einsatz lieben und auch mit Provisorien gut zurechtkommen.

8

Das heimische Nest finden

Ein kleines Dorf wird hin und wieder als Nest beschrieben. Das kann liebevoll, es kann aber auch abwertend gemeint sein. Nach den vielen, bis hierher beschriebenen Vorzügen ländlichen Lebens könnte ein dörfliches Nest Ihr Interesse geweckt haben. Die Neugier wächst und die Suche beginnt.

Stadtflucht auf Probe

Nach über einem Jahrzehnt Leben und Arbeiten in DDR-Großstädten wuchs in mir die Sehnsucht nach einem Ort zum naturnahen Leben, fernab von Lärm, dicker Luft und staatlicher Reglementierung. Mit meinen freiheitlichen Träumen war ich nicht allein. So fand sich in den 1970er Jahren des letzten Jahrhunderts in meinem Umfeld ein Freundeskreis mit ähnlichen Wünschen zusammen. Um nicht die Zelte ganz und gar abbrechen zu müssen, entstand die Idee einer Wochenend-WG auf dem platten Land, auf einem verlassenen Gehöft, nicht weit entfernt vom unerreichbaren Wolfsburg.

Das leer stehende Grundstück mit Haus, Stall und Garten in dünn besiedelter Landschaft mit weitläufigen Wiesen, sauberer Luft und unverbautem Horizont bot sich als Experimentierfeld an. Gemeinsam arbeiten und gemeinsam leben – in der Natur und von der Natur. Sich von fragwürdigen gesellschaftlichen Zwängen befreien und nach neuen, immateriellen Werten suchen und sie erproben. Das menschliche Dasein einfacher, ökologischer und solidarischer gestalten. Das waren unsere gemeinsam entwickelten Grundsätze.

Als dann auch noch klar wurde, dass meine Frau und ich bald Nachwuchs bekommen, war die Entscheidung gefallen. Eine toxische Atmosphäre ist nicht gut für ein kleines, heranwachsendes Wesen. Es sollte nicht die allgegenwärtigen Autoabgase und die dicke Luft aus den Schornsteinen schlucken müssen.

Die DDR hatte schon in den 1970er Jahren das sogenannte Babyjahr eingeführt, die einjährige bezahlte Freistellung von Mutter oder Vater für die Babybetreuung. Diese Chance habe ich mir nicht entgehen lassen. In der Zeit vom Frühling bis in den Spätsommer suchte ich Zuflucht in dem abgelegenen Dorf, während die Mutter den Sommer über in Berlin an ihrer Dissertation arbeitete.

Dieser besinnliche Zeitraum gehört zu den glücklichsten Episoden in meinem Leben. Ich bin um kostbare Erfahrungen reicher geworden, die ich jedem frischgebackenen Vater wünsche. Mit dem Baby im Rucksack baute ich Kartoffeln, Möhren und Erbsen im Garten an, um daraus später den Brei zuzubereiten. Unser Vater-Tochter-Lieblingsplatz befand sich unter einem großen Birnbaum in der Gartenmitte, eine Grasfläche, die Sonne und Schatten zugleich bot. Schwalben und Mauersegler jagten über unseren Köpfen nach Insekten, über den Dachfirst stolzierte die Bachstelze in ihrem feierlich-schwarzweißem Prachtkleid und im Apfelbaum trug die Blaumeise ihre Liedstrophen vor. Sonst war es still. Wir schauten uns hin und wieder Tierbilder an und ich nannte deren Namen. Zu meiner allergrößten Überraschung kannte meine kleine Tochter mit einem Jahr diese Tiere schon, bevor sie selbst sprechen konnte. Ich sagte Igel und sie zeigte auf das Bild mit dem Igel. Ich sagte Maus und sie tippte mit ihrem Finger auf die Maus. Ich war fassungslos, was so ein kleines Wesen schon alles an Wissen abspeichern kann. Den Tagesrhythmus gab meine Tochter vor und die Wochen vergingen wie im Fluge.

Nur an den Wochenenden wurde es turbulent. Manchmal fielen mehr junge Menschen ein, als das Haus fassen konnte. Es wurde gemeinsam gebaut, um den Verfall der Gebäude aufzuhalten, gemeinsam gekocht und gebacken, es wurden im Garten Bäume gepflanzt, es wurde Gemüse geerntet und verarbeitet. Nachmittags wurden mit den Kindern abenteuerliche Wanderungen unternommen, Lieder gesungen, Haselnüsse und Champignons gesammelt und abends am Lagerfeuer gemeinsam mit Friedrich Schorlemmer über Erich Fromms Buch »Haben oder Sein« diskutiert. Die Menschen im Dorf wunderten sich über diese merkwürdigen Exoten aus der Stadt, aber man respektierte sich gegenseitig und verhielt sich freundlich zueinander.

Was wir alle nicht wussten: Die Organe der Staatssicherheit fanden dieses seltsame Nest aus eigenwilligen Abweichlern höchst verdächtig. Im Apparat herrschte wohl Alarmstufe wegen einer möglichen Zusammenrottung staatsfeindlicher Elemente, die Staatsgrenze zum Westen war nur fünf Kilometer entfernt und »Grenzverletzungen« kamen immer wieder vor, die Zeitung berichtet regelmäßig mit einer kurzen Meldung darüber: »Grenzverletzer wurde festgenommen.« Mehr erfuhr man als Leser nicht.

Wie erst nach 1990 durch Akteneinsicht zu erfahren war, wurden aufwändige Observierungsmaßnahmen eingeleitet. Im 20 Meter entfernten Nachbarhaus wurde die obere Etage in tiefster Nacht von Mitarbeitern der Staatssicherheit besetzt, in vorheriger, höchst vertraulicher Absprache mit den Besitzern, die den sehr passenden Decknamen »Grüngreif« zugeteilt bekamen. Nach der erfolgten Okkupation wurde ich nichts ahnend polizeilich vorgeladen. Die Angst saß mir im Nacken, doch die Genossen der Polizeidienststelle Magdeburg waren sehr freundlich zu mir, sahen mir meine Verunsicherung an und versuchten, mich zu beruhigen. Sie erklärten, dass sie lediglich um meine Mithilfe bei der Aufklärung eines Einbruchs im Nachbarhaus baten, sie wollten wissen, ob ich Zeuge war oder irgendetwas Verdächtiges in besagter Nacht bemerkt hätte? Oder ob ich einen Hund habe bellen hören? Ich verneinte guten Gewissens. Die Genossen zeigten sich sehr zufrieden. Die Polizei konnte nun der Staatssicherheit melden, dass die Hausbesetzung unbemerkt blieb und damit erfolgreich war.

Nun hatten wir also neue Nachbarn, ohne dass wir es ahnten. Sie lebten ausgesprochen zurückgezogen, waren sehr sesshaft und hatten den Staatsauftrag, von der erhöhten Warte aus das Geschehen in Hof und Garten gegenüber zu überwachen, allerdings nur durch eine Gardine. Womit füllten diese uns fremd gebliebenen Herren ihre Zeit aus? Sie haben handschriftlich alle Personen und Fahrzeuge beschrieben, die das verdächtige Objekt frequentierten. War ein ankommendes Auto nicht sonderlich gepflegt, wurde auch dies notiert. Doch was im Hause geschah, blieb den Wächtern zunächst verborgen. Das sollte sich ändern. Um auch die Vorgänge im Inneren des Objektes erfassen zu können, wurden in unserer Abwesenheit heimlich Abhöreinrichtungen eingebaut. Damit waren die Wände akustisch durchlässig und es konnte von nebenan mitgehört werden. Als Resultat entstanden sogenannte »Lagepläne«, schriftlich fixierte, minutengenaue Protokolle. Hier einige Auszüge:

02.05: Objekt – Gegenstelle bezogen

06.30: Kontrolle B-Technik – i. O., völlig ruhig

06.45: Erste Kindergeräusche im Haus

08.00: Die D. geht mit dem Kind in den Dorfkonsum

08.35: Ein BRD-Fahrzeug fährt vor – ausführliche Beschreibung der Personen

08.45: Die BRD-Bürger machen ausfallende Bemerkungen über unsere Grenzorgane

09.00: Frühstück (Kassettenrecorder liegt auf B-Technik, nichts zu verstehen)

09.45: Der D. arbeitet nördl. des Hauses mit der Sense

09.50: Im Garten erscheinen zwei weitere Frauen – Beschreibung Haare etc. …

09.55: Eine männliche Person baut auf einem Pfosten ein Fernrohr auf (Skizze)

10.20: 3 Erwachsene und 3 Kinder fahren mit Fahrrad offensichtlich zum Baden

13.00: Vom Baden zurück

13.45: B-Technik kann wegen Stromausfall nicht benutzt werden

20.30: Der Fernseher läuft: »Der blaue Bock« BRD-FS

22.05: Gespräche können nicht wahrgenommen werden, da sie sich oben aufhalten

23.15: Der D. und seine Ehefrau begeben sich zur Nachtruhe

Nach einigen Wochen wurde diese Art der Observierung abgebrochen. Es war wohl auch für die Überwacher belastend, ihren eng begrenzten Aufenthaltsort nicht verlassen zu können, das wäre im Dorf aufgefallen. Man kennt sich schließlich untereinander und Fremde werden sofort bemerkt. So gesehen bot das Dorf mit seiner Überschaubarkeit und der fehlenden Anonymität auch einen gewissen Schutz. Für die angelegten Protokolle könnte man fast dankbar sein, es sind so etwas wie Tagebuchaufzeichnungen, angefertigt von unbekannt gebliebenen Schreibern.

Nach Ablauf der Babyjahr-Freistellungszeit ging es zurück in die Großstadt zur Arbeit. Doch fast jedes Wochenende fuhren wir mit voll beladenem Trabant an diesen Ort – von 1979 bis 1984. Das Leben in einer ländlichen Wohngemeinschaft ist ungemein bereichernd, viele Menschen geben viele Impulse und es tauchten immer mal neue Gesichter auf, die sich für dieses Lebensmodell interessierten. Die Kinder litten nie unter Langeweile. Auf der anderen Seite ist das Leben in einer Gemeinschaft organisatorisch aufwändig, es ist viel abzustimmen, es ist nicht frei von Konflikten, es müssen Missverständnisse ausgeräumt werden. Ich selbst merkte, dass ich durch die vielen anstehenden Arbeiten und Aufgaben und das quirlige Geschehen rundherum nicht zur inneren Ruhe fand. Eigentlich wollte ich ein Buch schreiben, es funktionierte aber nicht. Raum und Zeit, Ruhe und Besinnung fehlten an diesem an sich schönen Ort.

Die gesammelten Erfahrungen bei diesem »Pilotprojekt« führten innerhalb meiner inzwischen vierköpfigen Familie zu dem Schluss: Landleben lohnt sich, es entspricht unserem Naturell. Darauf wollten wir nicht mehr verzichten. Aber das Pendeln zwischen Stadtarbeit in der Woche und gemeinschaftlichem Landleben am Wochenende, dazu das Aufrechterhalten von zwei Haushalten zehrt an den Kräften und lässt Muße ganz und gar vermissen. So suchten wir nach einem neuen Anfang.

Suche nach dem Ort

Im Jahre 1984 fiel unser Entschluss, dem zweigeteilten Leben und damit der Stadt den Rücken zu kehren. Die empfundene räumliche Enge verstärkte sich durch die gefühlte politische Einengung und Überwachung. Mit abweichendem Verhalten konnte man rasch ins Fadenkreuz der Sicherheitsorgane geraten und zum feindlichen Element abgestempelt werden – mit unabsehbaren Folgen für die Familie und für das eigene Leben. Hinzu kam eine sich zuspitzende weltpolitische Lage. Die NATO und die Staaten des Warschauer Paktes verschärften ihren Rüstungswettlauf. Das geteilte Deutschland bildete die Frontlinie. Auf beiden Seiten der Grenze wurden Raketen mit Atomsprengköpfen stationiert und die Bevölkerung wurde auf den Ernstfall vorbereitet. So wurde geübt, wie man sich bei einem Atomschlag verhalten sollte, wie man sich vor der Druckwelle angeblich schützen kann, um nicht dem sofortigen Tod zu erliegen. Es machten sich Gefühle der Angst und der Ohnmacht vor einem neuen Krieg breit. Mir waren die Erzählungen von der Bombardierung der Städte wie Dresden und Magdeburg noch sehr präsent. Einem solchen Inferno wollte ich mich und meiner Familie nicht aussetzen. So suchten wir zunächst auf der Landkarte nach passenden Orten für ein neues Zuhause, von dem wir uns mehr Freiheiten und eine gesündere Umwelt erhofften.

Was sollte den neuen Lebensmittelpunkt auszeichnen, an dem sich unsere Vorstellungen von einem selbstbestimmten Dasein am ehesten erfüllen ließen? Unsere anderthalb Jahrzehnte in städtischer Umgebung haben uns bewusst gemacht, was für ein gutes und gesundes Leben unverzichtbar ist: Saubere Luft, reines Trinkwasser, viel Licht und Weite, ein freier Blick, wenn möglich auch zum Sonnenaufgang oder zum Sonnenuntergang, eine vielgestaltige Landschaft mit Wald, Wiese und Wasser, zahlreiche Wege und Pfade zum Erkunden der Lebensräume, eine Vielfalt an Pflanzen und Tieren sowie ein friedliches, lärmfreies Umfeld.

Saubere Luft ist für mich existenziell und nicht verhandelbar. Das bewusste, tiefe Ein- und Ausatmen ist mir ein großes Bedürfnis, es wirkt befreiend und versorgt die roten Blutkörperchen und damit alle Zellen des Körpers mit ausreichend Sauerstoff. Abgasgeschwängerte Luft bremst mich instinktiv beim Luftholen. Flaches Atmen ist dann angesagt, Körper und Geist werden suboptimal versorgt. Gerade in den Städten gab es damals besonders dicke Luft im wahrsten Sinne des Wortes. Vor allem im Winter konnte man die Fenster bestenfalls in den sehr frühen Morgenstunden einmal kurz öffnen. Die Luft war fast rund um die Uhr von Kohleheizungs- und Autoabgasen »verdickt«. In Zeiten windstiller Inversionswetterlagen war das Atmen besonders belastend.

Die Problemlagen in der Lufthygiene waren damals in Ost wie in West vergleichbar, wie auch der Präsident des Umweltbundesamtes Dirk Messner bestätigt. Während es aber im Ruhrgebiet und in Westberlin Smogalarm und Fahrverbote gab, wurde die Luftverschmutzung in der DDR zwar emsig gemessen, aber die Werte per Erlass verschwiegen. Wir sollten es nicht wissen, was wir inhalierten, aber jeder, der Augen und Nase hatte, konnte die ungesunden Zustände selbst wahrnehmen, wenn auch nicht mit Zahl und Maßeinheit.

Trinkwasser gilt allgemein als wichtigstes Lebensmittel. Es sollte, so meine Vorstellungen, sauber, schadstofffrei, wohlschmeckend und ungechlort aus der Leitung kommen. Wasser zu kaufen, womöglich in Plastikflaschen, war für mich nie eine

Option, ich halte es für eine Dummheit. Dieses abgefüllte Wasser ist tausendmal teurer, aber gewöhnlich nicht besser als das Trinkwasser aus der Leitung. Dennoch möchte ich wissen, woher mein Trinkwasser kommt. In Deutschland liefert Grundwasser rund 70 Prozent des Trinkwassers. Die beste Qualität hat in der Regel das geschützte Grundwasser aus waldreichen, industriefernen und wenig besiedelten Gebieten.

Einen unschätzbaren Vorzug bietet mir der ländliche Raum, weil er das Himmelspanorama in seiner vollen Pracht freigibt. Die Häuserschluchten der Städte bieten dagegen nur wenig Sonnenlicht, die erlebbaren Sonnenstunden sind rar. Schon in meiner Kindheit zog es mich abends über die Wiese hinter unserem Garten auf einen Hügel, um dem Sonnenuntergang beizuwohnen, mich vom Tag zu verabschieden und auf die kommende Nacht einzustimmen. Niemand hatte mich dazu angeregt, es waren meine kindlichen Wahrnehmungen, die mich zu diesem instinktiven Ritual veranlassten.

Landschaft darf für mich nicht einförmig und farblos sein. Nur von chemisch gereinigten Feldern umgeben zu sein, wäre für mich ein Horror. Am liebsten sind mir Wiese, Wald und Heide im Wechsel. Solch eine Landschaft bietet Weite und geschützte Nischen zugleich. Gewässer dürfen auf keinen Fall fehlen. Ein See, ein Bach oder Fluss ist zu jeder Zeit ein lebendiger Ort der Anziehung. Wasserflächen sind Treffpunkte für Tiere aller Art und für mich ein besonderer Ort des Naturerlebens und der Naturerkenntnis. Wo verschiedene Lebensraumtypen aufeinandertreffen, finden sich besonders viele unterschiedliche Pflanzen- und Tierarten ein. Man nennt diese Erscheinung auch den ökologischen Edge-Effekt.

Natur erleben heißt aber nicht nur sehen, sondern auch hören. Damit die Klangvielfalt der Natur unverfälscht in meinem Ohr ankommen kann, liebe ich die natürliche Stille. Lärm macht bekanntlich taub, zumindest für die leisen Töne der Natur. Lärmfaktor Nummer eins ist im Allgemeinen der motorisierte Verkehr. Es ist ein großes Glück, wenn man ihm nicht nur aus dem Wege gehen, sondern ihn selbst auch vermeiden kann.

Ein Leben auf dem Lande bietet auch die Möglichkeit für eine gewisse Eigenversorgung mit Nahrungsmitteln. Boden und Klima liefern dafür die Grundlagen. Der Boden sollte humusreich, fruchtbar und leicht zu bearbeiten sein, nicht zu nass und nicht zu trocken. Schwerer Lehm oder purer Sand sind nicht gerade optimal. Zwar kann man solche Böden auch aufwerten, allerdings dauert diese Prozedur viele Jahre.

Will man über einen langen Zeitraum des Jahres frisches Gemüse, saftiges Obst und aromatische Kräuter ernten, ist das Klima entscheidend. Raue Berglagen, aber auch Küstenstriche eignen sich eher nicht für Tomaten, Gurken und Aprikosen. Ich bevorzuge die milden Flusstäler mit langer Vegetationsperiode, wo außerdem auch Trauben, Melonen, Paprika und mit Glück auch Feigen gedeihen können. Dafür sind geschützte Lagen vorteilhaft, die kalte Nordwinde abschirmen, dafür nach Süden offen sind. Ein etwas wärmeres Klima mit reichlich Sonnenstunden tut auch der Seele gut und hellt die Stimmung auf.

Mein Lebensraum ist für mich mehr als die Fläche zwischen den eigenen vier Wänden, mehr als das gewöhnliche Dach über dem Kopf. Das unmittelbare Umfeld, das »Draußen vor der Tür« gehört in jedem Fall dazu. Ich habe das Bedürfnis, mich zu jeder Zeit auch im Freien aufhalten und arbeiten zu können, wann immer es mir gefällt. Das tiefe Einatmen von Freiheit, mich frei bewegen und entspannen zu können, Kälte und Wärme, Sonne und Wind zu spüren, mich am Duft der Apfelblüten zu berauschen, an den Wildblumen und ihren Besuchern zu erfreuen, das ist für mich Lebensqualität und wahrer Luxus. Ich begrüße gern meine Mitbewohner, seien es die auffallend roten Feuerwanzen oder die heimlich agierenden Ameisenlöwen an meiner Südwand, die auf Blüten ruhenden, grünen Rosenkäfer oder die gaukelnden Tagfalter zwischen den Stauden und Sträuchern, die Vögel nicht zu vergessen, sie alle gehören zur Ausstattung meines Zuhauses, zu meinen unmittelbaren Nachbarn. Und warum nicht auch draußen essen, von den reifen Beeren naschen, von den grünen Kräutern kosten, einen Mini-Brokkoli roh verzehren, von der Hand in den Mund leben, so, wie es das Reh in der offenen Landschaft uns vormacht? Das Reh gilt als Feinschmecker und Verkoster. Ist das nicht auch unser natürliches, zwangloses Urverhalten?

Zur Erfüllung dieser Wünsche braucht es etwas Platz. Platz, den man im ländlichen Raum viel eher finden kann als in der engen Innenstadt. Es hat eben alles seine Vor- und Nachteile und man muss sich fragen, was einem wirklich wichtig ist, was das eigene Herz begehrt.

Wenn man sich auf die Suche nach dem passenden Ort für einen neuen Lebensabschnitt macht, werden sich kaum alle Wünsche erfüllen lassen. Alles Gute ist niemals beieinander und so muss man hier und da auch manche Abstriche machen.

Einzug ins Reservat

Eines Tages im Jahr 1984 kam ein Telegramm von einem Freund aus einer Naturschutzstation: »Haus im Dorf frei geworden, Besichtigung möglich.« Verfügbare Häuser und Wohnungen waren damals absolute Mangelware, selbst in den kleinsten und entferntesten Orten waren meist alle Häuser bewohnt.

Die Besichtigung ergab: Haus baufällig, Landschaft groß-
artig. Das Dorf hat eine sehr lange Naturschutztradition vorzuweisen, es beherbergt eine Vogelschutzwarte und war schon vor
über vier Jahrzehnten die Geburtsstätte des ersten deutschen
UNESCO-Biosphärenreservates. Was will man mehr als Naturliebhaber? Das Haus hingegen war kein Anlass zum Jubel. Vor
über einhundert Jahren von armen Leuten gebaut, hatte an ihm
der Zahn der Zeit schon tüchtig genagt. Es wurde im Zuge der
beginnenden Elbregulierung im 19. Jahrhundert errichtet. Der
frühere Bauherr und Hausbesitzer, den ich nicht mehr kennengelernt habe, hat sein berufliches Werkzeug hinterlassen, mit
dem er die Steine zur Uferbefestigung setzte.

Die Räume im Haus waren nicht nur winzig und niedrig,
zu allem Übel war auch die Außenwand zum ehemaligen Stra-
ßengraben abgerutscht, das Haus stand schief, die Decken waren geneigt. Im Inneren bröckelten Schilfrohr und Lehm, die
Fenster einfach verglast, die Türen undicht, unter den rotbraun
gestrichenen Fußbodendielen rieselte feiner Sand, Mäuse hatten dort ihr Domizil gefunden. In der Küche stand ein traditioneller, großer Herd, der mit Holz befeuert wurde und noch erstaunlich gut funktionierte. Eine Tür führte zur Speisekammer
und der Keller maß ganze vier Quadratmeter. Auf dem Dachboden fand sich eine Räucherkammer, in der früher Würste
und Schinken geräuchert und damit haltbar gemacht wurden.
Neben dem Wohnhaus ein kleines Gebäude, in dem einst Platz
für zwei Schweine und zwei Ziegen war, außerdem befand sich
dort die Waschküche mit einem großen, runden Kessel. Auch
bei diesem Gebäude war eine Außenwand eingestürzt. Alles in
allem: eigentlich unzumutbar!

Doch die Freunde im Ort machten uns Mut. Das könne man
alles hinbekommen und ein schmuckes Häuschen hinzaubern.

Sie selbst waren Zugezogene und hätten ein Haus mit völlig kaputtem Dach bewohnbar gemacht, in dem sie glücklich lebten, zusammen mit einem Storchenpaar auf dem Scheunendach.

Es folgte Bedenkzeit. Inzwischen hatte ich meine Anstellung im Umweltinstitut nach fünfjähriger Tätigkeit als Ökochemiker und wissenschaftlicher Mitarbeiter beendet. Die verordnete strenge Geheimhaltung von Umweltinformationen, das Veröffentlichungsverbot und das Gefühl, nichts an der beklagenswerten Umweltsituation ändern zu können, obwohl das nötige Wissen dafür vorhanden war, waren für mich Gründe genug, das Arbeitsverhältnis ersatzlos aufzulösen. Die Irritationen in meinem Umfeld waren erheblich. Wovon sollte man leben, wenn kein Einkommen zur Verfügung stand? Doch dafür hatte ich eine Idee: Selbstversorgung! Die Entscheidung fiel und der Grundstückskauf wurde mit einer vierstelligen Summe vollzogen.

Zunächst ging es ans Bauen, ein sicheres Dach über dem Kopf ist essenziell. Ohne jede Erfahrung im Bauhandwerk machten wir uns ans Werk. Eine Firma mit der Sanierung zu beauftragen, war damals so gut wie unmöglich. Es gab kaum Unternehmen für private Bauprojekte. So blieb nur das eigenhändige Anpacken übrig.

Unsere Aufnahme im Dorf war überwältigend freundlich. Mag sein, dass auch unsere beiden kleinen Kinder Mitgefühl auslösten. Wir waren die Hilfesuchenden und wir erfuhren Unterstützung von vielen Seiten. Es schien so, als freuten sich die Dorfbewohner, dass es Zuwachs gab und das leer stehende Haus wieder mit Leben erfüllt wurde.

Zunächst wurde ein Maurer gesucht. Ich fragte mich durch, wer dafür in Frage käme. Es fand sich ein lebensfroher junger Mann, ein beruflich ausgebildeter Maurer, der ungezählte Male nach Feierabend kam, um das Haus gemeinsam instand zu setzen. Damit es nicht gänzlich zusammenbrach, musste zunächst die Decke sicher mit Holzpfosten abgestützt werden. Die nach außen abgerutschte Wand zur Straße wurde dann herausgebrochen, das neue Fundament gesetzt und die neue Mauer mit den alten Steinen hochgezogen. Dann verputzte der gut gelaunte Maurer auch noch mit großem Ehrgeiz die Wände – es sollte auch nach außen hin gut aussehen. Zuschauer kamen regelmäßig vorbei.

Ich war der Handlanger, der den Sand siebte und im angesagten Mischungsverhältnis Sand zu Kalk zu Zement im geliehenen, quietschenden Betonmischer den Rohstoff zum Mauern und Putzen produzierte. Wir waren bald ein eingespieltes Team.

Auch das Dach war marode und keineswegs dicht, so mancher Balken sah nicht mehr gut aus. Nach einigen Umfragen fand sich ein Dachdecker, der in Gemeinschaftsarbeit an zwei Wochenenden das Dach neu eindeckte und Atelierfenster einbaute. Diese brachten Licht ins dunkle Haus. Die Baumaterialien beschaffte ich mit dem unverwüstlichen Auto, Typ Trabant samt Anhänger. Baustoffe, Fenster, Türen – alles war knapp und schwer zu bekommen und an eine Lieferung frei Haus war erst recht nicht zu denken. Die Beschaffung nahm die meiste Zeit in Anspruch. Manchmal waren Fahrstrecken von weit über einhundert Kilometern nötig, um ein paar Fenster zu ergattern. Manchmal war auch eine Flasche Sekt oder etwas Bestechungsgeld nötig, um an die begehrte Ware heranzukommen.

Die vorgefundene Hauselektrik stammte aus dem Jahre 1913, als das Dorf erstmals Stromanschluss bekam. Mit viel Mühe und Mordsgeduld machte sich der Elektriker aus der Nachbarschaft, ebenfalls nach Feierabend, ans staubige Werk und erneuerte alle Stromkreise. Aus Nachbarorten kamen ein Schmied, der die

Wasserinstallation in Küche und Bad herrichtete, und ein junger Tischlergeselle, der die Holzarbeiten gekonnt erledigte. Nach der Arbeit wurden traditionell belegte Brote gegessen, eine Flasche Bier getrunken und über Fußball geredet. Zum Richtfest kamen noch einmal alle Beteiligten zusammen und feierten gemeinsam das gelungene Werk.

So entstand aus der Ruine innerhalb eines Jahres ein bewohnbares Haus aus der Symbiose von Eigenleistung und Nachbarschaftshilfe. Ganz nebenbei habe ich einige Handwerkskünste kennengelernt. Ob ich mich noch einmal auf solch in Unterfangen einlassen würde? Es ist manchmal gut, vorher nicht zu wissen, was auf einen zukommt.

Die Sorge, mit einem Umzug von der Großstadt ins Dorf würden die Kontakte zu Freunden verloren gehen, erfüllte sich nicht. Im Gegenteil. Das Dorf als Ausflugsort wurde beliebt, man kam zu Besuch, gärtnerte und kochte gemeinsam, erkundete die Landschaft, paddelte im Schlauchboot oder badete im Fluss. Die Erlebnisse und Gespräche hatten Tiefe und sie blieben im Langzeitgedächtnis hängen.

Der Charme des Ostens

»Östlich der Elbe beginnt Sibirien«, so äußerte sich der ehemalige Bundeskanzler Konrad Adenauer und zog die Gardinen zu, wenn er im Zug von Bonn nach Westberlin die Elbe überquert hatte. Dieses Bild von der Einöde, der Pampa scheint bis heute noch in manchen Köpfen zu spuken.

Vorurteile sind selten gute Urteile. Der Osten Deutschlands bietet Landschaften mit ganz eigenen Reizen und Bewohner mit besonderen Erfahrungen. Das reichhaltige Natur- und Kulturerbe überrascht, wenn man sich darauf einlässt. Man braucht gar nicht so viel Mut dazu, diese Landstriche zwischen Elbe und Oder sowie zwischen Ostseeküste, der Lausitz, dem Erzgebirge und dem Thüringer Wald zu entdecken. Ich kenne viele Menschen, die einen Neustart im Osten wagten und mit ihrer Entscheidung sehr glücklich geworden sind.

Der Osten bietet mit seiner geringen Bevölkerungsdichte Platz und Entfaltungsmöglichkeiten zu einem fairen Preis. Viele Dörfer und Kleinstädte warten auf Zuzügler, denn der Leerstand ist besonders groß. Wie dem Jahresbericht der Berlin-Brandenburgischen Wohnungsunternehmen (BBU) 2020 zu entnehmen ist, liegt die Leerstandsquote in einigen Landkreisen bei 10–18 Prozent, ganz ähnlich in Sachsen und Sachsen-Anhalt – trotz kontinuierlichen Abrisses. Seit der Wende sind allein in Brandenburg 70 000 leer stehende Wohnungen mit öffentlichen Mitteln in Höhe von 225 Millionen Euro abgerissen worden. In abgelegenen Regionen steht sogar jede dritte bis fünfte Wohnung leer. In Westdeutschland liegt der Wert im Schnitt bei nur 3 Prozent, in wachsenden Großstädten bei weniger als 1 Prozent. Die Bilanz für Deutschland: Insgesamt stehen knapp zwei Millionen Wohnungen leer, demgegenüber fehlen zwei Millionen bezahlbare Wohnungen in den großen Städten. Warum kommen politische Entscheidungsträger nicht auf die Idee, das Wohnen und Arbeiten dort attraktiver zu machen, wo ungenutzter Wohnraum zur freien Verfügung steht?

Eine wirtschaftshistorische Studie des Ifo-Institutes legt 2019 dar, dass Ostdeutschland leer ist wie seit 1905 (!) nicht mehr. Auf der anderen Seite zählt das Gebiet der alten Bundesrepublik laut der Studie so viele Einwohner wie niemals zuvor in der Geschichte. Insbesondere der ländliche Raum im Osten sei »regelrecht ausgeblutet«, konstatiert der Ifo-Studienautor Felix

Rösel. Es sei daher falsch, öffentliche Fördermittel vor allem an die Großstädte zu überweisen. »Wir brauchen genau das Gegenteil und müssen den sozialen Zusammenhalt sowohl in den Städten als auch in der Fläche fördern.« Gesamtwirtschaftlich gesehen wäre die Stärkung und Nutzung des bestehenden Wohnraumes sinnvoller als der Neubau auf der grünen Wiese.

Seit 2017 beginnt sich das Blatt allmählich zu wenden: Es ziehen erstmals mehr Menschen von West nach Ost als umgekehrt. Steht der vergessene und verlassene Osten Deutschlands vor einer Wiederentdeckung als geschichtsträchtiger, attraktiver, vor allem naturnaher Lebensraum? Es scheint fast so. Der jüngste Auslöser heißt Corona. Seit die Menschen die Pandemie mit all ihren Einschränkungen zu spüren bekommen, setzt in manchen Regionen, wie in der Uckermark, ein Wettrennen auf den Dörfern um verlassene Häuser ein.

Eine auch für Deutschland nachahmenswerte Netzwerkinitiative mit dem Namen »Leere Häuser« wurde 2017 in Prag gegründet. Sie hat sich inzwischen über die ganze Tschechische Republik ausgeweitet. Ihre Idee: Auf öffentlichen Spaziergängen wird nach leer stehenden Gebäuden gesucht. Inzwischen wurden über 6000 Objekte im ganzen Land, darunter alte Fabrikantenvillen, ermittelt und auf der Internetplattform aufgelistet. So soll das öffentliche Bewusstsein für ungenutzte Ressourcen geschärft und Interesse an einer neuen Nutzung geweckt werden.

Eine durchaus vergleichbare Situation treffen wir auf dem Territorium der ehemaligen DDR an. Östlich der Elbe lebten einst Könige, Adlige und Ritter. Sie hinterließen Burgen, Schlösser und über 4000 Herrensitze, nicht wenige davon befinden sich im Dornröschenschlaf. Der Mangel an Wirtschaftskraft hat gerade im Osten jahrzehntelang die Modernisierung und

Runderneuerung gebremst, so haben viele Zeugnisse der Vergangenheit überlebt. Wer ein Faible für historische Bausubstanz, für alte Bauernhäuser beispielsweise hat, wird im Osten fündig. In vielen Häusern lebt häufig nur noch eine ältere Person oder sie stehen ganz und gar leer. Es gibt gute Beispiele, wie alte Bauernhäuser wiederbelebt und in ihrer Eigenart erhalten werden – und viele warten noch darauf. Meist sind bäuerliche Anwesen eine Nummer zu groß für einzelne Familien. Umso mehr eignen sie sich für genossenschaftliche Wohnprojekte. So wurde das leer stehende große Gärtner- und Gärtnergesellenhaus des Herrenkrug-Parks bei Magdeburg von der Vitopia-Genossenschaft übernommen, denkmalgerecht saniert und von gut einem Dutzend junger Menschen bezogen. Zusätzlich sind ein Café und eine Herberge entstanden, beliebte Ziele für natursuchende Großstädter.

Alte Schätze finden sich nicht nur in der Bausubstanz, auch das Naturerbe in Deutschlands Osten schneidet hervorragend ab. Nationalparks sind zwischen der Ostseeküste im Norden und den Mittelgebirgen im Süden dank des erfolgreichen Nationalparkprogramms aus den letzten Tagen der DDR reichlich vorhanden, so die Schutzgebiete von den Lagunen der Darß-Zingster Boddenkette über die Insel Hiddensee bis zum Kreidefelsen auf Rügen, der Müritz-Nationalpark, der Nationalpark Unteres Odertal, der Nationalpark Harz sowie die Sächsisch-Böhmische Schweiz. Hinzu kommen die von der UNESCO anerkannten Biosphärenreservate Flusslandschaft Elbe, Schorfheide-Chorin, der Spreewald, der Thüringer Wald und weitere reizvolle Gebiete. Dieses hochambitionierte, in der ersten Hälfte des Jahres 1990 vom Team des (späteren) Alternativen Nobelpreisträgers Professor Michael Succow auf den Weg gebrachte und noch vor dem Beitritt im gleichen Jahr vollendete

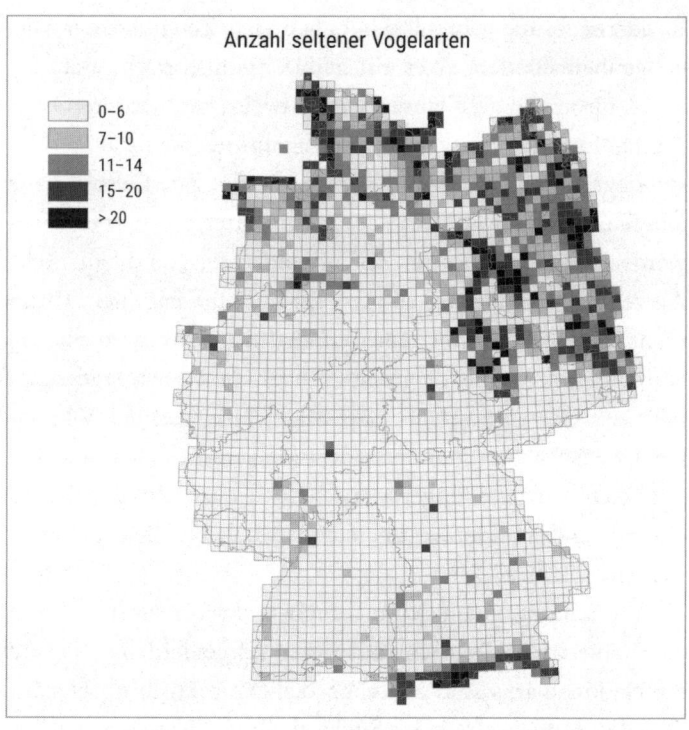

Anzahl seltener Vogelarten

- 0–6
- 7–10
- 11–14
- 15–20
- > 20

Abbildung 10: Wer seltene Vogelarten entdecken will, wird am ehesten an Nord- und Ostseeküste, in den Flusstälern von Elbe, Saale und Oder sowie in den Alpen fündig.

Programm zur Sicherung großer Gebiete für den Naturschutz erschien einigen westdeutschen ministeriellen Beratern zunächst als »unmöglich«, wurde aber schließlich in gemeinsamer Kraftanstrengung doch zu einem beispielhaften Erfolgsmodell, das sowohl in die alten Bundesländer als auch nach Osteuropa ausstrahlt und viele Nachahmer findet.

Nationalparks sind farbenfrohe Schatztruhen der Natur, die auf Dauer zum Wohle und zur Erbauung der Menschen einschließlich kommender Generationen angelegt sind. Hubert

Weinzierl, Nestor des ersten deutschen Nationalparks Bayerischer Wald und einer der führenden Vertreter der deutschen Ökologiebewegung, beschrieb diese Art von Naturräumen so: »Nationalparke sind Heiligtümer, sind Seelenschutzgebiete, sind Erinnerungen an das Paradies.« Die Lebensqualität in diesen Landschaften wird hochgeschätzt. Während in vielen ländlichen Gegenden die Bevölkerung schrumpft, wächst sie im Umfeld der Großschutzgebiete.

Wer freie Räume, Natur und Ursprünglichkeit sucht, ist im Osten gut aufgehoben. Zwischen den einzelnen Orten liegen kilometerweite, unbesiedelte Landstriche voller Überraschungen. Schaut man sich die Verteilung von Störchen, Adlern oder Kranichen auf einer Deutschlandkarte im Brutvogelatlas an, findet man dafür eine überzeugende Bestätigung. Viele bedrohte Arten haben im Osten ihre Rückzugsräume. Der Vogelartenreichtum hat sich inzwischen auch unter westdeutschen Naturfreunden herumgesprochen. Wer natürliche Vielfalt entdecken möchte, den zieht es in die großen Schutzgebiete im Osten.

Teures Wohnen?

Laut Statistik hat sich die pro Einwohner beanspruchte Wohnfläche in den letzten 50 Jahren in Deutschland mehr als verdoppelt: 1965 waren es noch 22 Quadratmeter pro Person, heute sind es nahezu 50 Quadratmeter. Von dieser Entwicklung wurden Stadt und Land gleichermaßen erfasst, ein Luxus, der nicht umsonst zu haben ist.

Jahrzehntelang verlief ein Trend in Richtung eines räumlich großzügig gestalteten Eigenheims. Staatliche Zulagen und Prämien kurbelten damit nicht nur den Energieverbrauch und

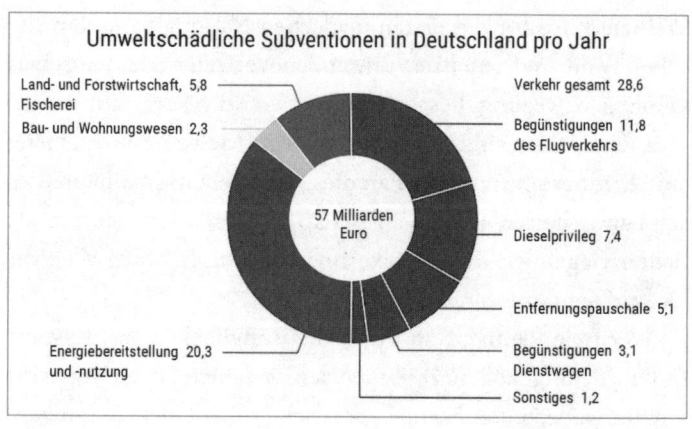

Umweltschädliche Subventionen in Deutschland pro Jahr

Land- und Forstwirtschaft, 5,8
Fischerei
Bau- und Wohnungswesen 2,3

57 Milliarden
Euro

Energiebereitstellung 20,3
und -nutzung

Verkehr gesamt 28,6

Begünstigungen 11,8
des Flugverkehrs

Dieselprivileg 7,4

Entfernungspauschale 5,1

Begünstigungen 3,1
Dienstwagen

Sonstiges 1,2

Abbildung 11: Mit 57 Milliarden Euro werden in Deutschland Jahr für Jahr umweltschädliche Produktions- und Verhaltensweisen – vor allem im Verkehrssektor – durch Steuergelder subventioniert. Das Umweltbundesamt fordert seit Jahren die Abschaffung dieser kontraproduktiven Belohnungen.

die Klimabelastung, sondern auch den Flächenverbrauch und die Zersiedelung an, vor allem in den städtischen Randlagen. Manche Innenstädte verödeten zu Bürostandorten. Diese Art der Raumplanung erzeugte zwangsläufig mehr Verkehr, Straßen wurden neu- oder ausgebaut, Landschaften und natürliche Lebensräume zerschnitten, das Pendeln avancierte zum ungeliebten Volkssport. Arbeiten und Wohnen entfernten sich immer mehr voneinander. Mit Milliarden von umweltschädlichen Subventionen, gezahlt aus Steuergeldern, wird das Pendeln sogar belohnt. Je länger die Fahrstrecken, umso höher die steuerliche Entlastung. Der ökologische Fußabdruck erreicht für Autopendler schwindelerregende Höhen.

Es ist ein Gebot der Zeit und der Vernunft: Wohnen und Arbeiten müssen künftig wieder zueinanderfinden. Aber wie realisieren? Böte das Leben auf dem Land eine Alternative?

Während in den großen Städten Wohnraum zum Luxusgut

wird, stehen, wie oben beschrieben, in manchen ländlichen Regionen reihenweise Häuser leer. Spiegelbildlich dazu verhalten sich die Mietpreise. Die Mietkosten stellen laut Statistischem Bundesamt für viele Haushalte die größten Ausgabeposten dar. 54 Prozent der Bundesbürger wohnen zur Miete, in den Städten mehr als auf dem Land. Während die durchschnittlichen Angebotsmieten (Nettokaltmiete) in den boomenden Großstadtregionen in Richtung 20 Euro pro Quadratmeter tendieren, liegen sie in ländlichen Regionen des Ostens und teilweise auch des Nordens bei nur fünf Euro. Bezogen auf das Nettoeinkommen müssen in Metropolen im Schnitt 40 Prozent für Miete ausgegeben werden, in ländlichen Gebieten wie der Magdeburger Börde nur 10 Prozent. Auch fällt der laufende Mietanstieg in den Großstädten höher aus. Dennoch ist der Andrang bei einer Wohnungsofferte in den angesagten Städten enorm. Besonders schwierig gestaltet sich die Wohnungssuche in großen Städten für Familien mit Kindern.

Das Wohnen, eigentlich ein Menschenrecht, ist ebenso zur Ware eines ungezügelten Marktes verkommen wie der Grund und Boden. Die Steigerung der Baulandpreise fällt noch krasser aus als der Anstieg der Mieten. In den fünf teuersten Städten und Landkreisen liegen die Baulandpreise zwischen 1000 und 2000 Euro pro Quadratmeter bei einer 12-prozentigen Steigerung pro Jahr. In abgelegenen ostdeutschen Regionen liegen die Preise bei 20 Euro pro Quadratmeter – das wären nur 1 bis 2 Prozent der oben genannten Höchstpreise.

An den Kosten und den Wohnmöglichkeiten in den ländlichen Räumen, vor allem im Osten, aber auch in einigen abgelegenen Mittelgebirgen des Westens, würde ein Neuanfang auf dem Lande also kaum scheitern.

Neue Bauhaus-Ideen

Die Bauwirtschaft ist zwar einer der größten Arbeitgeber, sie ist aber auch ein Großverbraucher an Rohstoffen und Flächen und gleichzeitig ein Hauptverursacher der Klimakrise. Verknappung und Verteuerung von Baustoffen und Bauland sind die unausweichlichen Folgen. Um zukunftsfähig zu bleiben, muss das Bauen und Wohnen neu erfunden werden, in Stadt und Land gleichermaßen.

Vor über einhundert Jahren wurde die Idee des industriellen Bauens geboren, die Bauhaus-Idee. Das Ziel der neuen von Weimar und Dessau ausgehenden Bewegung der Moderne war es auch, erschwinglichen Wohnraum durch industrielles Bauen für Normalverdiener zu schaffen. In der Bauhaussiedlung in Dessau-Törten ist das auch beispielhaft gelungen. Hinter den sparsam dimensionierten und kostengünstigen Reihenhäusern wurden schmale Gärten angelegt, um eine Selbstversorgung der Familien mit Obst und Gemüse zu ermöglichen. Beim Einzug erhielten die Bewohner von der Stadtverwaltung vier Obstbäume geschenkt – als langfristige Kapitalanlage.

Im Laufe der folgenden Jahrzehnte wurden die Bauprojekte in den Städten immer größer, maßloser und naturferner. Mutterboden und Gärten wurden überbaut, Versiegelungen bis zum Exzess betrieben. Nicht der Mensch mit seinen natürlichen Bedürfnissen und Sehnsüchten, sondern die Renditen, die Wirtschaftlichkeit der »Unterbringung« der Menschen wurden im Städtebau entscheidend. Mit Wohnungsbau lässt sich Geld verdienen, viel Geld.

Die schlimmste Fehlentwicklung aber war die »autogerechte Stadt«. Das Auto wurde zum Heiligtum erklärt, ihm wurde mehr Platz eingeräumt als den Menschen. Die Städteplaner, in erster Linie männliche Autofahrer, sorgten dafür, dass Straßen und Plätze dem rollenden oder stehenden Verkehr zugutekamen. Grünflächen schwanden, Parkplätze dehnten sich aus. Das Auto wurde zum sichtbarsten »Stadtbewohner«. Es verlärmte und vergiftete den Lebensraum und die Atemluft der Menschen und drängte sie in die Enge. Lange Zeit haben es die Bewohner als unabänderlich hingenommen, zumal sie meist selbst Autofahrer waren. Die Autopräsenz galt als Voraussetzung für eine wirtschaftlich prosperierende Stadt. Das Einkaufen oder ein Restaurantbesuch, ohne mit seinem privaten Auto vorzufahren, galt als weltfremd. Eine Verbannung des Autos hätte die tote Stadt zur Folge, so die Warnungen der Geschäftsleute.

Bauindustrie und Autoindustrie wuchsen zu Schlüsselindustrien heran. Sie machten Deutschland zur Exportnation, sie wurden besonders gefördert, sie boten die meisten Arbeitsplätze – fast ausschließlich für Männer – und sie zahlten die höchsten Löhne. Diese beiden Branchen hatten (und haben!) die stärkste Lobby, üben maßgeblichen Einfluss auf politische Entscheidungen aus und bremsen die Transformation.

Die massenhafte Herstellung von Stahl und Beton wurde erst mit den fossilen Energiequellen Kohle und Öl möglich. Diese Baustoffe verschlingen schon bei ihrer Produktion Unmengen an Energie. Allein die Zementindustrie ist weltweit für 8 Prozent der Treibhausgasemission verantwortlich. Wenn dann das Gebäude aus Stahl und Beton steht, ist es im Winter drinnen kalt. Es muss mit hohem Energieaufwand ständig beheizt werden, es leitet die Wärme auch wieder rasch an die Umgebung ab. Energetisch gesehen war die Verwendung der schlecht wärmedämmenden Baustoffe ein ökologischer Irrweg, ein Weg über die Ressourcenverschwendung direkt in die Klimakrise. Politik, Wirtschaft und Gesellschaft waren ein Jahrhundert lang mehrheitlich auf dem ökologischen Auge blind. Nun ist es höchste Zeit für neue, für nachhaltige und zukunftsfähige Bauhaus-Ideen.

Ganze 25 Prozent unseres CO_2-Fußabdruckes entfallen derzeit auf den Sektor Bauen und Wohnen. Auf diesen Feldern lohnt es sich ganz besonders, nach Einsparpotenzialen zu suchen. Der Energieverbrauch für das Bauen und Wohnen hängt sehr entscheidend vom Baumaterial, von der Bauweise und von der Größe des umbauten Raumes ab. Der Pro-Kopf-Energieverbrauch steigt mit der Wohnungsgröße. Der Abstand zwischen Wohnen und Arbeiten wiederum beeinflusst maßgeblich das Mobilitätsverhalten. Diese Faktoren an die neuen Anforderungen anzupassen, ist zwingend nötig auf dem Weg zum klimafreundlichen Lebensstil. Die Zeit ist reif: Bauen und Wohnen müssen neu geregelt werden.

Wenn immer mehr Menschen in die Städte ziehen, braucht es dort mehr Wohnraum. Da die städtische Fläche begrenzt ist, bleibt nur die Verdichtung. Wärmetechnisch zwar von Vorteil, wird sie aber oft als Nachteil empfunden, denn Verdichtung und das Empfinden von Enge liegen dicht beieinander.

Wer sich nach mehr Natur in seinem häuslichen Blickfeld sehnt, sucht sie nicht selten vor den Toren der Stadt. Die Flucht zum eingezäunten Einfamilien-Massivhaus im wuchernden Speckgürtel der Metropolen mit all seinen Nachteilen in Sachen Flächenverbrauch und Pendelzwang beglückt die Menschen nicht wirklich, so der Autor und Architekturkritiker Niklas Maak in seinem Buch »Wohnkomplex«. Auch sie verstehen ihre Wahl eines einsamen Kubus mit winziger Rasenfläche als eine Kompromisslösung, beißen aber in den sauren Apfel, weil ästhetisch ansprechende Lösungen für den einzelnen Häuslebauer unbezahlbar sind. Zudem scheinen Investoren und Architekten den veränderten Wohnbedürfnissen vieler Stadtbewohner hinterherzulaufen. Es sollten attraktive, dichte Wohnlösungen mit Naturbezug in den Städten entstehen. »Neue Dörfer« braucht das Land! Die Stadt Hamburg hat bereits die Notbremse gezogen und den ausufernden Einfamilienhausbau behördlich gestoppt.

Neue Wohnmodelle, die den individuellen Ansprüchen und neuen sozialen Gegebenheiten entgegenkommen, werden immer häufiger in sogenannten »Baugruppen« realisiert. Über das Netzwerk für gemeinschaftliches Bauen und Wohnen finden wohnungssuchende und bauwillige Menschen in Köln, Berlin, Freiburg, Tübingen oder Wien zueinander. In Gemeinschaftsplanung, mit unterschiedlichsten Kompetenzen und mit Experimentierfreude entstehen Wohnformen mit viel Gemeinschaftsfläche, mit kollektiv nutzbaren Räumen wie Küchen, Gemeinschaftszimmer und Gästezimmer bei gleichzeitig garantierten Rückzugsräumen für jedes einzelne Mitglied. Kinder können durch das soziale Miteinander in ihrer Entwicklung besonders gefördert werden, gleichzeitig reduziert sich der Betreuungsaufwand durch die Eltern. Auch Garten, Reparaturwerkstatt, Waschmaschine, Lastenrad, Auto und andere Dinge können ressourcenschonend geteilt werden. So kann eine Art Dorfstruktur mit Wunschnachbarn in einer Stadt heranwachsen. Dabei werden weniger Fläche und weniger Energie in Anspruch genommen und auch die Wohnkosten können um 20–40 Prozent gesenkt werden. Doch nichts läuft ohne Konflikte ab, deshalb sind bei Gemeinschaftsprojekten gute Nerven, Kommunikationsfähigkeit und Kompromissbereitschaft gefragt.

Wer die Stadt als Lebensraum ganz und gar verlassen und aufs weite Land ziehen möchte, steht vor der Frage: »Neu bauen oder alte Bausubstanz retten?« Dem Zeitgeist entsprechend wurde in der jüngeren Vergangenheit oft zugunsten des Neubaus entschieden. Fertighäuser von der Stange schienen auch auf dem Dorf der bequemste Weg zum eigenen Heim zu sein und nebenan verfiel wertvolle Bausubstanz. In der Tat ist abreißen und neu bauen bislang meist kostengünstiger und bequemer als der Erhalt alter Substanz, obwohl Stoff- und Energiebilanzen dabei schlechter abschneiden. Was sind die Gründe? Der Faktor Arbeit wird durch hohe Steuern belastet, dadurch wird das Restaurieren kostenintensiv. Der Faktor Ressourcenverbrauch geht dagegen kaum in die Kostenrechnung ein, deshalb ist Neubau derzeit billiger. Erst mit der Einführung der wahren Kosten durch eine wirksame CO_2-Steuer und weiterer, gerechter Ressourcensteuern wird sich das Blatt wenden. Gewiss ist schon jetzt: Ökologisch günstiger und ressourcensparender ist die Weiternutzung vorhandener Bauten. Erhalten, Sanieren, Reaktivieren – diese Methode hat den Vorteil, dass man Schritt für Schritt vorgehen kann, je nach Zeit- und Geldbudget. Wenn man mit dem Charme des Unperfekten zurechtkommt, kann man auch Wohnen und Nach-und-nach-Sanieren vereinen. Vieles kann man selber machen, fachlich gute Beratung und handwerkliches Geschick vorausgesetzt. Das A und O bei einer Sanierung ist die Trockenlegung des Gemäuers und eine optimale Wärmedämmung, ohne das Gebäude mit Plastikschaum zu umhüllen. Wärmeverluste zu senken, ist der beste Klimaschutz und zugleich ein Nestwärme-Garant.

Es sind die ältesten, die archaischen Baustoffe der Menschheit, die nun wieder neu entdeckt werden. Naturbaustoffe wie Holz, Lehm, Stroh und Schilf erleben eine ungeahnte Renaissance, sowohl bei der Sanierung als auch beim Neubau. Sie sind in fast jeder Region vorhanden, ersparen lange Transportwege und werden immer beliebter. Seit über 10 000 Jahren im Einsatz waren es einst die Baustoffe der einfachen Leute, die sich teure

Steinhäuser nicht leisten konnten. Der Lehm wurde mit Sand abgemagert, mit Strohhäcksel und Kuhmist angereichert und schließlich das Holzfachwerk damit ausgefüllt. Decken und Wände erhielten Schilfrohrmatten, auf denen der Lehm aufgetragen wurde. Selbst komplette Wände wurden mit Stampflehm errichtet. Im Haus stand ein Lehmofen, der die Wärme über viele Stunden gut speicherte und auch der Backofen war aus Lehm gefertigt. Während die modernen Baumaterialien wie Beton und Stahl mit einer schweren CO_2-Last hergestellt werden, sind die natürlich vorkommenden Baustoffe in ihrer Beschaffung, Verarbeitung und Entsorgung beziehungsweise Wiederverwertung ausgesprochen klimafreundlich, sie sind ungiftig und recyclingfähig. Gesundheits- und umweltbewusste Baufrauen und Bauherren greifen deshalb immer mehr auf natürliche Baustoffe zurück. Auch deren Wärmedämmeffekt ist entschieden besser. Hinzu kommt ein großes Angebot an zusätzlichen natürlichen Dämmstoffen wie Holzfasern, Stroh, Schilf, Flachs und Schafwolle. Alle natürlichen Baumaterialien können im Gegensatz zu Plastik-Schaumstoffen Feuchtigkeit sowohl aufnehmen als auch abgeben, sie sind atmungsaktiv und sorgen für ein angenehmes Raumklima.

Die Verwendung dieser altbewährten Baustoffe gilt als bester Klimaschutz für den Bereich Bauen und Wohnen. Verbautes Holz bindet CO_2, solange das Haus steht. Bei einem Einfamilienhaus sind es 60 Tonnen CO_2. Die Bäume entziehen während ihres Wachstums Kohlendioxid aus der Atmosphäre und verwandeln es in Sauerstoff und Zellulose. Die Holz-Zellulose ist gebundener Kohlenstoff, einer von vielen möglichen Klimarettern. Naturbaustoffe bieten somit nicht nur eine behagliche Wohnatmosphäre, auch die Atmosphäre über uns wird geschont. So sorgt ein gutes Wohnklima für ein gutes Weltklima.

Selbst Hochhäuser können (und dürfen!) inzwischen aus Holz gebaut werden. Mit 34 Metern Höhe und zehn Stockwerken wurde im neuen Stadtquartier »Neckarbogen« von Heilbronn im Rahmen der Bundesgartenschau 2019 ein solches errichtet. Lediglich das Fundament und das Treppenhaus sind aus Beton, die Fassade ist mit Aluminium verkleidet.

Mit der Einführung eines fairen CO_2-Preises werden natürliche Baustoffe und Bauweisen zunehmend vorteilhafter. Auch das Sanieren alter Bausubstanz wird dadurch attraktiver und damit die Rettung traditionellen Kulturgutes, das besonders in ländlichen Räumen noch reichlich vorhanden ist. Professor Helmut-Eberhard Paulus, Kunsthistoriker und Denkmalpfleger, plädiert leidenschaftlich für die Rettung alter Bausubstanz als unverzichtbare Kulturarbeit. Wer die Welt retten will, müsse vor seiner Haustüre anfangen, so Paulus. Er beklagt den staatlich geförderten Verlust bäuerlicher Kultur und die Entvölkerung der ländlichen Räume durch Binnenmigration mitten in Europa. Es müsse der Reichtum der bewährten Baukultur in ihrer gewachsenen Vielfalt erhalten und einer vernünftigen Nachnutzung zugeführt werden.

Heizen mit Holz?

Seit Menschen die Erde besiedeln, sehnen sie sich nach der legendären Nestwärme. Schon in der Steinzeit haben sich unsere Vorfahren am Holzfeuer gewärmt. Sie hatten kaum eine Alternative. Wir haben unterdessen die Qual der Wahl. Klar ist aber: Die fossilen Brennstoffe sind Auslaufmodelle. So rasch wie möglich müssen wir aussteigen, wenn wir unser Klima und die Bewohnbarkeit unseres Planeten retten wollen. Um das 1,5-Grad-

Ziel zu erreichen, muss die Treibhausgasemission jährlich um 8 Prozent sinken – etwa so viel wie im Corona-Jahr 2020.

Das Heizen mit Holz liegt im Trend, denn es gilt als nachhaltig und gemütlich. Es setzt genauso viel CO_2 frei, wie der Baum in seinem Leben der Atmosphäre entzogen hat. Ist also alles gut, wenn ich für jeden gefällten und verbrannten Baum einen neuen Baum nachpflanze? Dem ist nicht so, denn der Baum braucht ein Jahrhundert, um wieder die gleiche Menge an Kohlendioxid der Atmosphäre zu entziehen – doch so viel Zeit haben wir nicht mehr, um unser Klima zu retten. Die besonders »günstigen« Brennholzangebote in den Baumärkten, so wurde vom WWF recherchiert, stammen nicht selten aus osteuropäischen Urwäldern, aus illegalem Holzeinschlag, organisiert von einer Art Holzmafia. Die große Nachfrage heizt die Plünderung der Naturwälder weltweit an. Gesunde Bäume dürfen nicht für eine Verbrennung geopfert werden. Sie gehören zu unseren besten Klimaschützern, solange sie wachsen. Zudem sind alte Wälder ein Segen für viele bedrohte Arten. Wenn schon Holz zum Heizen verwendet werden soll, dann abgestorbene Bäume aus der Region mit einem Minimum an Transporten.

Um die Plünderung der Wälder zu stoppen, gehört jede staatliche Subventionierung der Holzverbrennung abgeschafft, ganz besonders die Umrüstung von Kohlekraftwerken auf Holzbrennstoff. Was einst gut gemeint war, verkehrt sich inzwischen ins Gegenteil. Vor allem in Städten tragen viele Verbrennungsanlagen in hoher Dichte zur Feinstaubbelastung bei und sorgen für dicke Luft. Hinzu kommen die elf Millionen Kaminöfen, die in Deutschland installiert sind. In den Abendstunden können Kaminfeuer und andere Holzheizungen sogar zur Hauptbelastungsquelle für die Stadtluft werden, vor allem bei Inversionswetterlagen und Windstille. 10–20 Prozent der Feinstaubbelastung stammen in Deutschland aus Holzöfen. Per Gesetz werden deshalb alte Öfen durch neue, weniger belastende ersetzt.

In ländlichen Gebieten war Holz seit eh und je die wichtigste Energiequelle. Erst im Laufe des letzten Jahrhunderts wurde Holz teilweise durch Kohle und Koks, später nahezu vollständig durch Öl oder Gas abgelöst. Noch vor Kurzem als Modernisierung gefeiert, stehen diese fossilen Energieträger nun vor dem endgültigen Aus. Viele ländliche Haushalte kehren inzwischen wieder zum guten, alten Brennstoff Holz zurück. Werden dafür abgestorbene Bäume verwendet, die beim Durchforsten anfallen, spricht zunächst einmal nichts dagegen. Letztlich ist es auch immer eine Frage der Menge, die verheizt wird. Die beheizten Räumlichkeiten haben sich in den letzten Jahrzehnten pro Haushalt allerdings deutlich vergrößert. Nur mit einer optimalen Gebäudedämmung und einem sparsamen Verbrauch kann mit gutem Gewissen Holz verbrannt werden.

Heizen mit Holz will gelernt sein, damit es ökologisch vertretbar ist. Das Holz muss mindestens zwei Jahre trocken lagern und in Scheite gespalten werden. Die Verbrennung erfolgt mit geschichtetem Holz von oben her. Das Feuer muss von Anfang bis zum Ende lichterloh bei hohen Temperaturen mit reichlich Sauerstoffzufuhr lodern, damit keine schädlichen Rauchgase entstehen. Steigt Qualm aus dem Schornstein auf, gibt er Ruß, Feinstaub, giftiges Kohlenmonoxid und krebserregende Kohlenwasserstoffe an unsere Atemluft ab. Das muss unbedingt vermieden werden.

Für sehr kleine und gut isolierte Wohneinheiten ist der mit Holz betriebene Kaminofen die wohl einfachste und sparsamste Option. Ein paar Holzstücke genügen oft schon für die nötige Wärme. Als ökologische Energiequelle unschlagbar ist trockenes Restholz. Es fällt bei der Obstbaumpflege im Garten an oder man sammelt es als Leseholz im Wald, eine Beschäftigung, die auch als aktive Erholungszeit verbucht werden kann. Einen Holzsammelschein kann man für ein paar Euro bei den Gemeinden oder Forstämtern besorgen. In Staatsforsten darf Leseholz mit weniger als zehn Zentimetern Durchmesser, das am Boden liegt, für den Eigenbedarf sogar frei gesammelt werden. Das ist eine Art Jedermannsrecht und hat historische Ursprünge. Schon im Wörterbuch der Gebrüder Grimm wird das Leseholz als »dürres Holz, das armen Leuten aus den Wäldern aufzulesen erlaubt ist« erwähnt. Für Bedürftige war es früher oft die einzige Möglichkeit, Brennmaterial zum Kochen und zum Heizen zu beschaffen. Es ist nicht einmal einhundert Jahre her, da mussten die Kinder zwei Stück Holz mit in die Schule nehmen, damit der Klassenraum geheizt werden konnte. Besuchten sich Dorfbewohner an Winterabenden gegenseitig, brachten sie als Gastgeschenk ein Stück Holz mit. Inzwischen ist die Wertschätzung eines warmen Raumes im Überfluss untergegangen. Doch allmählich dämmert es, die Knappheit wird wieder bewusst. Eine neue Bescheidenheit könnte hilfreich sein, vor allem, wenn es dem Klimaschutz dient.

Eine unterstützende Methode, das heimische Nest mit Wärme zu versorgen, ist die Nutzung der Sonnenenergie. Sie ist absolut klima- und umweltfreundlich und zudem auch noch gratis. Deshalb plädiere ich für das »Sonnenhaus«. Es fängt die Strahlungsenergie der Sonne direkt ein. Während nach Norden hin auf Fenster weitgehend verzichtet (und umso mehr gedämmt) werden sollte, kann in südliche Richtungen großzügiger verglast werden, ohne den Vogelschutz (Abwenden der Kollisionsgefahr) zu vernachlässigen. Allein die direkte Sonnenstrahlung kann die Innentemperatur um bis zu zehn Grad anheben. Ganz besonders in den Übergangszeiten, aber selbst an klaren Wintertagen steigert die Sonne die von uns so geliebte Nestwärme.

Minihäuschen

»Weniger ist mehr« liegt nicht nur bei der jüngeren Generation voll im Trend. Es wird zunehmend zum Bedürfnis, sich von überflüssigem Ballast zu befreien, Ballast, der das Leben unnötig schwer machen kann.

Wer die Einfachheit liebt und umweltbewusst leben will, kann sich vielleicht mit einem »Tiny House« anfreunden und sich einen großen Traum von einem kleinen Zuhause erfüllen. Man kann sie als Weiterentwicklung traditioneller Aussteigerbauwagen ansehen. Sie sind wahrlich klein, manchmal auch beweglich und für handwerklich geschickte Menschen sogar im Selbstbau zu realisieren. Wer diese Talente nicht hat, kann auch auf ein Fertighaus zurückgreifen, sie erleben gerade eine steigende Nachfrage. Diese smarte Art von Wohnsitz besteht überwiegend aus Holz. Mit nur 20 Quadratmetern Grundfläche bietet ein Tiny auch WC, Dusche, Herd und Heizung. Die mobile Variante kann man auch mit einem PKW-Trailer dorthin befördern, wo man einen passenden Platz gefunden hat. Wenn es einem nicht mehr gefällt, zieht man weiter.

Das klingt romantisch, hat aber auch Nachteile. Wer auf Selbstversorgung Wert legt, ist damit schlecht beraten. So mancher Obstbaum, den man pflanzt, braucht einige Jahre, ehe er den vollen Ertrag abwirft. Wer sich über eigenes Obst und Gemüse freut, ist mit einem festen Standort besser bedient. Erst ein stationärer Lebensstil ermöglicht das Kennenlernen des Bodens unter den eigenen Füßen, man kann ihn aufwerten, »nahrhaft« machen und im übertragenen Sinn selbst Wurzeln schlagen.

Ob kleiner wirklich feiner ist? Das muss jeder für sich selbst entscheiden. Meine persönliche Erfahrung: Kleiner Wohnraum kann, muss aber nicht beengend sein. Ich erlebe kleinen Wohnraum als angenehm, wenn mir ein Weitwinkelausblick geschenkt ist. Dann sind mir die Quadratmeter der Wohnfläche in meinem Rücken weniger wichtig. Perspektiven auf eine lebendige Natur zu jedem beliebigen Zeitpunkt wiegen schwerer und machen glücklicher als großzügige Wohnräume ohne Draußen-Bezug. Bietet das direkt angrenzende Umfeld auch noch Raum für Privatsphäre, zum Beispiel in Form eines Gartens oder zumindest einer Terrasse, ist das Lebensgefühl kaum zu übertreffen.

Die Reduktion auf das Wesentliche im Leben beginnt beim Bauen und Wohnen. Die Entdeckung der eigenen Genügsamkeit kann eine doppelt heilsame Wirkung ausüben: auf die eigene Lebensqualität und gleichermaßen auf unsere natürlichen Lebensgrundlagen.

9

Arbeiten

Wer mit dem Landleben liebäugelt, stellt sich sehr bald die Frage, was er denn arbeiten und womit er seinen Lebensunterhalt verdienen könnte. Aber was ist Arbeit und wo lässt sie sich finden?

Das Wort »Arbeit« stammt aus dem Althochdeutschen und bedeutet so viel wie »Mühe« und »Plage«. Die alten Griechen und Römer, aber auch der Adel im Mittelalter lehnten Arbeit ab und ließen Sklaven oder Hörige für sich schuften. In späteren Zeiten, als Manufakturen entstanden und anschließend die industrielle Revolution Fließbänder einführte, war Arbeit noch immer alles andere als ein Vergnügen. Sie war eintönig, oft verbunden mit Lärm und schlechter Luft und sie machte krank.

Die Automatisierung und die digitale Revolution schließlich befreiten uns von so mancher Knochenarbeit. Maschinen sprangen ein. Die Arbeitenden brauchten fortan weniger Muskelkraft, die Arbeit wurde leichter. Doch ist auch die Freude an der Arbeit gewachsen?

Unsere soziale Anerkennung wird vor allem über die Arbeit definiert. Sie hat für jeden Menschen eine andere Bedeutung. Für den einen bedeutet Arbeit Zwang, seinen Lebensunterhalt verdienen zu müssen, dem anderen bietet der Arbeitstag Struktur und Halt im Leben und dem Dritten schenkt die Arbeit Erfüllung.

Arbeit in der Krise

Trotz aller technischen Fortschritte ist die Arbeit bis heute für viele Menschen eine ungeliebte Last. Nach einer FAZ-Umfrage sind 63 Prozent der Beschäftigten mit ihrer Arbeit unzufrieden. Einer Studie der Gewerkschaft VERDI zufolge fühlen sich mehr als die Hälfte der Mitarbeiter im Dienstleistungssektor gehetzt. Die Mehrheit ist weit davon entfernt, glücklich im Beruf zu sein. Arbeit geht vielen auf die Nerven. Die alte Plage, die körperliche, schweißtreibende Anstrengung wurde ersetzt durch eine neue Plage, den psychischen Stress, der mitunter ebenso schweißtreibend ausarten kann – in Form von Angstschweiß. Geklagt wird über Termin- und Leistungsdruck, eine hohe Arbeitsdichte und die Angst, Fehler zu machen und vielleicht den Arbeitsplatz zu verlieren. Auf der anderen Seite machen auch Unterforderung oder sinnlose Tätigkeiten Arbeitnehmer ernsthaft krank. Chronischer Stress führt zu chronischen Krankheiten. Die Stresshormone Adrenalin und Cortisol fluten den Körper, Puls und Blutdruck steigen auf ein erhöhtes Niveau, Herz-Kreislauf-Erkrankungen, Depressionen und Burnout, Immunschwäche und Krebs können folgen, wenn es nicht gelingt, einen gesunden Ausgleich zwischen Arbeit und Erholung herbeizuführen.

Stressreaktionen sind eine völlig natürliche Erscheinung und sie sind im Sinne des Überlebens nützlich. In kritischen Situationen kann der Organismus Energien mobilisieren, um eine Anstrengung zu überstehen. Nach der Stresssituation und deren erfolgreicher Bewältigung folgt normalerweise die Erholungsphase mit dem »Geschafft!«-Gefühl, in der Glückshormone ausgeschüttet werden. Dafür sorgt unser Belohnungssystem im Gehirn – im Normalfall. Kommt dieser Ausgleich zu kurz, fehlt es an angemessener Entspannung und Regeneration, so leidet die Gesundheit.

Über einen Zeitraum von rund 1000 Jahren veränderte sich die Art des Arbeitens auf dem Lande kaum. Sie war überschaubar. Mit der Hacke wurde der Boden bearbeitet, mit der Sichel geerntet und mit dem Dreschflegel die Getreidekörner gewonnen. Pferde und Ochsen ergänzten die Muskelkraft der Menschen, die Zugtiere wurden vor den Pflug und den Wagen gespannt. Der Dampfpflug wurde zwar Mitte des 19. Jahrhunderts erfunden, konnte jedoch wegen der hohen Anschaffungskosten und der erforderlichen zwölfköpfigen Mannschaft nur von wenigen Großgrundbesitzern eingesetzt werden. Für die Masse von Klein- und Mittelbauern blieb die Arbeit in Feld und Stall ein weiteres Jahrhundert klimaneutral, ohne jedwede Verbrennung von Öl oder Kohle. Eine der ersten Maschinen war die Dreschmaschine. Sie trennte die Spreu vom Weizen und ersetzte das schweißtreibende, mühsame Flegeln der Getreideähren. Erst Mitte des letzten Jahrhunderts tauchte in den Dörfern immer öfter der Bulldog auf, ein laut tuckender Einzylinder-Traktor, der immer modernere Modelle nach sich zog. Traktoren fressen keinen Hafer, dafür verlangen sie nach Öl als Energiequelle und heizen damit das Klima an. Der Bauer, der sich früher körperlich sehr anstrengen musste, verbringt zunehmend seinen Arbeitstag sitzend im vollklimatisierten und digital aufgerüsteten Traktor oder Mähdrescher und leidet ebenso unter Bewegungsmangel, Rückenschmerzen und Übergewicht wie seine Kollegen in Industrie und Büro.

In der vorindustriellen Zeit arbeitete man dort, wo man auch wohnte. Inzwischen ist es fast Normalität, dass die Arbeitsstelle vom Wohnort entfernt liegt. Wenn man nicht mit den öffentlichen Verkehrsmitteln zum Ziel gelangt, braucht man ein Auto.

Das kostet Geld. Aber dafür arbeitet man ja. Doch Autofahren hat Folgen. Es kostet auch Nerven und erzeugt Stressreaktionen im Körper, selbst dann, wenn es zur Gewohnheit geworden ist. Außerdem trägt das Auto ganz wesentlich zum Ausstoß von Treibhausgasen bei. Kein anderes Verkehrsmittel belastet unsere Atmosphäre so stark wie die fahrenden Autos auf dieser Welt. Je mehr Autos unterwegs sind, umso mehr Straßen müssen gebaut werden, was wiederum Natur und Landschaft kostet.

Die Arbeit selbst ist meist auch nicht gerade umweltfreundlich, im Gegenteil, sie ist zum Treiber der Umweltzerstörung geworden. Es werden immer mehr Rohstoffe und Energie verbraucht und es wird schädlicher Abfall erzeugt. Besonders klimaschädliche Arbeitsplätze finden sich im Kohlebereich, in der Metallbranche und in der chemischen Industrie, überall, wo mit hohen Temperaturen oder mit schwerer Technik gearbeitet wird. Klimaschonende Arbeitsplätze sind überwiegend in sozialen Bereichen wie Betreuung, Bildung, Pflege und Gesundheit, aber auch in Forschung, Kunst und Kultur angesiedelt. Neu hinzugekommen sind die Jobs in den Bereichen der Erneuerbaren Energien, die den Klimaschutz voranbringen. Die Digitalwirtschaft, vor allem das Streaming, ist hingegen kein Musterknabe, deren Energieverbrauch steigt exponenziell.

Wird es noch genügend Arbeit geben, wenn klimaschädliche Technologien reduziert werden? Die Einführung der Erneuerbaren Energien hat ein Mehrfaches an Arbeitsplätzen geschaffen, als es im Kohlebereich gibt. Doch in vielen anderen Bereichen machen Automatisierung und Digitalisierung zunehmend Arbeitsplätze und Berufe überflüssig.

Maschinen und Roboter werden nicht krank, sie sind nicht in Gewerkschaften organisiert, streiken nicht, um höhere Löhne zu erzwingen, brauchen weder Pausen noch Kantinen oder gar

Urlaub, sie müssen nicht einmal zur Toilette. Das sind sehr willkommene Entwicklungen für einen Unternehmer zur Steigerung der Gewinne. Genau deshalb werden die Industrie 4.0 und die Digitalisierung in den höchsten Rang der wirtschaftlichen und politischen Prioritäten erhoben, nicht etwa die Bewahrung unserer natürlichen Lebensgrundlagen. Die Wirtschaft kann dabei doppelt verdienen: einmal am Verbrauch von Natur und Gesundheit und anschließend an den Reparaturversuchen. Ist das kluge, nachhaltige Wirtschaft?

Seit Jahrzehnten schrumpft die Zahl der Arbeitsplätze in der Industrie, in den Dienstleistungsbereichen ist sie gewachsen. Doch auch hier wird es eng. Insolvenzen drohen mit jeder Krise. Die Konkurrenz um die verbleibende Arbeit wächst und damit auch die Angst, die eigene Einkommensquelle, die wirtschaftliche Existenz zu verlieren und mit weniger Geld auskommen zu müssen. Spätestens dann wird dem Betroffenen seine Unfreiheit bewusst – seine totale Abhängigkeit vom Gelderwerb. Wenn das Einkommen nicht mehr wie gewohnt fließt und die Kosten der Lebenshaltung dennoch weiter anstehen oder gar steigen, wird es problematisch. Wenn dieses Schicksal Millionen Menschen ereilt, sind Lösungen gefragt, sonst ist der soziale Frieden gefährdet.

Ein Ausweg könnte das bedingungslose Grundeinkommen sein. Nach diesem Modell erhält jeder Bürger zur Existenzsicherung eine feste und für alle gleiche, staatlich finanzierte Zuwendung, ohne dafür eine Gegenleistung erbringen zu müssen. Im Gegenzug fallen alle Sozialleistungen weg. Selbst wenn diese Idee finanzierbar wäre: Der Mensch braucht neben seiner finanziellen Absicherung auch einen Lebensinhalt, er braucht Aufgaben, Tätigkeiten, die ihm Selbstbestätigung, Anerkennung und seinem Leben einen Sinn geben.

Wenn eine Ressource knapp wird, muss man lernen, mit ihr sparsam umzugehen. Wenn bezahlte Arbeit zur Mangelware wird, könnte man sie nicht ebenso teilen wie andere knappe Güter?

Arbeit und Konsum halbieren?

Klimakrise, Umweltprobleme, Artensterben und Gesundheitskrisen machen uns schwer zu schaffen, sie halten uns in Atem. Haben wir uns die globalen Probleme nicht selbst eingebrockt, weil wir zu viel arbeiten und zu viel konsumieren? Wir rackern uns ab, wir kaufen ein und schmeißen weg! Nach und nach schwinden die globalen Ressourcen, wir leben zur Hälfte des Jahres auf Pump, weil wir in den reichen Ländern mehr verbrauchen, als uns zusteht, mehr als die Erde für uns bereithält.

Wenn Güter knapp werden, steigt in einer Marktwirtschaft der Preis. So verhält es sich mit Grund und Boden, mit Getreide und mit Erdöl. Wenn jedoch der Faktor Arbeit knapp wird, nimmt die Arbeitslosigkeit und Konkurrenz um die verbliebenen Arbeitsplätze zu. So können die Löhne gedrückt und die Ausbeutung gesteigert werden, die Spaltung der Gesellschaft vertieft sich. Auf der einen Seite stehen die Überarbeiteten mit hohem Einkommen, auf der anderen Seite die Überzähligen ohne Arbeit oder mit prekären Beschäftigungsverhältnissen. Eine naheliegende, solidarische Lösung wäre, die vorhandene Arbeit zu teilen. Das Arbeitszeitmodell »Teilzeit« ist bereits erfunden und steht jedem offen. In den Niederlanden ist es schon weit verbreitet. Arbeit abzugeben bedeutet aber auch, Einkünfte abzugeben. Für viele Arbeitnehmer ist die Vorstellung, von einem geringeren Haushaltseinkommen zu leben, der reinste Horror. Das Einkommen muss steigen, nicht sinken, so das

Dogma, auch und gerade bei den Interessenvertretern der Arbeitenden, bei den Gewerkschaften. Warum eigentlich?

Wer seine Ausgaben nüchtern analysiert, kann zwischen verzichtbaren und unverzichtbaren Anteilen unterscheiden. Verzichtbar wären auf jeden Fall die Verschwendungsanteile, der unnötige Kauf von Dingen, die nicht wirklich gebraucht werden, die nur Platz wegnehmen, zu Staubfängern werden und alsbald in der Mülltonne landen. Mit ihrem Erwerb opfern wir nicht nur unser Geld, sondern auch unsere Lebenszeit. Wir kaufen eindeutig mehr, als wir brauchen. Ist es vernünftig, dass wir einen ansehnlichen Teil unserer Nahrungsmittel in der Tonne entsorgen? Ist es sinnvoll, dass der Durchschnittsbürger jede Woche ein neues Kleidungsstück kauft? Ist es wirklich notwendig, immer das neueste Modell zu besitzen, egal ob Handy oder Auto? Welche »Not« wenden wir damit eigentlich ab? Hinzu kommen unzählige, kurzlebige Wegwerfartikel, die zwar gekauft, aber nicht wirklich gebraucht werden.

Einzusparen wären auch Ausgaben, die mir selbst und meiner Gesundheit nicht guttun, sogenannte »Genussmittel« oder unnötige Nahrungsergänzungsmittel. Manche teuren Dienstleistungen kann ich auch selbst leisten und damit meine eigenen Fähigkeiten weiterentwickeln. Das Resultat der Analyse könnte ergeben, dass ich auch mit weniger Einkommen ein gutes Auskommen hätte. Dafür müsste ich nur halb so viel arbeiten und hätte Zeit gewonnen für angenehmere, frei wählbare Beschäftigungen, für mehr Naturaufenthalt, für das Entdecken des eigenen Umfeldes, für meine lieben Angehörigen, für die Pflege von Freundschaften, für meine Bildung oder auch für Muße. Wie wäre es damit: Statt »Zeitnot« und »Konsumwohlstand« mehr »Zeitwohlstand«?

Reduziere ich meinen Konsum, steigere ich auch automatisch mein Engagement im Klima- und Umweltschutz. Der Mammutanteil, nämlich 72 Prozent unseres persönlichen CO_2-Fußabdruckes, entstammt dem Kauf von Industrieprodukten und Nahrungsmitteln sowie unseren Mobilitätsansprüchen. Alles, was wir kaufen und verbrauchen, muss zuvor mit einem hohen Aufwand an Energie und Rohstoffen durch Industrie und Landwirtschaft produziert, verarbeitet, verpackt, transportiert, gelagert und gehandelt werden. Das sind die größten Brocken unseres Klimarucksacks, den wir zu verantworten haben. Entlastung ist angesagt, aber wie?

Die Möglichkeiten zu einem klimaverträglichen Lebensstil fallen für jeden anders aus. Bei genauer Betrachtung erweisen sie sich als größer, als man zunächst glaubt. Meine persönliche Zielmarke war eine Halbierung meiner CO_2-Last. Das mag auf den ersten Blick utopisch erscheinen, ist aber erreichbar. Ich habe es jedenfalls geschafft und ich bin weiter unterwegs. Machen wir uns gemeinsam auf den Weg, das Nötige zu tun und das Unnötige zu lassen. Mit Überzeugung und Leidenschaft kann man aus dem absurden Wettlauf nach immer mehr und immer schneller aussteigen und sein eigenes Tempo, seinen eigenen Weg einschlagen, neue Werte entdecken und am Ende gewinnen. Anfangs wird man belächelt, erntet Kopfschütteln, irgendwann neugierig befragt, bald ein bisschen heimlich bewundert und schließlich kann man zum Vorbild für andere werden.

Perspektive Landarbeit?

Das Landleben ist seit der Ära der Ackerbauern und Viehzüchter die Domäne dieses Berufsstandes. Hier sind die Landwirte verwurzelt, hier ist ihr Aktionsraum. Die ganze Vielfalt der Berufe entstand erst durch die Arbeitsteilung in den Städten, von den Handwerkerzünften im Mittelalter beginnend bis hin zu den neuen Jobs in den Medienbranchen und der Unterhaltungsindustrie.

Derzeit findet man Arbeitsplätze vor allem in den Städten. Genau dort könnten aber durch Digitalisierung und Automatisierung die meisten Jobs verloren gehen. Viele Bereiche in Produktion und Dienstleistung werden mit immer weniger Menschen auskommen. Könnten die ländlichen Räume eine Ausweichmöglichkeit für Arbeitssuchende bieten? Skepsis ist zunächst angebracht. Auch auf dem Land werden Arbeitsplätze im großen Stil wegrationalisiert. Zudem fühlen sich viele Menschen in abgelegenen Regionen abgehängt, ganz besonders von den neuen technischen Errungenschaften, wie dem Zugang zum schnellen Internet. Wer zieht schon freiwillig ins digitale Nirgendwo?

Wie kann das Leben auf dem Land attraktiver werden? Kann Landarbeit mehr sein als Landwirt sein? Ich bin davon überzeugt, dass die ländlichen Räume als Orte zum Leben und Arbeiten an Bedeutung gewinnen werden. Wir stehen vor einer Trendumkehr. Viele Zukunftssignale zeigen Richtung Landarbeit. Ich möchte Sie einladen, lassen Sie sich mitnehmen auf eine Suche nach neuen Wegen, die ländlichen Räume als künftige, vor allem nachhaltige Lebens- und Arbeitsräume zu entdecken.

Der Stadtplaner Professor Thomas Krüger geht davon aus, dass die Menschen künftig nicht mehr täglich um neun Uhr ins Büro im Zentrum fahren müssen und um 17 Uhr ihren Schreibtisch verlassen. Der Anteil an Homeoffice wird auch in Deutschland auf mindestens 30 Prozent anwachsen, wie schon in Frankreich vor Corona üblich. Viele Bürotätigkeiten können ganz und gar in den ländlichen Raum verlegt werden. Das wiederum belebt Handel, Handwerk und andere Dienstleistungen in der Fläche, es ermöglicht eine regionale Eigenversorgung. Verkehrsströme werden entzerrt und vor allem reduziert.

Um den Stadt-Land-Austausch zu erleichtern, müssen die ländlichen Räume stärker mit den Ballungsräumen vernetzt werden. Wie sieht es mit der technischen Infrastruktur in den ländlichen Räumen aus, mit dem schnellen Internet und dem Mobilfunk? Bei der Breitbandversorgung mit mindestens 50 Mbit/s zeigen sich immer noch deutliche Stadt-Land-Unterschiede. Während in den Metropolen über 95 Prozent der Haushalte Zugang zum schnellen Internetanschluss besitzen, sind es in entlegenen Regionen oft nicht einmal 60 Prozent. Doch dieser Tatbestand ist nicht in Stein gemeißelt. Auch in manchen dünn besiedelten Gebieten ist der Versorgungsgrad bereits jetzt erstaunlich hoch. Was hindert uns daran, diesen Rückstand auch in anderen Orten aufzuholen? Es geht um Fragen der Grundversorgung. Wenn es politisch tatsächlich gewollt ist und es nicht bei Sonntagsreden bleibt, wird dieses Problem sehr bald der Vergangenheit angehören.

Besser sieht es mit der Mobilfunkversorgung aus. Ein Stadt-Land- oder ein Ost-West-Gefälle ist kaum noch erkennbar. Im Rückstand sind allerdings einige Mittelgebirge, besonders der Südwesten auf Grund der geografischen, gebirgigen Bedingungen.

Neben der digitalen Infrastruktur müssen vor allem die öffentlichen Verkehrsmittel optimiert werden. Innenstädte sollten vom Umland aus gut erreichbar sein, sei es durch Bahnverbindungen, Ringbussysteme oder Elektroräder. Neue Ideen sind gefragt. In vielen Landkreisen haben sich kleine Rufbusse bewährt, die bei angemeldetem Bedarf verkehren. In manchen Dörfern haben sich sogenannte »Mitfahrbänke« an den Ortsausgängen etabliert. In kleineren Orten kennt man sich und die Hemmschwelle zum Mitnehmen und zum Mitgenommenwerden ist niedrig. Hoffnungsvoll stimmt die politische Absicht, stillgelegte Bahnstrecken im großen Umfang wieder zu reaktivieren. Erst eine bessere Stadt-Land-Vernetzung erleichtert die Wiederbelebung der ländlichen Räume und damit eine wechselseitige Bereicherung. Die Landbevölkerung braucht einen leichteren Zugang zu städtischen Bildungs- und Kulturangeboten. Das Internet hilft, die Stadt-Land-Diskrepanzen zu verringern, es ersetzt aber nicht den unmittelbaren Mensch-zu-Mensch-Kontakt.

Städte sind und bleiben die Zentren der Bildung und der Kultur. Universitäten, Museen, Theater, Kinos und Sportstadien sind mit ihren Angeboten Anziehungspunkte für Touristen wie auch für die Landbevölkerung. Diese Angebote können nicht nur physisch, sondern zunehmend auch virtuell genutzt werden. So rücken Stadt und Land zusammen, die Distanzen schwinden. Um zu studieren, muss man nicht mehr unbedingt in der Stadt einen teuren Zweitwohnsitz beziehen. Digitale Fernstudiengänge sind im Wachsen begriffen. Auch Tagungen und Symposien finden inzwischen grenzenlos statt. Man kann dabei sein, egal, wo man wohnt. Die Diskussionsteilnehmer finden sich in einem Video-Fenster und können zuhören und selbst mitdiskutieren. So kommt der Wissens- und Gedankenaustausch ohne Reiserei und Ortswechsel direkt zu den Interessenten. Über diese Webinare zu aktuellen Themen können mehrere Hundert Gäste dabei sein. So gleicht sich mit den neuen Medien das alte Stadt-Land-Gefälle zunehmend aus.

Was leider allzu oft vergessen wird – auch das Land hat Kultur zu bieten: »Cultura« (lat.) bedeutet »Ackerbau«. Das ist die Urform unserer Kultur, vielleicht die wichtigste überhaupt. Sie bringt Kulturlandschaften hervor, die uns nicht nur ernähren, sondern darüber hinaus auch erbauen und ideelle Lebensbedürfnisse befriedigen können. Auf dem Land lässt sich uraltes, lebensnotwendiges Wissen wiederentdecken. Gehört es nicht zum Wissensschatz eines kultivierten Menschen einfach dazu? Wie und wo entstehen unsere Nahrungsmittel? Wie kann man Gemüse anbauen, Kartoffeln ernten und wie kann man Brot backen? Wie ergeht es den Haustieren und wie den wild lebenden Tieren? Den Stadtbewohnern den Zugang zur ländlichen Kultur zu erleichtern, ist ebenso wichtig wie der umgekehrte Weg.

Über viele Jahrhunderte wurden die Städter direkt von den Bauern im Umland mit Nahrungsmitteln versorgt – eine uralte Tradition, die es wiederzuentdecken gilt. Die umgebenden ländlichen Räume galten über Generationen als geschätzte »Kornkammern« und »Gemüsegärten« für die Stadtbevölkerung. Das ökologisch sinnvolle regionale Wirtschaften mit möglichst kurzen Transportketten braucht die enge Stadt-Land-Beziehung. Die Verbraucher sollen einen leichteren Zugang zu regionalen, frischen Lebensmitteln erhalten. Das geht über die Wochenmärkte in den Städten ebenso wie über Hofläden in den Dörfern. Die Nähe und der Kontakt zwischen Erzeuger und Verbraucher ist auch eine Lernchance, Nahrung stärker wertzuschätzen.

Der regionale Warenverkehr muss in beide Richtungen zwischen Stadt und Umland funktionieren. So wie die Städter an frische und gesunde Nahrungsmittel gelangen wollen, so haben auch Dorfbewohner den Wunsch, gelegentlich Industriewaren zu erwerben oder andere städtische Angebote zu nutzen. Die Vermarktung regionaler Produkte und handwerklicher Dienstleistungen ist eine kreative und personalintensive Herausforderung, die auch neue Arbeits- und Erwerbsmöglichkeiten schafft. Sie bietet eine zukunftsfähige Alternative zu industriellen Massengütern, zur Fertignahrung der multinationalen Konzerne und kann die Existenz lokaler Unternehmen sichern helfen.

Handwerk hatte einmal »goldenen Boden«. Körperlich arbeiten und die Hände schmutzig machen waren später nicht mehr gefragt. Nun bahnt sich eine Kehrtwende an. Quereinsteiger mit innovativen Ideen entdecken die Vorzüge des Tischler-, Zimmerer- und Bäckerhandwerkes. Gerade ländliche Gebiete bieten viel freien und erschwinglichen Raum für Werkstattgründungen und einen Neustart.

Ganz ähnlich verhält es sich im Gesundheitsbereich – ein weites Feld für sinnvolle Beschäftigungen. Die öffentlichen Gesundheitsdienste im ländlichen Raum müssen gestärkt werden, denn auch die Landbevölkerung benötigt medizinische Betreuung. Die Ausweitung der Telemedizin kann nur ein erster Schritt sein, um die Versorgung flächendeckend zu sichern. Dringend gesucht werden Landärzte. Um Medizinstudenten dafür zu gewinnen, übernehmen manche Bundesländer deren Ausbildungskosten.

In meinem Dorf gab es früher bis zur Wende eine öffentliche Gemeindeschwesternstation, die ständig durch eine ausgebildete Krankenschwester besetzt und Anlaufpunkt für die Bevölkerung war. Aus Kostengründen wurde sie geschlossen, ebenso wie die in jeder Kleinstadt einst vorhandenen Landambulatorien mit den verschiedensten Fachärzten. Inzwischen gibt es erste Versuche, diese Form der gesundheitlichen Betreuung in der Fläche wieder zu reaktivieren.

Doch das Land ist nicht nur medizinischer Kostenfaktor. Es besitzt auch Möglichkeiten zur gesundheitlichen Vorsorge, zu Heilung und zur Steigerung der Lebensfreude. Gefühltes Lebensglück hat unmittelbar positive Auswirkungen auf die körperlichen Abwehrkräfte und die Lebenserwartung, wie der Mediziner Eckart von Hirschhausen immer wieder betont. Diese Potenziale sollten gerade der Stadtbevölkerung stärker vermittelt werden. Die meisten Kurorte sind in landschaftlich reizvollen Gebieten zu finden. Viele naturbasierte Therapien lassen sich im ländlichen Raum leichter und authentischer umsetzen. Naturheilkundliche Verfahren wie die traditionelle Kneipp-Methode, Heilkräuteranwendungen, das Fastenwandern, aber auch meditative, fernöstliche Praktiken wie Qi Gong, Tai Chi, Yoga, Ayurveda, TCM und weitere Naturheilverfahren werden zunehmend in naturnaher Umgebung erfolgreich angeboten. Die Nachfrage nach derartigen Dienstleistungen steigt. Die Kliniken für den Krankheitsfall sind zwar in der Stadt angesiedelt, aber die Quellen der Gesundheit sprudeln ganz besonders im ländlichen Raum. Die meisten behandlungsbedürftigen Menschen sind chronisch krank, wie der Naturheilkundler und Chefarzt im Immanuel Krankenhaus Berlin, Professor Andreas Michalsen, erklärt. Chronisch Kranke bedürfen einer länger andauernden Behandlung, um wieder zu genesen. Ein Ortswechsel in ein entspannend wirkendes Umfeld ist für einen erfolgreichen Genesungsprozess außerordentlich hilfreich.

Freies Arbeiten

Was entscheidet letztlich über unser Wohlbefinden? Ist es allein die konsumptive und medizinische Versorgung oder ist es nicht auch die Umwelt mit ihren gesellschaftlichen Verhältnissen, allen voran die Arbeitsverhältnisse? Befriedigung und ein gesundes Selbstbewusstsein verschafft eine Tätigkeit dann, wenn sie vernünftig erscheint, vom Umfang her angemessen ist und nicht zuletzt gesellschaftliche Anerkennung findet. Sinnvolle Arbeit stiftet menschlichen Selbstwert.

Zur Lebensfreude gehört für mich vor allem Freude an der Arbeit. Anders möchte ich gar nicht leben. Ich weiß, wie es ist, während des Arbeitstages immer wieder auf die Uhr zu schielen, ob die Zeit bis zum Feierabend wohl »bald rum« ist. Und nicht wenige Menschen zählen ihre Arbeitsjahre bis zur Rente und hoffen, dass die »Leidensjahre« bald vorbei sind. Ist es nicht töricht, seine kostbare und unwiederbringliche Lebenszeit hinwegzuwünschen? Verspielt man nicht sein Leben? Ich habe diese Erfahrung über Jahre als Lehrling in einem lärmenden Maschinenbaubetrieb gemacht. Die Menschen um mich herum bedienten ihre Maschinen und erschienen mir ebenso als solche, abgestumpft, emotionslos. Freundliche Gesichter suchte ich vergeblich.

Arbeit und Lebenszufriedenheit sind zwei Grundbedürfnisse des Menschseins, sie gehören meines Erachtens zu unseren Grundrechten. Wäre es nicht erstrebenswert, beides zu verbinden? Arbeit als Notwendigkeit, als Bedürfnis und Glücksbringer zugleich ist keine Utopie, viele Menschen haben es geschafft. Man muss nur danach suchen und den Mut aufbringen, die ausgetretenen Pfade zu verlassen.

Freies Arbeiten ist ein Traum vieler Menschen. Aber bietet

es auch eine Existenzgrundlage? Das sollte gut überlegt sein. Wer kreativ und flexibel ist, hat gute Voraussetzungen und eine Dosis Genügsamkeit wäre ebenso hilfreich. Reicht vielleicht eine Teilzeitarbeit zur existenziellen Absicherung, um Raum und Voraussetzungen für eine spätere selbstständige Tätigkeit zu schaffen?

Mir persönlich war es wichtig, ein passendes, einladendes und inspirierendes Umfeld zu finden, um Bücher zu schreiben, Bücher über Mensch und Natur. Mitten in einem weitläufigen Naturschutzgebiet leben zu können, erschien mir sehr verlockend. Tiere rund ums Jahr in ihrem angestammten Lebensraum direkt am eigenen Wohnort beobachten zu können, ist ein unschätzbarer Fundus für eine solche Tätigkeit. Klar, vom Bücherschreiben kann man kaum leben, das bestätigt fast jeder Autor, aber haben unsere Vorfahren nicht auch von und mit der Natur gelebt?

Man mag meinen, ich sei privilegiert. Doch auch ich habe bei null angefangen, lebe mit Risiken, muss ständig Ideen entwickeln, auf gute Gedanken kommen und sie gekonnt in Sätze gießen, einen Verlag finden, für meine Ideen und Bücher werben und Kontakte knüpfen. Ich muss auch für mein Obdach, für meine Nahrung sorgen, habe Termine für die Aussaat, die Ernte, die Verarbeitung meiner Lebensmittel zu beachten und einzuhalten. Ich arbeite länger als acht Stunden am Tag, auch am Wochenende, und werde nie wirklich fertig. Und dennoch würde ich um keinen Preis der Welt meine freie Arbeit gegen eine unfreie Arbeit eintauschen. Der Unterschied zum unfreien Arbeiten: Ich arbeite immer dann, wenn mir danach verlangt, wenn meine Verfassung und meine Stimmung dazu passen, und auch das Wetter spricht ein Wörtchen mit. Ich teile mir die Arbeit ein, sorge für viel Abwechslung und spüre, dass mir die Arbeit dann guttut, wenn ich darüber selbst bestimmen kann, was ich wann erledige, wann Kopf und wann Körper, wann Sitzen und wann Bewegung dran sind. Stundenlanges Hocken am Schreibtisch sind für mich ein absolutes Tabu. Arbeit darf keine Qual sein.

Wenn man das tut, was man liebt und wofür man brennt, dann ist es keine Arbeit mehr. Die Kreativität, die ich für meine berufliche Tätigkeit brauche, finde ich in der freien Natur, wenn ich in Bewegung und mit guter Luft versorgt bin, wenn ich meinen Leidenschaften nachgehen und spontan sein kann. Dann kommen sie mir zugeflogen, die Ideen, die Worte und Sätze. Wenn ich auf dem Fahrrad durch Wald und Flur fahre, bin ich frei und mein Kopf, meine Gedanken ebenso. Wo viel Platz ist, wo sich weite Räume in der Landschaft überraschend auftun, dort öffnen sich auch die schöpferischen Räume.

Schöpferische Berufe ermöglichen nicht nur, sie verlangen sogar ein freies, selbstbestimmtes Arbeiten. Fließen die Gedanken nicht so recht oder geraten sie gar ins Stocken, hilft ein Kurzausflug per Fahrrad in die Umgebung. Wald und Heide haben viel Platz für mich. Eine halbe Stunde körperliche Aktivität, verbunden mit intensiver Atmung und Naturbetrachtung reicht aus, um den Gedankenfluss wieder in Gang zu setzen.

Grüne Daseinsvorsorge

Wenn wir die größten Probleme unserer Epoche lösen wollen, brauchen wir entschieden mehr Engagement vor allem in den bislang vernachlässigten ländlichen Räumen – gesellschaftlich, politisch und individuell. Ich plädiere dafür, die öffentlichen Investitionen künftig stärker in die ländlichen Räume zu lenken. Die wichtigsten Leistungen für einen nachhaltigen Klima- und

Artenschutz können und müssen vom ländlichen Raum ausgehen. Während in den Industriegebieten und urbanen Siedlungsräumen die größten Treibhausgasverursacher angesiedelt sind, befinden sich die Klimaretter, die wichtigsten CO_2-Speicher und CO_2-Senken in den ländlichen Gebieten. Um die Erderhitzung in erträglichen Grenzen zu halten, müssen einerseits Industrie und Städte ihren Treibhausgasausstoß bis zur Klimaneutralität reduzieren. Auf der anderen Seite muss das Land in die Lage versetzt werden, Treibhausgase der Atmosphäre zu entziehen und dauerhaft und gefahrlos zu speichern. So braucht der deutsche Wald mehr Geld und Personal, um ihn zu erhalten und durch angepasste Baumarten widerstandsfähig zu machen. Im ländlichen Raum sind auch jene Lebensräume angesiedelt, die für viele bedrohte Pflanzen- und Tierarten unersetzliche Habitate sind. Nur im ländlichen Raum ist die Rettung der kompletten biologischen Vielfalt realisierbar. Was also ist zu tun?

Um diese drängenden Aufgaben zu lösen, sind motivierte Menschen auf dem Land gefragt, für die Klima- und Naturschutz ein Herzensanliegen ist. Dazu muss das Landleben attraktiver werden, denn ohne lebendiges, sozial und ökologisch intaktes Land hat auch die Stadt keine Zukunft. Im Getriebe der Zeit scheinen wir es vergessen zu haben: Die Daseinsvorsorge für die gesamte Bevölkerung beginnt auf dem Land! Der ländliche Raum ist von Natur aus die Quelle für gesunde Nahrungsmittel, für reine Luft, für sauberes Wasser und für die biologische Vielfalt.

Der Schutz der natürlichen Lebensgrundlagen ist eine Jahrhundertaufgabe, sie verlangt geradezu nach Milliardeninvestitionen. Was heute nicht angepackt wird, kommt uns morgen doppelt bis dreifach teurer zu stehen. Maßnahmen zum Klimaschutz und für die Sicherung stabiler Ökosysteme sind im ländlichen Raum besonders effizient umsetzbar. Es sind Aufgaben der öffentlichen Daseinsvorsorge, die für die Zukunftssicherung unverzichtbar sind. Da sie nicht das schnelle Geld versprechen, müssen von der öffentlichen Hand finanzielle Mittel dafür bereitgestellt werden. Der Green Deal der Europäischen Union sieht vor, 30 Prozent der Flächen unter Schutz und 10 Prozent unter strengen Schutz zu stellen. Entschiedenes Handeln und Tätigwerden sind angesagt.

Da bereits große Schäden an Klima und biologischer Vielfalt angerichtet wurden, braucht es umfangreiche Kompensationsmaßnahmen in der Landschaft, die über Aktionismuskampagnen und Pilotprojekte hinausgehen. Es gibt keine Alternative zum konsequenten Schutz und zur nachhaltigen Nutzung von Boden, Wasser, Klima und Lebensraumvielfalt. Dafür müssen neue Jobs geschaffen werden, Jobs für geistige wie für körperliche Tätigkeiten, die dem Gemeinwohl dienen und von der Gemeinschaft zu finanzieren sind. Wir brauchen eine ländliche Joboffensive.

Für die Konzipierung, Planung und Realisierung von Schutzmaßnahmen ist viel mehr Personal nötig als derzeit vorhanden, um Ausschreibung, Vergabe, Umsetzung und Kontrolle qualifiziert abzusichern. Unverzichtbar ist die Abstimmung mit den zuständigen Behörden, mit Flächeneigentümern und Landnutzern bis zur Einvernehmungsherstellung. All dies erfordert qualifizierte Fachkräfte und eine solide finanzielle Ausstattung. Neben den dringenden Schutzmaßnahmen muss sich die Bewirtschaftung des Landes an den Kriterien der Nachhaltigkeit messen lassen. Da die Hälfte unseres Territoriums landwirtschaftlich genutzt wird, fällt dem ökologisch ausgerichteten Landbau eine Schlüsselrolle in der grünen Daseinsvorsorge zu.

Ökolandwirte

Wenn man über kreative Berufe nachdenkt, fallen einem vor allem Künstler ein. Kaum jemand käme auf die Idee, dass der Ökolandwirt einen der kreativsten Berufe ausübt. Aber so ist es! Er ist nicht nur Landwirt, er ist auch Naturwirt und Klimawirt. Komplexes Wissen, Erfahrung und Intuition sind in diesem Beruf ebenso unverzichtbar wie Leidenschaft und positives Denken. Biobauer zu sein heißt auch, vielseitig zu sein: Polykulturen statt Monokulturen, Stoffkreisläufe statt Chemieeinsatz und Futtermittelimporte. Erst die Vielfalt verleiht einem Bauernhof Widerstandsfähigkeit gegenüber Ausfällen einzelner Kulturpflanzen, genauso wie Vielfalt natürliche Ökosysteme stabilisiert.

Zur Bewältigung unserer globalen ökologischen Probleme nimmt die Landwirtschaft eine zentrale Stellung ein. Immerhin werden 50 Prozent der Landfläche in Deutschland landwirtschaftlich genutzt. Allerdings erscheint mit 1,4 Prozent der Beschäftigten und nur 0,8 Prozent der Bruttowertschöpfung der Landwirtschaftssektor statistisch als ein nebensächlicher, ja fast vernachlässigbarer Wirtschaftszweig. Doch diese Rechnung ist irreführend. Eine nachhaltige Landnutzung spielt bei der Bewältigung der Zukunftsaufgaben wie Ernährungssicherheit, Klimaschutz, Naturschutz und Gesundheitsschutz eine Schlüsselrolle. Sie beinhaltet mehr als nur eine Kurzfristökonomie. Die entscheidenden Werte, die unser Überleben sichern, gehen in die Rechnung der Ökonomen bislang noch nicht ein.

Die Umstellung auf eine nachhaltig ökologisch ausgerichtete und giftfreie Landwirtschaft ist dringlich und alternativlos. Wie soll die beschlossene »Null-Schadstoff-Strategie« der EU realisiert werden, wenn weiter Pestizide und synthetische

Stickstoffdünger großflächig beinah im Wochentakt eingesetzt werden? Mit dem Gelingen einer Ökologisierung der Landwirtschaft steht und fällt die Gesundheit von Mensch und Natur. Ohne nachhaltige Landnutzung wären die Jahre der Menschheit gezählt. Hier liegt ein entscheidendes Einsatzfeld künftiger, grüner Arbeitsplätze.

Der Ökolandbau erfordert eine höhere Anzahl an Arbeitskräften. Er ist arbeitsintensiver und nutzt geschickt die Gratisleistungen der Natur, statt auf Chemie zu setzen. Damit werden chemische Düngemittel und Pestizide überflüssig, ihre Kosten, Schäden und Risiken entfallen. Ökolandbau vermeidet vorsorglich Umwelt- und Gesundheitsbelastungen, also Folgekosten, die sonst der Allgemeinheit angelastet werden. Diese Leistungen am Gemeinwohl werden bislang allerdings kaum oder nur unzureichend honoriert. Raubbau an den natürlichen Lebensgrundlagen ist derzeit immer noch profitabler als ein achtsamer und nachhaltiger Umgang mit dem Boden, den Pflanzen und den Tieren. Vieles spricht für einen ökologischen Umbau der Landbewirtschaftung, auch soziale Aspekte.

Die industrielle Landwirtschaft ist in Bezug auf Klimawandel und Artensterben Täter und Opfer zugleich. Sie verschärft die Probleme und leidet gleichzeitig darunter. Nur der Ökolandbau kann diesen Gordischen Knoten zerschlagen, er arbeitet klima- und naturschonend. Dennoch bleibt auch er von den Folgen des Klimawandels nicht verschont. Bei steigenden Temperaturen und jährlichen Regenmengen von unter 500 Millimetern gerät der Anbau der klassischen Kulturen an seine Grenzen. Die Erträge werden unsicherer, Ausfälle werden häufiger. Alternativen sind gefragt. Unter den neuen Verhältnissen könnten nach ersten Erfahrungen auch Buchweizen, Soja, Quinoa und Kichererbsen in unseren Breiten gedeihen. Die Nachfrage wächst vor allem im Bio-Bereich. Diese Kulturen kommen auch mit weniger Niederschlägen zurecht, allerdings sind sie gegen Spätfröste empfindlich. Besonders arbeitskräfteintensiv ist der ökologische Obst- und Gemüseanbau, eine Branche mit guten Zukunftsperspektiven. Derzeit ist unsere Abhängigkeit von Lieferungen aus dem Ausland, zum Teil auch aus Übersee, sehr groß und unsere Ernährung damit keineswegs krisensicher. Hinzu treten die langen Transportwege, die ökologisch negativ zu Buche schlagen, denn Obst und Gemüse bestehen zu über 90 Prozent aus Wasser. Wassertransporte über Tausende von Kilometern sind alles andere als klimafreundlich. Regionale und lokale Erzeugung ist in der Klimabilanz klar im Vorteil.

Dass eine Landwirtschaft ohne die »Segnungen« der Chemieindustrie in der heutigen Zeit utopisch sei, wird zwar immer wieder propagiert, zunehmend aber durch die Realität widerlegt. In Deutschland werden schon 10 Prozent der Landwirtschaftlichen Nutzfläche nach den Regeln des Ökolandbaus bestellt, in Österreich sind es fast 30 Prozent.

Kaum bekannt ist, dass zum Beispiel Kuba eine Landwirtschaft ohne Pestizide, Kunstdünger und Gentechnik betreibt. Sie ist aus der Not geboren und hat ganz spezielle Gründe: Das US-Handelsembargo und der Zusammenbruch der Sowjetunion stürzten Kuba in eine tiefe Krise. Das Land war ab 1990 auf sich allein gestellt und musste in kleinteiliger Eigenproduktion die Versorgung sichern. Überall wo möglich, selbst auf Freiflächen in den Städten, werden Nahrungsmittel angebaut und lokal vermarktet, ohne lange Transportwege unter Beibehaltung der Stoffkreisläufe durch Kompostwirtschaft. Dass es den Bienen auf Kuba erstaunlich gut geht, ist bei der giftfreien Produktionsweise nicht verwunderlich. Die Honigerträge sind überdurchschnittlich, so dass Biohonig zu einem Exportschlager wurde. Das hierzulande beklagte Bienensterben ist auf Kuba unbekannt.

Landwirt zu sein, heißt hart arbeiten zu müssen, nicht nur auf Kuba, auch in Europa. Handarbeit wird es auch weiterhin geben, sie ist weder eine Plage noch eine Schande, wenn sie abwechslungsreich ist. Monotone Arbeit kann auch im Öko-bereich durch moderne, GPS-gesteuerte Landmaschinen ab-gelöst werden, durch Software und Smartphone. Wo es sinn-voll ist, wird die Handhacke ersetzt durch maschinelles Hacken, Striegeln und Grubbern, um das Unkraut, besser die Beikräu-ter, in die Schranken zu weisen und auf ein Minimum zu re-duzieren. Während in der chemieintensiven Agrarindustrie die eingesetzten Spritzmittel alle Wildpflanzen abtöten, bleibt beim Ökolandbau eine gewisse Artenvielfalt erhalten, so dass auch Wildbienen und Vögel Nahrung finden.

Mehr Arbeitsplätze erfordert auch die Sicherung von mehr Tierwohl. Eine tierfreundliche Weidewirtschaft statt enger Stallhaltung oder sogenannte Offenställe, wo die Tiere ihren Aufenthaltsort – drinnen oder draußen – frei wählen können, erhöhen den Betreuungsaufwand. Wenn es den Tieren gut ge-hen soll, müssen sich Menschen um sie kümmern. Das schließt den Einsatz von Melkrobotern nicht aus. Auch für das Putzen der Kühe und das Säubern der Ställe gibt es technologische Hil-fen. Kleinere Ökobetriebe, für die sich aufwändige Technik nicht lohnt, können sich durch Nischenprodukte behaupten, am besten in Verbindung mit einem Ab-Hof-Verkauf, mit Markt-ständen oder über Onlineshops.

Inzwischen ist der Ökolandbau eine anerkannte Ausbil-dungs- und Studienrichtung für junge Menschen. Neben einer fundierten Ausbildung des Nachwuchses braucht es zudem eine öffentlich finanzierte Beratertätigkeit für die schon praktizierenden Landwirte. Bislang hat die Beraterrolle die Chemie-industrie eingenommen, die ihre Produkte verkaufen will. In den letzten Jahrzehnten ist dadurch viel tradiertes Wissen ver-loren gegangen, wie ohne Gifteinsatz gesunde Nahrungsmittel erzeugt werden können und gleichzeitig die Gemeingüter Was-ser, Landschaft und biologische Vielfalt geschont werden.

Viele Bauern suchen Nachfolger für ihren Betrieb, wenn sie in Rente gehen. Die Perspektiven für Neueinsteiger sind gege-ben, vorausgesetzt, die politischen Weichen werden neu gestellt: Umweltschonendes Wirtschaften muss sich endlich lohnen! Wer als Landwirt auch sauberes Wasser, Artenvielfalt und eine intakte Landschaft hervorbringt, muss für diese öffentlichen Leistungen auch ausreichend honoriert werden.

Neue Care-Berufe

In Skandinavien, Österreich und allmählich auch in Deutsch-land entstehen Green-Care-Bauernhöfe, neue Konzepte für existenzbedrohte Höfe, auf denen Senioren in ihrem Lebens-abend betreut werden. Statt im Altersheim zu vereinsamen, kümmern sie sich um Hühner, bringen Gänse auf die Weide, streicheln Schafe oder schauen zu, wie Kälbchen von der Mut-terkuh umsorgt werden. Der tägliche Umgang mit Tieren gibt den betagten Menschen Lebensfreude und Selbstwertgefühl zu-rück und manche vergessen darüber, dass sie einmal einen Rol-lator brauchten.

Das Kümmern und Pflegen im menschlichen Bereich ist unerlässlich. Wir sind soziale Wesen und brauchen einander. Die Betreuung von hilfsbedürftigen Menschen, ob jung oder alt, ist systemrelevant, spätestens seit der Corona-Krise wissen wir es alle. Obwohl für die Ausübung dieser Berufe umfangreiches Wissen und Erfahrungen erforderlich sind, obwohl sie vollen Einsatz verlangen, gepaart mit hoher Belastung und großer Verantwortung, erfahren die Menschen in diesen Arbeitsfeldern nur wenig Wertschätzung und auch die Entlohnung lässt zu wünschen übrig. Oft werden diese Tätigkeiten von Frauen ausgeübt. Es ist höchste Zeit, diese Berufe gesellschaftlich aufzuwerten!

Pflegen und Bewahren – das sind auch die primären Aufgaben im Umgang mit unserer natürlichen Lebensumwelt. Wir Menschen sind nicht nur soziale Wesen, wir sind auch eingebunden in die Prozesse der Natur und von ihnen auf Gedeih und Verderb abhängig. Während die Care-Berufe im Sozialbereich zumindest schon etabliert sind, müssen sie im Umgang mit unseren pflanzlichen und tierischen Mitbewohnern erst noch erfunden, zumindest aber erheblich ausgeweitet werden.

In der ungestörten Natur behaupten sich wild wachsende Pflanzen und frei lebende Tiere, sie passen sich an und weichen aus, wenn es erforderlich ist. Durch die sich ausweitenden Aktivitäten des Menschen werden immer mehr Pflanzen und Tiere in die Enge getrieben, ein Ausweichen ist kaum mehr möglich, ihr angestammter Lebensraum wird ihnen genommen und sie sterben schließlich aus – in einem Tempo, das hundertfach höher ist, als es unter natürlichen Bedingungen eintreten würde. Vor diesem Hintergrund benötigen diese Lebewesen den Schutz des Menschen vor dem Menschen.

Beim Schutz der biologischen Vielfalt, bislang vernachlässigte Themenfelder, gibt es enormen Handlungsbedarf. Während in Ballungsräumen Arbeit zum knappen Gut werden könnte, wird es künftig neue, sinnvolle und zukunftsfähige Arbeitsaufgaben geben, wenn wir den Artenschwund wirklich stoppen wollen. Die bevorstehenden Herausforderungen im Artenschutz verlangen ein breites Spektrum an naturwissenschaftlich-technisch ausgebildeten Fachkräften.

Verursacht durch das größte Politikversagen der letzten Jahrzehnte liegen wir im Rückstand, was die Sicherung unserer Zukunft angeht. Gerade im Umwelt- und Naturschutzbereich wurden öffentliche Planstellen bis über die Schmerzgrenze hinaus gestrichen statt neue geschaffen. Fundamentale Lebensgrundlagen stehen damit zur Disposition. Sinnvolle Arbeit gibt es mehr als genug, sie muss nur erkannt und finanziert werden. Ein weiteres Abwarten im Klima- und Naturschutz würde um ein Vielfaches teurer werden.

Schon die Frage, »Wie ist es um Natur und Umwelt, insbesondere um die Biodiversität in einem konkreten Gebiet bestellt?«, löst nicht selten bedauerndes Achselzucken aus. Um Qualität und Funktion der verschiedenen Lebensraumtypen einschätzen zu können, bedarf es detaillierter, kartografischer Zustandserfassungen. Die Kartierung unserer Ökosysteme wurde sträflich vernachlässigt. Sie ist entweder veraltet oder gar nicht vorhanden. Es geht um die Fragen: Welche Biotope und welche Arten kommen wo vor? Welche Pflanzen, Pilze, welche Insekten, Lurche, Kriechtiere, Vögel und Säugetiere sind aktuell vorhanden und nachgewiesen? Wie ist ihr Gefährdungsgrad? Welche Trends sind erkennbar? Für die Ermittlung der vorkommenden (oder fehlenden!) Pflanzen- und Tierarten braucht es Experten, darunter Botaniker, Mykologen, Entomologen, Ichthyologen, Herpetologen, Ornithologen und Mammalogen, ebenso Bodenkundler, Mikrobiologen und Geologen. Hier tut sich ein weites Feld auch für naturwissenschaftlich ausgebildete Freiberufler auf, die in Zusammenarbeit mit Behörden und Planungsbüros an derartigen Bestandserfassungen arbeiten können. Vor allem was den Insektenbestand angeht, tappen wir weitgehend im Dunkeln. Insektenkundler sind rar. Während in Deutschland rund 300 Vogelarten vorkommen, sind 33 000 Insektenarten hierzulande heimisch, also einhundert Mal so viel. Mit der Zahl der Experten verhält es sich genau entgegengesetzt: Es gibt wohl mindestens einhundert Mal mehr (Hobby-)Vogelkundler als Insektenkenner. Dabei sind Insekten die wichtigsten Lebewesen, von denen ganz besonders unsere Ernährungssicherheit und die Stabilität unserer Ökosysteme abhängt.

In fast allen Landkreisen werden dafür künftig Fachkräfte gebraucht. Nur wenn der Zustand der einzelnen Biotope bekannt ist, können die passenden Schutzmaßnahmen ergriffen werden. Auch Wiederansiedlungen verschwundener Arten sind mitunter möglich, wenn der entsprechende Lebensraum noch vorhanden oder wiederherstellbar ist. Luchs und Wildkatze sind nur zwei Beispiele von vielen.

Die Sicherung der biologischen Vielfalt erledigt sich nicht von selbst. Moderner Naturschutz heißt nicht, alles dem Selbstlauf zu überlassen. Die größte Arten- und Biotopvielfalt hatten wir in Mitteleuropa im 18. Jahrhundert. Seither geht sie zurück, besonders dramatisch in den letzten Jahrzehnten. Die Ursachen sind vielfältig: Lebensraumverlust durch wirtschaftliche Übernutzung, Überdüngung, Chemieeinsatz, Entwässerung, Siedlungs- und Verkehrswegebau. Besonders nachteilig für die Artenvielfalt ist ein zunehmender Mangel von kargen Standorten. Mit zunehmendem Reichtum der Gesellschaft verarmt die Naturausstattung. Die Überernährung der Menschen findet ihr Pendant in der Überdüngung der Landschaften. Aber gerade nährstoffarme, ungedüngte Flächen beherbergen eine reiche Pflanzen- und Insektenvielfalt. Sie bedürfen einer angepassten Pflege, oft auch einer Abmagerung. Das sind Aufgaben des Naturschutzmanagements, Einsatzgebiete für Pflegeberufe im Grünen.

Landschaftspflege

Viele bedrohte Pflanzen-, Insekten- und Vogelarten, aber auch diverse Lurche und Kriechtiere sind auf spezielle Biotope, oft sehr nasse, sehr trockene oder sehr karge Flächen als Lebensräume angewiesen. Alle diese Biotop-Typen gehören zu einer vielfältigen Kulturlandschaft, sie sind oft erst durch das Wirken des Menschen entstanden. Es sind Offen- oder Halboffenlandschaften, die auch uns den freien Blick gewähren. Ohne Pflege würden sie verloren gehen, sie vergrasen oder verbuschen und werden letzten Endes zu Wald. Damit würden auch die lichtliebenden Offenlandarten verschwinden.

Was ist zu tun, um die ganze Biotop-Vielfalt zu erhalten? In früheren Jahrhunderten wurden diese Flächen regelmäßig beweidet oder auch gemäht und somit ihr Charakter erhalten. Mit der Ausweitung der agrarindustriellen Produktion wurden diese ökologisch bereichernden Nutzungsformen allerdings unwirtschaftlich. Sie wurden nach und nach aufgegeben. Hier setzt die Landschaftspflege ein, ein Ersatz für die historischen Nutzungen.

Optimal geeignet für die Pflege und damit den Erhalt dieser Lebensräume ist eine angepasste Beweidung mit robusten und pflegeleichten Weidetieren, mit Schafen, Ziegen, Rindern oder Pferden. Ein konkretes Beispiel: Ganz in meiner Nähe gibt es eine Sanddüne, auf der sich ein Trockenrasen herausgebildet hat, mittendrin eine der seltensten Pflanzen Europas, die Sandsilberscharte. Diese kornblumenartige, halbmeterhohe Pflanzenart kommt weltweit nur an wenigen Standorten in Deutschland und Tschechien vor. Bis zur Wendezeit wurde diese Fläche mit Schafherden beweidet und der Pflanzenart damit das Überleben gesichert. Dann wurde die Herde abgeschafft, sie war unter Weltmarktbedingungen nicht wettbewerbsfähig. Die Fläche vergraste und die seltene Blume verschwand. Erst mit einer wochenlangen Beweidung durch Pferde kam die Rettung. Durch das gründliche Abfressen des Grases sowie durch die Huftritte entstand erneut nackter Pionierboden und verschaffte der geschützten Pflanzenart Luft und einen Konkurrenzvorteil. Inzwischen schmücken wieder Hunderte von Exemplaren dieser weiß blühenden Wildblume die Düne.

Nicht nur Sand- und Magerrasen sind vielerorts im Verschwinden begriffen, ähnlich rückläufig sind ungedüngte Mähwiesen, beweidete Heideflächen, küstennahe Salzwiesen, die Bergwiesen der Mittelgebirge sowie die Almen der Hochgebirge. Gerade diese nährstoffarmen, besonnten Flächen beherbergen eine unglaubliche Vielfalt seltener Pflanzen- und Insektenarten, die auf den Roten Listen stehen. Neben schönen Falter- und Käferarten kann man in manchen dieser Gebiete auch den seltenen Brachpieper oder den ruflustigen Wiedehopf entdecken. Häufiger trifft man auf die Heidelerche, die in diesen kargen Landschaften im zeitigen Frühjahr ihre melancholischen Liedstrophen vorträgt. Fällt die Beweidung aus, verbuschen diese wertvollen Flächen, es kommt Pionierwald auf und die Licht und Wärme liebenden Arten verschwinden. Für die Offenhaltung dieser Landschaftsräume haben sich robuste Wildpferde, die Koniks, und genügsame alte Rinderrassen gut bewährt. In der Oranienbaumer Heide, einem weitläufigen ehemaligen Truppenübungsgebiet, kann man als Besucher größeren Herden begegnen. Die Tiere bleiben ganzjährig auf diesen Flächen und benötigen keine Zufütterung. Dennoch müssen sie betreut und die viele Kilometer lange Umzäunung instandgehalten werden. Diese landschaftspflegerische Arbeit mit Tieren ist eine attraktive Beschäftigung für qualifizierte, Natur liebende Menschen, die aber auch viel Einsatz verlangt. Tiere halten sich nicht an gesetzlich vorgeschriebene Arbeits- und Pausenzeiten.

Viele unserer Kulturlandschaften sind bereits gründlich ausgeräumt. Monotonie beherrscht weithin die Szenerie. Hier sind Ersatzlebensräume neu zu schaffen: Hecken, Baumreihen oder Feldgehölze, breite Wegränder mit Steinhaufen und Totholz. Ganz besonders mangelt es an Gewässern wie Tümpel, Teiche oder flache Weiher. Sie sind für viele Frösche, Kröten und Unken überlebenswichtig, aber auch für Insekten, Wat- und Wasservögel. Neu ins Blickfeld der Landschaftspfleger geraten Friedhöfe. Sie bieten neue Möglichkeiten der Biotopgestaltung, denn ihr ursprünglicher Nutzungszweck wird immer weniger nachgefragt.

Kurzfristige wirtschaftliche Gewinne sind mit Biotop- und Artenschutz nicht zu erzielen. Deshalb ist die öffentliche Hand gefordert, den Pflegeaufwand und das ausgebildete Pflegepersonal zu finanzieren. Der Artenschutz ist für unser aller Überleben genauso wichtig wie der Klimaschutz. Nur durch ein aktives Biotopmanagement können die heimischen Arten in ihrer ganzen Vielfalt gesichert werden. Das strategische Ziel muss die flächendeckende Vernetzung von Lebensräumen sein, die Schaffung von ökologischen Trittsteinen, um die Ausbreitung von Arten zu fördern und den genetischen Austausch zwischen den Populationen zu ermöglichen.

Ein entscheidender Faktor für die Sicherung der Biodiversität ist die Flächengröße, die zur Verfügung gestellt wird. Nur auf einer ausreichend großen Fläche kann konsequenter Naturschutz betrieben werden. Deshalb sind Schutzgebiete zu erweitern und neue auszuweisen, so wie es der Green Deal der EU vorsieht. Um die strategischen Ziele für die Biodiversität zu erreichen, braucht es engagierte Manager und vorausschauende Politiker sowie eine auf Nachhaltigkeit ausgerichtete Gesetzgebung. Ökologisch vernünftiges Wirtschaften muss sich auch ökonomisch lohnen. Dafür müssen die Weichen gestellt werden.

Renaturierung von Flüssen

Geschädigte oder entwertete Ökosysteme müssen, wo immer möglich, wiederhergestellt, also renaturiert werden. Fluss- und Bachrenaturierungen stehen ganz oben auf der To-do-Liste.

Unsere Fließgewässer brauchen wieder mehr Freiheit, mehr Spielraum, mehr natürliche Ausbreitungs- und Überschwemmungsflächen. In der Vergangenheit wurden Bäche und Flüsse verdammt, im doppelten Sinne des Wortes. Natürlich mäandrierende Wasserläufe wurden in kanalartige, in Beton oder Steinen eingefasste, enge Gerinne gepresst. Ihren ökologischen Wert als Lebensraum haben die begradigten Wasserläufe weitgehend verloren. Auch der weit verbreitete Bau von Stauanlagen sowie Wasserkraftwerken hat der Fischfauna großen Schaden zugefügt. Allein an Fließgewässern Bayerns wurden 57 000 Querbauwerke gezählt, die Flüsse leiden förmlich unter Verstopfung. Die Fischwanderwege sind unterbrochen, im Schnitt stoßen aller 500 Meter Wanderfische auf eine Barriere, der natürliche Ablauf der Lebenszyklen der Wasserbewohner ist gestört. Die Folge: Lachs und Stör sind ausgestorben, Barbe, Aal und Huchen stark im Rückgang begriffen. Von zehn Fischtreppen, die das Leiden mildern sollen, funktioniert jeweils nur eine, so eine Bestandsaufnahme des WWF auf der Basis von Daten des Landesumweltamtes des Freistaates Bayern. Gefordert wird nun, keine neuen Kleinwasserkraftwerke zu genehmigen und alte zurückzubauen, sie seien weder ökologisch noch ökonomisch rentabel. Zudem lässt die Wasserführung im Zuge des Klimawandels zu wünschen übrig. Was nützt ein Wasserkraftwerk, wenn die nötigen Wassermengen fehlen?

Das Problem ist erkannt. Jetzt geht es um die Wiederherstellung des guten ökologischen Zustandes nach den Richtlinien der EU. Wasserwirtschaftler und Wasserbauer mit ökologischen Kenntnissen sind gefragt, um diese Aufgaben bis spätestens 2027 umzusetzen, so die Zielvorgabe der Europäischen Wasserrahmenrichtlinie. Danach müssen Fließgewässer wieder für Fische und andere Organismen frei durchwanderbar sein. Flussfische sind nun einmal Wanderfische und zwischen ihren Lebensstationen, dem Schlüpfen aus dem Ei und dem späteren Ablaichen können Hunderte Kilometer liegen, die im Wasser freischwimmend überwunden werden müssen.

Über 90 Prozent unserer Fließgewässer befinden sich im schlechten ökologischen Zustand. Allzu oft sind sie verbaut, begradigt, eingeengt oder gar verrohrt. Um sie in einen natürlichen oder zumindest naturnahen Zustand zu versetzen, muss nicht immer der Bagger anrücken. Dynamische Gewässer renaturieren sich selbst, wenn man ihnen den Entwicklungsfreiraum gewährt und Initialmaßnahmen durchführt. So entsteht wieder Lebensraumvielfalt, man muss es nur organisieren und die nötigen Flächen bereitstellen.

Für jeden ist es sichtbar: Die Klimaveränderungen haben sich bei den Flüssen bereits ausgewirkt. Die Hochwasserereignisse und die Trockenjahre der jüngeren Vergangenheit brachten die Wasserprobleme für jedermann ans Licht: Wir brauchen dringend ein nachhaltiges Fluss- und Wassermanagement. Hydrologen mit ökologischer Ausbildung werden gesucht. Die Rückgewinnung natürlicher Überschwemmungsflächen sowie die Wiederbegründung von Auenwäldern werden für den vorsorgenden Hochwasserschutz immer wichtiger, um die Auswirkungen von Extremniederschlägen abzupuffern. Wer will schon Hochwasser im Wohnzimmer haben? Auf der anderen Seite muss für Trockenzeiten vorgesorgt werden. Wasser ist deshalb in der Fläche zu speichern, statt schnellstmöglichst abzuleiten.

Das bislang größte Renaturierungsprojekt wurde an der Mittelelbe bei Dessau durch den WWF für 35 Millionen Euro innerhalb von 18 Jahren realisiert, es dient dem Hochwasserschutz und dem Naturschutz gleichermaßen und hat nutzbringende Arbeitsplätze geschaffen. Noch in Umsetzung befindet sich die Renaturierung der Unteren Havel durch den NABU mit über 20 Millionen Euro. Für über 1000 Pflanzen- und Tierarten sollen dort neue Zufluchtsstätten entstehen.

Gewässerschutz und Gewässersanierung bieten jede Menge Arbeitsfelder. Jahrzehntelang wurden unsere Gewässer überdüngt, zunächst durch kommunale und industrielle Abwässer, dann vor allem durch den diffusen Eintrag von Düngestoffen aus der Agrarindustrie und aus den Tierfabriken. Seen, Teiche und Weiher haben darunter ganz besonders gelitten. Algenmassenentwicklungen, sogenannte Algenblüten, wurden zur Normalität. In regelmäßiger Folge treten Fischsterben durch Sauerstoffmangel in heißen Sommern auf. Ich habe es oft genug erlebt, wie Fische an die Oberfläche kommen und nach Luft schnappen und dann doch verenden, vor allem in den frühen Morgenstunden, wenn die Konzentration von gelöstem Sauerstoff im Minimum ist. Die überlasteten Gewässer schaffen es nicht, sich selbst zu reinigen. Deshalb muss der Schlamm raus.

Die Entschlammung ist der einzige Weg zur Wiederbelebung dieser artenreichen Ökosysteme. Derartige Projekte brauchen von der Planung über die Genehmigung bis zur Ausführung oft viele Jahre. Es waren vor allem Umweltorganisationen, die vorbildliche Projekte umgesetzt haben. Aber das kann nur der Anfang sein. Hier stehen die staatlichen Umweltbehörden in der Pflicht. Voraussetzung für einen dauerhaften Erfolg der Sanierung ist allerdings, dass die Ursachen, vor allem die Überdüngung, dauerhaft abgestellt werden.

Wiedervernässung von Mooren

Weltweit sind einer Studie zufolge zwischen 1850 und 2015 mehr als 50 Millionen Hektar Moorlandschaften verloren gegangen. Wie das Forscherteam um Jens Leifeld von der Climate and Agriculture Group des Kompetenzzentrums des schweizerischen Bundes für landwirtschaftliche Forschung, Agroscope, in Zürich 2019 feststellte, haben sich global betrachtet Moore durch Wasserentzug zu sprudelnden Quellen von Treibhausgasen gewandelt und heizen das Klima an. In einer Kettenreaktion beginnen nun mit steigenden Temperaturen auch die Permafrostmoore aufzutauen – etwa in Sibirien – und geben ebenso permanent Treibhausgase an die Atmosphäre ab. Die absoluten Zahlen sprechen für sich: Seit 1850 wurden im Weltmaßstab durch trockengelegte Moorflächen rund 80 Gigatonnen CO_2-Äquivalente frei, bis Ende dieses Jahrhunderts drohen es zusammengenommen 250 Gigatonnen zu werden, wenn nicht gegengesteuert wird. Das Fazit der Wissenschaftler: Ohne konsequente und großflächige Renaturierung von Mooren werden die Emissionen derart steigen, dass allein aus diesen Gebieten bis zu 40 Prozent des für das Erreichen der Pariser Klimaschutzziele noch zur Verfügung stehenden Treibhausgasbudgets kommen könnten.

Es ist höchste Zeit zur Umkehr: Statt Mooren weiter ihr Lebenselixier zu entziehen, müssen sie wieder mit Wasser versorgt werden. Neben dem Schutz intakter Moore müssen wir die geschädigten Moore wiederbeleben – eine Herkulesaufgabe, für die aber keine vernünftige Alternative in Sicht ist. Eine Reihe von Moorschutzprojekten hat schon bewiesen, dass Renaturierungen prinzipiell möglich sind. Die Grundregel lautet: Entwässerung stoppen, Gräben schließen und dadurch die Wasserstände wieder anheben. Der Moorkörper füllt sich allmählich wieder mit Wasser und die Moorzersetzung wird ausgebremst.

Nicht nur aus Klimaschutzgründen, auch aus Gründen des Naturschutzes brauchen Moore vor allen eines: Wasser. Dann nämlich wachsen die typischen Moorpflanzen wieder, entziehen der Atmosphäre das Kohlendioxid und lagern es im Moorkörper als Torf ein. Wer Moore renaturiert, schützt einerseits das Klima und fördert andererseits die biologische Vielfalt. Nur durch Wiedervernässung der Moorkörper kann die CO_2-Ausgasung gestoppt und das Moorwachstum wieder angeregt werden.

Das hört sich einfach an, erfordert aber durchführendes Personal für hydrologische Machbarkeitsstudien, Klärung von Eigentumsfragen und Nutzungsumstellungen, gegebenenfalls Flächenkauf, behördliche Genehmigungen, Verträglichkeitsprüfungen, Baumaßnahmen und das Wassermanagement. Nicht zuletzt müssen die Menschen im Umfeld aufgeklärt und mitgenommen werden. Für die in Deutschland 18 000 Quadratkilometer zu vernässenden Moorflächen gibt es Arbeit auf Jahrzehnte. Der Gewinn sind enorm eingesparte CO_2-Emissionen.

Eine weitere wirtschaftliche Nutzung der vernässten Moore ist keineswegs ausgeschlossen, allerdings nicht für den Ackerbau, sondern als Paludikultur, abgeleitet von »palus«, lat. »Sumpf«. Dann kann Schilf als Bau- und Dämmstoff gewonnen werden. Auch die Pflanzung von Erlen ist möglich. Erlenholzmöbel gelten als besonders langlebig und robust. Wenn die Verwertung von Biomasse vor Ort geschieht, dann können neue Arten von Arbeitsplätzen und auch neue Wertschöpfungsketten entstehen. Damit diese Umstellung auf moorschonende Bewirtschaftung in Gang kommt, sind Moorschutzprämien unerlässlich.

Hans Joosten, Professor für Moorkunde und Paläoökologie an der Universität Greifswald, bestätigt durch eine Studie, dass man bis 2050 (fast) alle entwässerten Moore auf der Erde wieder vernässen muss, um die Pariser Klimaziele zu erreichen. In Deutschland müssen jährlich 50 000 Hektar Moorboden wieder mit Wasser versorgt werden, insgesamt 1,8 Millionen Hektar. Die Renaturierung von Mooren hat einen vergleichbaren Stellenwert für den Klimaschutz wie der Ausstieg aus der Verbrennung fossiler Brennstoffe. Ein zusätzlicher Nutzen besteht darin, dass Lebensräume zurückgewonnen werden und das gesamte Umland besser mit Wasser versorgt wird. Durch Anhebung der Grundwasserstände können die Auswirkungen von Dürreperioden begrenzt werden, denn intakte Moore fungieren auch als natürliche Wasserspeicher, es sind gewissermaßen Riesenschwämme, denn sie bestehen zu 95 Prozent aus Wasser. Bei derartigen Gewinnmargen muss man sich fragen, warum noch nicht alle Hebel in Bewegung gesetzt wurden, um die Moore wiederzubeleben.

Jeder Einzelne von uns kann zur Rettung von Mooren beitragen. Das Einfachste: Blumenerde aus Torf sollte jeder umweltbewusste Mensch links liegen lassen. Große Moorgebiete werden dafür abgebaut, erst in Norddeutschland, jetzt vor allem im Baltikum. Ganz normale Garten- oder Komposterde tut es auch. Doch mit Blumentöpfen allein lassen sich unsere Moore nicht retten. Wir müssen größer denken. Feuchte Wiesen haben oft eine Moorvergangenheit. Es gibt sie an vielen Orten in unserer Klimazone, vielleicht auch in unserer Nachbarschaft, ohne dass es uns bewusst ist. Enthält der Boden noch einen hohen Anteil an organischer Substanz in Form von Torf, sollten auf jeden Fall die Möglichkeiten einer Verbesserung des Wasserhaushaltes geprüft werden, um einer weiteren Torfzersetzung vorzubeugen. Solche Projekte können Kommunen, Landkreise und Umweltverbände in Angriff nehmen. Dazu müssen die Flächen entweder aufgekauft werden oder eine andere Form der Entschädigung erfolgen.

Umweltbildung

Früher war der Begriff »Umweltbildung« ein Fremdwort. Die Natur diente den Menschen als Nutzungsraum. Durch den täglichen Naturkontakt entwickelte sich ein umfangreiches Naturwissen. Mit der Naturentfremdung der Menschen in den letzten Jahrzehnten ging das Interesse sowie das Wissen zu naturkundlichen Phänomenen verloren, gleichzeitig setzte eine Scheu ein, sich aktiv der Natur zu widmen. Nicht nur Kinder, auch ihre Eltern kennen inzwischen mehr Produktmarken als Pflanzen- oder Vogelarten, Konsumorientierung statt Naturorientierung.

Unsere Umweltkrise ist zugleich eine Wissens- und Bewusstseinskrise. Umso dringlicher ist es, Kinder und Erwachsene zurück in die Natur zu führen und über ihre Sinne die Neugier für diese zu wecken. Das Schärfen des Blickes für ökologische Zusammenhänge und die Möglichkeit der Naturerfahrung werden von Umweltzentren und anderen Anbietern mit vielfältigen Programmen aufgegriffen.

Schon in den Siebzigerjahren proklamierte die Bundesregierung, dass umweltbewusstes Verhalten ein Bildungsziel sein müsse. 2002 riefen die Vereinten Nationen die UN-Dekade »Bildung für nachhaltige Entwicklung« aus. Dadurch rückten globale Fragestellungen in den Raum. Probleme, die die Globalisierung mit sich bringt, wie unfaire Handelsbeziehungen, Armut und Raubbau an der Natur, sollten mehr Aufmerksamkeit erlangen und in Projekten der Umweltbildung behandelt werden. Bisher hat die Arbeitsgemeinschaft für Natur- und Umweltschutz (ANU) circa 600 Umweltzentren in ganz Deutschland registriert, die sich für die Förderung von Naturerleben, ökologische Gartengestaltung und Vermittlung nachhaltiger Lebenspraktiken anbieten. Hinzu kommen Volkshochschulen, Naturschutzverbände, Lernbauernhöfe und Schullandheime. Die Anbieter von Umweltbildung vermitteln mit ihrer Arbeit Werte, um künftigen Generationen eine lebenswerte Umwelt zu hinterlassen. Kinder, Jugendliche und Erwachsene sollten zu einer aktiven Gestaltung ihres Lebensumfeldes im Sinne einer nachhaltigen Entwicklung befähigt werden.

Trotz der scheinbar reichhaltigen Angebote befindet sich das Naturwissen in nahezu der gesamten Bevölkerung auf einem historischen Tiefststand. Es ist höchste Zeit, die Bildung für Umwelt und nachhaltige Entwicklung aufzuwerten und sie in ihrer Bedeutung mit dem Digitalunterricht gleichzustellen. Es genügt nicht, einmal im Jahr mit der Schulklasse ein Umweltzentrum aufzusuchen. Das Wissen und das Bewusstsein um unsere elementaren Lebensgrundlagen müssen tagtäglich in unser aller Leben Eingang finden. Als wichtigste Daseinsvorsorge sind diese Themen in die Mitte der Gesellschaft zu rücken und über alle Kanäle zu verbreiten.

Naturbildung muss mit emotionalen Erlebnissen verbunden werden. Digitalunterricht ist dafür ebenso ungeeignet wie Frontalunterricht. Erfahrungen verankern sich am besten im Gedächtnis, wenn alle unsere Sinne angesprochen werden. Wir lernen durch sinnliche Wahrnehmung und eigenständiges Handeln. Wann kann ich Möhren, wann Erbsen säen, wie baue ich Kartoffeln an und wie bereite ich eine gesunde Mahlzeit zu? Die Wissensvermittlung muss stärker nach draußen in Gärten, Parks oder Wälder verlagert werden, ähnlich, wie ich es aus meiner Schulzeit kenne. Dazu braucht es motivierte Lehrerinnen, Natur- und Umweltpädagogen sowohl in den Schulen als auch auf freiberuflicher Basis.

Über die Schulen hinaus sind neue Freizeitangebote zu entwickeln. Naturführerinnen und Wanderführer werden analog zu den schon etablierten Stadtführern in dem Maße gefragt sein, wenn gesellschaftlich bewusst wird, dass Natur zum bedrohten und schützenswerten Erbe geworden ist. Wir alle müssen Natur neu lernen! Das alles sind keine Aufgaben für kurzlebige Projekte, es sind Generationenaufgaben, Daueraufgaben!

Gefragter denn je ist eine fundierte und breit gestreute Umweltberatung: Wie gelange ich zu einer Blühwiese? Wie fördere ich Wildbienen über das Bienenhotel hinaus? Was kann ich tun, um Insekten, Amphibien und Vögel zu unterstützen, nicht nur im eigenen Garten, sondern auch in der Landschaft? Wie pflanze und pflege ich Obstbäume? Hier liegt auch ein breites Betätigungsfeld der Umwelt- und Naturschutzverbände. Jede und jeder kann sich in Orts- oder Kreisgruppen engagieren. So ganz nebenbei hält dieses gesellschaftliche Engagement Körper und Geist fit und es werden dabei soziale Kontakte gepflegt, um Vereinsamung vorzubeugen und die Lebensfreude zu steigern.

Verwaltung stärken

Umwelt- und Naturschutzverwaltungen spielen eine Schlüsselrolle in der Planung und Umsetzung von ökologischen Maßnahmen. In den letzten Jahrzehnten wurden sie fast bis zur Unkenntlichkeit personell ausgetrocknet und zusammengestrichen. Diese Behörden galten als wirtschafts- und wachstumsfeindlich. Wenn im Haushalt gespart werden musste, wurde zuerst in diesen Ressorts gekürzt. Aber wer soll die Einhaltung und den Vollzug der gesetzlichen Vorgaben des Umwelt- und Naturschutzes kontrollieren? Das kann nicht die Aufgabe von Umwelt- und Naturschutzverbänden und ihren ehrenamtlich tätigen Mitgliedern sein. Wenn mit Mountainbikes oder Quads kreuz und quer durch Naturschutzgebiete gefahren wird, wenn Gleitschirmflieger, die von den Wildtieren als Luftfeinde angesehen werden, die Hänge von oben unsicher machen, wenn an Fluss- und Seeufern Partys gefeiert werden oder Wildcamper sich breitmachen, wenn Müll abgeladen oder hinterlassen wird, dann muss eingegriffen, aufgeklärt und sanktioniert werden. Das sind originäre Aufgaben der staatlichen Behörden. Allerdings sind diese bei der Fülle der Delikte vielerorts unterfinanziert. Kontrollbehörden müssen personell dringend aufgestockt werden, um die Straftaten und Ordnungswidrigkeiten aufzudecken und zu ahnden. Die bedrohte und übernutzte Natur kann sich nicht selbst schützen. Einen großen Bedarf gibt es an Rangerinnen und Rangern, behördlichen Mitarbeitern, die draußen vor Ort in Schutzgebieten Ansprechpartner für die Landnutzer, aber auch für die Bevölkerung sind, um Konflikte zu lösen oder noch besser vorsorglich zu vermeiden. Sie haben die Aufgabe, Naturbesucher aufzuklären und zu sensibilisieren und notfalls auch die Polizei einzuschalten. Naturfrevel darf kein Kavaliersdelikt mehr bleiben.

Um all diese notwendigen Arbeitsaufgaben zu erfüllen, bedarf es vieler engagierter Menschen unterschiedlichster Qualifikation. Vor allem aber braucht es mutige und nach vorne denkende Politiker auf allen Ebenen, um diese Stellen zu schaffen und im Haushalt entsprechend einzuplanen. Um den drohenden ökologischen Kollaps zu vermeiden, bedarf es einer soliden Finanzplanung. Aber woher das Geld nehmen? Wie schon erwähnt, werden laut Umweltbundesamt in Deutschland 57 Milliarden Euro Jahr für Jahr für Subventionen ausgegeben, die nachweislich klima- und umweltschädlich sind. 57 Milliarden, die unsere Umweltprobleme vergrößern! Es ist höchste Zeit zur Umverteilung und sich für die Zukunft zu wappnen.

Solo & selbstständig

Nach und nach wird das Land als Arbeits- und Lebensraum von allen möglichen Berufszweigen neu entdeckt. Die Vorteile liegen auf der Hand: Niedrigere Betriebskosten und ein gesundes Arbeitsumfeld. Durch die neuen Kommunikationstechnologien können viele Berufe auch auf dem Land ausgeübt werden. Selbst IT-Spezialisten und Start-ups haben bereits fernab von pulsierenden Wirtschaftszentren Wurzeln geschlagen und sind dabei sehr erfolgreich. Manche Konzerne haben erkannt, dass Arbeiten in grüner Umgebung die Motivation zur Arbeit, die Kreativität und Leistungsbereitschaft steigert. Als Soloselbstständiger kann man sich diese Vorzüge selbst schaffen. Das Internetzeitalter ermöglicht die verschiedensten Homeoffice-Tätigkeiten und die Corona-Pandemie wirkte als Brandbeschleuniger. Wie Erhebungen ergaben, war für die Mehrheit der Befragten die Heimarbeit stressärmer und produktiver, außerdem fiel der Arbeitsweg weg. Als nachteilig wurde eingeschätzt, dass es schwierig sei, zwischen Dienst und Freizeit zu trennen. Aber warum sollte man das nicht lernen können?

Mit der Möglichkeit des Homeoffice ist es egal, wo der Mensch seinen Wohnsitz hat. Warum nicht in angenehmer Umgebung? Warum nicht außerhalb des Ballungsraumes, also auch außerhalb des Speckgürtels, der nicht Fisch und nicht Fleisch ist? Die freien Räume in entfernteren Orten brauchen die Verjüngung. So suchen zunehmend auch freie Journalisten, Autoren, Lektoren und Übersetzer ihren Wirkungsort außerhalb von Städten. Sie können ihre produktive Arbeit dort absolvieren, wo sie sich am wohlsten fühlen. Die Lebenshaltungskosten, vor allem die Mieten für Wohn- und Arbeitsräume, für Ateliers sind auf dem Lande niedriger. In vielen Städten fressen die Mietkosten manchmal schon die Hälfte des Einkommens auf. Auf dem Lande zahlt man einen Bruchteil, je nach Lage. Es könnte einen Versuch wert sein, sich zu verändern und einen Neuanfang zu wagen.

10

Wie kommt Natur
in die Stadt?

In aller Regel genießen Menschen den Aufenthalt in der Natur. Für über 90 Prozent der Bevölkerung, so haben Umfragen des Bundesamtes für Naturschutz ergeben, ist Naturkontakt wichtig bis sehr wichtig. Es ist nicht nur eine romantische Sehnsucht, die Menschen in die Natur lockt. Naturkontakt, Naturnähe ist für unser körperliches und seelisches Wohlbefinden eine Notwendigkeit. Doch der größere Teil der Menschheit – und daran wird sich grundsätzlich wohl kaum etwas ändern – hat inzwischen seinen Lebensraum in der Stadt gefunden.

Was die meisten Menschen in den Städten vermissen, ist das Naturerleben. Grünanlagen, Parks und Spielplätze sind rar, eng bemessen und oft nicht in unmittelbarer, erlebbarer Wohnungsnähe. Gärten finden sich inmitten der Städte noch viel seltener. Muss der Stadtmensch deshalb Verzicht, Naturaskese üben?

Es gibt unendlich viele Möglichkeiten, mehr Natur in die Stadt zu holen. Wie kann die Stadt für ihre Bewohner natürlicher, lebenswerter, ja lebensfreundlicher werden? Und gibt es nicht auch uralte Dorftraditionen und Strukturen, die Eingang in moderne Städte finden könnten, wie der Dorfbrunnen und die Dorflinde?

Natur zulassen

Die Stadt braucht mehr dörfliche Qualitäten. Es ist eine Erkenntnis aus der Corona-Krise, als die Einwohner genötigt waren, ihre Zeit innerhalb der Mauern ihrer Stadt zu verbringen. Menschen haben von ihrer Entwicklungsgeschichte her das Urbedürfnis nach grüner Umgebung. Über einen langen Zeitraum wurde die Natur in der Stadt zum Rückzug gezwungen. Privatisierungs- und Verdichtungsprozesse lassen Freiräume weiter schrumpfen. Enger und höher bauen führt zu mehr Verschattung. Sonnenstrahlen werden zu einem knappen Gut für die Bewohner mit Folgen für Gesundheit und Wohlbefinden. Mit der Wohndichte wächst auch die Verkehrsdichte mit noch mehr Stau und Parkplatznot. Es wird beklemmend eng in der Stadt. Doch der Zuzug hält an, treibt die Preise weiter in die Höhe. Die Folge ist, es muss mehr gebaut werden, entweder in die Höhe, in die Tiefe oder auf Freiflächen. Der Run auf die Städte hat in den letzten Jahrzehnten exorbitante Ausmaße angenommen. Doch es gibt Auswege, um Platz für mehr Natur zu schaffen.

Wenn Jahr für Jahr 2 Prozent der Parkplatz- und Straßenfläche entsiegelt und in Grünflächen umgewandelt werden, kann wieder mehr Natur zu den Menschen gelangen.

Die Flächen sind vorhanden, sie müssen nur umgewidmet werden. Hilfreich wäre neben einer gezielten Parkraumverknappung eine Erhöhung der Parkgebühren sowie eine Maut für Autos in der Stadt. Flankierende Maßnahmen sollten das Umsteigen vom Auto auf öffentliche Verkehrsmittel oder auf das Fahrrad erleichtern.

Überraschend sind Meldungen, wonach trotz der Naturverknappung immer mehr Tier- und Pflanzenarten in Städte einwandern. Es sind die sogenannten Kulturfolger, die von der Stadt und ihrem Abfall profitieren. Nicht nur Wildschwein, Fuchs und Waschbär machen sich in den Städten breit, auch manche Vogelarten nisten hier in höherer Dichte als in ausgeräumten Agrarlandschaften. Darunter befinden sich überwiegend Gebäudebrüter wie Stadttauben und Hausspatzen oder Waldvögel wie Amseln oder Meisen, die die Grüngürtel der Städte erobert haben.

Es ist allerdings ein Irrglaube, dass städtische Lebensräume das Artensterben generell stoppen können. Die am stärksten bedrohten Arten sind jene der freien, offenen Landschaften, es sind Arten, die ihren Lebensraum auf den Feldern, den Wiesen, den Sümpfen und Mooren sowie an den Küsten haben, Lebensräume, die eine Stadt nicht zu bieten hat.

Das künstliche Ökosystem Stadt ist von seinem Wesen her instabil und verletzlich, vulnerabel, wie der Wissenschaftler zu sagen pflegt. Dieses System ist nur durch einen hohen Einsatz an Fremdenergie aufrechtzuerhalten, es ist das Gegenstück zur Natur. Dennoch lohnt sich allemal ein Engagement für mehr Grün und mehr natürliche Vielfalt auch und gerade im städtischen Raum. Es ist letztlich eine Frage der Prioritätensetzung. Die Bürgerinnen und Bürger müssen es vehement einfordern. Ihre Lebensqualität kann sich dadurch nur verbessern.

Lässt man sie gewähren, holt sich die Natur verlorenes Terrain zurück, ganz von selbst. Pflanzen erobern ungenutzte Freiflächen, sie besetzen die Spalten zwischen Gehwegplatten, wurzeln in den Ritzen zwischen Pflaster- und Mauersteinen und können sogar zur Blüte gelangen. Selbst auf Bahnsteigen überraschten mich in wenig begangenen Ecken blühende Rucola-Pflanzen. Man kann diese Naturbotschafter verbissen bekämpfen und für »Ordnung« sorgen, man könnte sich aber auch mit ihnen anfreunden und sie zulassen. Wildpflanzen sind weder böse noch lebensbedrohlich! An den wilden, meist unscheinbaren Blüten laben sich Mauerbienen und von den Samen der Wildgräser und Wildkräuter ernähren sich die Hausspatzen und ihre Verwandten, die Körnerfresser unter den Vögeln. Es ist ihre natürlichste Nahrungsquelle. Deutsche Reinlichkeit ist hier fehl am Platze.

Wir müssen umlernen. In den Ländern des Südens lässt man die bescheidenen Rückeroberungsversuche der Natur auch in den Städten zu. Und wir als Urlauber finden das sogar irgendwie romantisch und malerisch. Warum werden »chemische Kampfstoffe« oder Flammen von Bürgern und Behörden eingesetzt, um selbst die zartesten Pflänzchen, die wirklich niemandem ein Haar krümmen, zu verbannen? Mir scheinen dabei nicht der gesunde Menschenverstand, sondern Ängste und Zwänge zu regieren. Gift- und Feuereinsatz kostet Geld, belastet die Umwelt, das Klima und vernichtet Artenvielfalt. Ist es ein preußisches, militärisches Erbe oder wird alles nur »für die Leut« gemacht?

Blühende Vielfalt fördern

Parks und Gärten sind die grünen Oasen der Städte. Sie stellen den Hauptsitz der Natur in der Stadt dar und sind Anziehungs- und Treffpunkt für naturliebende Stadtmenschen. Vor allem diverse Bäume und Sträucher, aber auch Grünflächen und Blumenrabatten gehören zu ihrem Repertoire und auch Gewässer sollten nicht fehlen.

Über Jahrzehnte war es Standard, aus fast allen Grünflächen Rasenflächen zu machen. In knappen zeitlichen Abständen werden die Flächen kurzgeschoren. Bis zu zehnmal im Jahr fährt eine lärmende Technik vor, um der gewachsenen Vegetation bis auf das letzte Hälmchen eine Glattrasur zu verpassen. Selbst Sträucher wurden in Städten marginalisiert. Wildnis wirkt anscheinend störend. Ist dieses »Schönheitsideal« nicht ein Relikt von gestern? Noch steckt es in vielen Köpfen als eine Art von »Zwangsneurose«. Ökologisch gesehen ist auch kurzgeschorener Rasen eine eintönige Monokultur, eine Wüste der biologischen Vielfalt. Die Nachteile überwiegen klar. Das häufige Mähen verursacht Personalkosten, verbraucht Energie und setzt Treibhausgase frei, es köpft die Wildblumen, bevor sie zum Blühen und Aussamen kommen, es entzieht den Insekten ihre Nahrung oder schreddert sie gleich mit. Bei jeder Mahd werden 90 Prozent der dort lebenden Insekten getötet. Das Nachsehen haben auch Vögel und vor allem deren Küken, die auf Insektennahrung angewiesen sind. Sie hungern oder verhungern schlimmstenfalls in ihren Nestern.

Dass es auch anders geht, zeigt die Stadt Aachen. Mit dem Projekt »FLIP« sollen in und um Aachen die für die Region typischen artenreichen Blühwiesen, sogenannte Glatthaferwiesen, zurückkehren. Die Stadtverwaltung und die Hochschule RWTH Aachen arbeiten gemeinsam an der »Förderung der Lebensqualität von Insekten und Menschen durch perfekte Wiesenwelten« (FLIP). Dabei werden innerstädtische Grünflächen sowie Wiesen der Agrarlandschaft in artenreiche, ursprüngliche Glatthaferwiesen umgewandelt. So entstehen neue Lebensräume für Insekten.

Entscheidend für die erfolgreiche Förderung der Blütenvielfalt ist es, Wiesen nur ein- bis zweimal pro Jahr zu mähen. Nur dann können uns im Frühling die rosa leuchtende Kuckucks-Lichtnelke und im Sommer der dunkelrote Große Wiesenknopf verzaubern und diverse Schmetterlingsarten aus der Gattung der Bläulinge ein strahlendes Lächeln entlocken. Durch eine breit angelegte Öffentlichkeitsarbeit sowie Bildungsmaßnahmen werden die Bürgerinnen und Bürger, aber auch die Landwirte vor den Toren der Stadt mitgenommen und die Akzeptanz für die »Vielfalt in der Wiese« gesteigert. Das Konzept soll bundesweit auf Stadt-Umland-Situationen mittelgroßer Städte übertragbar sein. Die Umsetzung der Nationalen Strategie zur biologischen Vielfalt (NBS) wird durch das Bundesprogramm Biologische Vielfalt unterstützt sowie durch die Naturschutz-Offensive 2020 des Bundesumweltministeriums ergänzt.

Eine weitere Alternative zum »Golfrasen« wird im Englischen Garten in München praktiziert. Über 400 Schafe samt Schäfer übernehmen die Pflege der weitläufigen Grünflächen und bieten ein bestaunenswertes Naturerlebnis und Fotomotiv für Jung und Alt. Im Potsdamer Park Sanssouci erledigen Schafherden auf eingezäunten Flächen die »Mahd« ganz ohne Schäfer und Hütehund. In diesem Projekt zwischen der Universität Potsdam und den Staatlichen Schlössern und Gärten des UNESCO-Welterbes werden die ökologischen Vorteilswirkungen einer Beweidung erforscht, ganz besonders in Bezug auf die Biodiversität. Weiden können sich zu besonders artenreichen Lebensräumen entwickeln. Die Symbiose von Nutztier und Pflanzenwelt und die dadurch entstehende Strukturvielfalt kommt der Insektenfauna mit ihren differenzierten Ansprüchen sehr entgegen.

Wer ganz individuell sich für mehr bunte Vielfalt in seinem Umfeld einsetzen will, findet im »netzwerk blühende landschaft« Anregung und Unterstützung. Der Verein legt in ganz Deutschland im Projekt »BienenBlütenReich« beispielgebend Blühflächen an, die zum Nachmachen anregen sollen. Wer nicht selbst Hand anlegen kann oder möchte, hat auch die Möglichkeit, Blühpate zu werden und damit Blühprojekte in seiner Nähe zu unterstützen (siehe https://bluehende-landschaft.de/).

Blau-grüne Infrastruktur schaffen

Ideenlose Politiker fordern seit Jahrzehnten in einer Endlosschleife, mehr in den Straßenbau zu investieren. Ich kann es kaum mehr hören. Das meiste Geld im gesamten Verkehrssektor wird nach wie vor für den Straßen- und Autobahnbau ausgegeben, für den Bereich also, der die größten Umwelt- und Klimaprobleme verursacht. Doch nicht die »graue Infrastruktur« hat den größten Nachholbedarf, sehr viel mehr öffentliche Förderung braucht die »blau-grüne Infrastruktur«. Es geht dabei um ein Netzwerk naturnaher Flächen im unmittelbaren Umfeld des Menschen, um Grünanlagen und Wasserflächen – ein Konzept aus den USA der 1990er Jahre mit ihrem starken städtischen Flächenwachstum und den damit verbundenen Umweltproblemen. In Deutschland erstmals vorgestellt wurde es 2017 als »Bundeskonzept Grüne Infrastruktur« vom Bundesamt für Naturschutz (BfN).

Unser Überleben hängt keineswegs von der Dichte und dem Zustand der Autobahnen ab – das Gegenteil ist der Fall. Viel zu lange stand die graue Infrastruktur bei den Stadtplanern im Vordergrund: breitere Fahrbahnen für den Autoverkehr und mehr Parkplätze, nicht selten auch auf Gehwegen. Drei Viertel der städtischen Flächen werden von Autos okkupiert. Doch Beton und Asphalt speichern die Wärme heißer Tage und können die Temperaturen um bis zu zehn Grad im Vergleich zum Umland in die Höhe treiben. Das Risiko extremer Wetterlagen steigt weiter durch den Klimawandel. Starkniederschläge einerseits und Hitzewellen andererseits sind ganz besonders in Städten ein wachsendes Problem. Tropische Sommernächte mit über 20 Grad lassen erholsamen Schlaf zum Wunschtraum werden.

Eine Reihe von Städten hat bereits den Klimanotstand ausgerufen. Städte müssen kühler werden. Gleichwertige Lebensverhältnisse in Stadt und Land verlangen nach mehr urbanen Grünanlagen, sie sichern ein Stück Umweltgerechtigkeit. Auch Gewässer gehören in den innerstädtischen Bereich, sie sorgen für ein ausgeglicheneres Klima. Gerade für Menschen in Wohnungen ohne Balkon oder Garten sind öffentliche Grünflächen, Parkanlagen und Wasserflächen soziale Treffpunkte, an denen sie sich erholen, erfrischen und durchatmen können.

Zahlreiche Versuche werden unternommen, um Städte für den Klimawandel fit zu machen. In der hochverdichteten Metropole Tokio wurden bei Temperaturen von über 40 Grad Silberjodidpartikel in den Himmel geschossen, um durch Kondensationskeime die Bildung von Regenwolken zu bewirken. Auch wenn es Stunden später tatsächlich regnete – eine Dauerlösung der urbanen Klimaprobleme ist es ganz sicher nicht, zumal die Nebenwirkungen noch nicht erforscht sind. Besser schneiden allemal naturbasierte Verfahren ab. Ganz oben im Ranking steht der Ausbau einer blau-grünen Infrastruktur – mehr Grün und mehr Wasser für unsere Städte.

Pflanzen, vor allem Bäume, wirken wie natürliche Klimaanlagen. Mit zunehmender Temperatur beginnen Bäume zu schwitzen. Die winzigen Spaltöffnungen an den Unterseiten der Blätter öffnen sich und sie geben Wasser ab. Diese Verdunstung – der Übergang von der flüssigen in die gasförmige Phase – verbraucht Energie und entzieht der Umgebung Wärme, ein spürbarer Kühleffekt setzt ein. Durch die Wasserabgabe über die Blätter entsteht in den Leitbahnen des Baumes eine Sogwirkung und aus dem Wurzelraum wird Wasser nachgeliefert. Ein einziger Baum kann je nach Größe Hunderte Liter Wasser am Tag verdunsten. Seine errechnete Kühlleistung beträgt mehrere

Hundert Kilowattstunden pro Tag, das entspricht zwei Haushaltsklimageräten. Im Unterschied zum technischen Gerät »arbeitet« der Baum absolut klimaneutral, er wird von der Sonne mit Energie versorgt.

Grünanlagen, Baumalleen und selbst Solitärbäume sorgen nicht nur für Abkühlung, sie verbessern auch die Luftqualität und wirken sich positiv auf unsere Psyche aus. Bäume sollten uns als heilig, zumindest als heilsbringend gelten. Doch es geht ihnen nicht gut. Ganz besonders in den Städten leiden sie unter Stress. Hitze, Wassermangel, Luftverschmutzung und Bodenverdichtung setzen ihnen zu. Trotz ihrer Wohlfahrtswirkungen werden ihnen oft nur wenige Quadratmeter Standraum gewährt. Ihre Wurzeln sind eingepfercht, die freie Entfaltung ist ihnen versperrt. Sie gelangen nur schwer an ausreichend Wasser und werden zudem durch Streusalz und Hundebesuch gequält. Viele Bäume kümmern vor sich hin und sterben vorzeitig ab. Wie können wir in der Not helfen und den Stress mildern? Das oberste Gebot ist eine ausreichende Wasserversorgung, ganz besonders in den jungen Jahren. Nicht das tägliche, sondern das wöchentliche, dafür aber reichliche Gießen wird empfohlen. Ein ausgewachsener Baum verbraucht an heißen Tagen über einhundert Liter Wasser. Was ein Stadtbaum nicht braucht, sind parkende Autos, Streusalz, Dünger und Hundeurin vom Gassigehen, der ist stark ätzend, greift die schützende Baumrinde an und gewährt dadurch Schaderregern, wie Pilzen, freien Zutritt.

Das Gießen von Stadtbäumen wäre eine Wohltat und könnte im besten Falle zum Volkssport werden. In Berlin läuft das Projekt »Gieß den Kiez«. Auf einer Internetplattform sind die rund 600 000 Berliner Stadtbäume erfasst. Mehrere Tausend Nutzer informieren sich digital, welche Bäume den größten Durst haben. Die Bäume vor der eigenen Haustür regelmäßig zu gießen, ist eine gute Idee. Sie zählen zum Inventar des eigenen Wohnumfeldes. So wächst auch die Beziehung der Bewohner zu ihren Bäumen.

Extreme Dürrephasen werden im Zuge der Klimaerwärmung immer häufiger. Um den Trockenstress für Hamburger Bäume zu mindern, läuft dort ein Pilotprojekt mit sogenannten Baumrigolen. Das sind Speicherbecken unter den Bäumen, die mit dem Regenwasser gefüllt werden, das auf den Dächern der angrenzenden Häuser anfällt. Eine gute Idee, aber nicht ganz billig. Wie wäre es, den Bäumen schon bei der Pflanzung mehr Standraum zu gewähren? Noch bekommen Autos weit mehr Platz zugesprochen als Bäume. Das muss sich ändern, wenn wir die Lebensqualität in den Städten verbessern wollen. Auch der Deutsche Städtetag plädiert für Entsiegelungen, um so dem Auto Flächen wegzunehmen.

Das heißer und trockener werdende Klima verlangt ganz besonders in den Städten nach Anpassungsmaßnahmen. Die Suche nach hitzetoleranten, resilienten Baumarten läuft auf Hochtouren, denn von einigen gewohnten Arten wird man sich wohl verabschieden müssen, wie von der Rosskastanie. Sie ist ein klarer Verlierer des Klimawandels. Alternativen sucht man vor allem in Südeuropa, also in jenen Klimazonen, die unserem künftigen Stadtklima entsprechen. Die tief wurzelnde Kornelkirsche, ein Herzwurzler, ist eine der Kandidaten. Auch der Baumhasel und die Esskastanie (Edelkastanie) aus der Familie der Buchengewächse sind einen Versuch wert. Sie liefern nicht nur ein gutes Mikroklima, sondern auch wohlschmeckende, stärkereiche Nussfrüchte. Bis vor einhundert Jahren waren Maronen, die braunen Früchte der Esskastanie, ein Hauptnahrungsmittel der Landbevölkerung in den Bergregionen Südeuropas. Sie könnten in Zukunft bei uns einen Neuanfang erleben.

Um neu gepflanzten Bäumen den Start ins Leben zu erleichtern, um vor allem die Widerstandsfähigkeit gegenüber länger werdenden Trockenphasen zu steigern, kommt auch der Auswahl des Bodensubstrates eine große Bedeutung zu. Den Wurzelraum mit Wasser speicherndem Substrat und hohem Lehm- und Humusanteil anzureichern, hilft den Bäumen, gut durch ihr Leben zu kommen.

Eine sinnvolle Ergänzung zu den Bäumen in der Stadt sind grüne Wände und grüne Dächer. Singapur, ein dicht bebauter Stadtstaat mit einem Flächenproblem, ist der Vorreiter für diese Art der Stadtbegrünung. Selbst bis in hohe Stockwerke trifft man dort auf rankende und blühende Pflanzen. Doch nachhaltig ist diese Methode nur bedingt und teuer dazu. Das Anbringen von Pflanzkästen, das Befüllen mit Substrat, das Bepflanzen und eine kontinuierliche Wasserversorgung – das alles hat einen hohen Preis. Die nach meiner Erfahrung einfachste Variante ist das Anpflanzen von Efeu, Wildem Wein und anderen Kletterpflanzen in unserer guten, alten Erde. Sie versorgen sich selbst mit Wasser und Nährstoffen aus dem Boden.

Für unsere mitteleuropäischen Verhältnisse wurde von der Universität Hamburg eine Gründachstrategie entwickelt. Grüne Dächer bieten Wasserrückhalt, Verdunstung und damit Abkühlung, sie verbessern das Stadtklima und reduzieren die Gefahr von Überschwemmungen bei Starkregenereignissen. Nicht zuletzt steigern sie durch ihr Pflanzen- und Insektenleben die Biodiversität und die Lebensqualität der Menschen in der Stadt. So sehr grüne Wände und Dächer auch im Trend liegen: Einen viel stärkeren klimatischen Effekt kann man durch altbewährte Methoden erzielen, durch einen reichen Baumbestand sowohl in städtischen Grünanlagen als auch in Form neuer Alleen durch Rückbau mehrspuriger Autostraßen.

Nicht nur Pflanzen helfen, das Klima an heißen Tagen erträglicher zu machen. Auch der Boden verfügt über eine fast vergessene kühlende Wirkung. Früher hatte jedes Haus in den Dörfern einen kühlen Keller tief im Erdreich. Er diente als Vorratslager und er war der klimaneutrale Vorläufer des stromfressenden Kühlschranks. Es ist noch nicht einmal einhundert Jahre her, da wurden Eiskeller angelegt, um das Eis aus dem Winter als Kühlmittel in den Sommer hinüberzuretten. Das kühlende Potenzial des Bodens hat die Ruhr-Universität Bochum in Zusammenarbeit mit der Stadt Neuss näher untersucht, um die Bodenkühlleistung zu aktivieren. Besonders in den Städten ist die natürliche Kühlfunktion des Bodens durch Versiegelung und Grundwasserabsenkung erheblich reduziert worden. Helfen können Entsiegelungen, eine Optimierung des Grundwasserstandes sowie das Zulassen einer Vegetationsentwicklung. Das alles birgt ein beträchtliches Kaltluftbildungspotenzial und kann das städtische Mikroklima spürbar verbessern. Diese Erkenntnisse fanden Eingang in das Bodenmanagementsystem der Stadtplanung von Neuss – und sind laut Studie vorbildhaft übertragbar auf andere Städte.

Der Zugang zum Grundwasser im Erdreich ist für Bäume überlebenswichtig, vor allem, wenn es lange nicht regnet. Aber nicht nur Bäume haben großen Durst an heißen Tagen. Uns Menschen ergeht es ähnlich. Ich kenne aus meiner Kindheit noch den Dorfbrunnen und die Dorfpumpe. Für jeden Einwohner war das Quellwasser frei zugänglich.

Diese alte Dorftradition erlebt nun in manchen Städten eine Art Renaissance. Es ist ein öffentliches Angebot für kostenfreie Erfrischung. Am Vineta-Platz in Berlin wurde nach einem Onlinevoting ein öffentlicher Trinkwasserbrunnen durch die örtlichen Wasserbetriebe installiert und erfreut sich großer Beliebtheit. Diese soziale Idee ist ausbaufähig, sie gehört in jede Stadt und macht den Kauf von Plastikwasserflaschen überflüssig. Beachtenswert ist auch die Refill-Initiative (siehe https://re fill-deutschland.de/). Mit Hilfe der Website kann man öffentlich zugängliche Läden und Geschäfte finden, die kostenlos Trinkwasser anbieten.

Wasser, vor allem fließendes Wasser, verleiht einer Stadt ein besonderes Flair, eben ein Fluidum im wörtlichen wie im übertragenen Sinne. Lebendigkeit und Frische haben an einem Fluss ihr wahres Zuhause. Es gibt kaum eine Stadt, die nicht an einem Fluss gelegen ist. Flussufer sind Treffpunkte und Orte der Erholung. Offene Wasserflächen ziehen nicht nur Menschen und Tiere an, sie haben auch eine stark ausgleichende Klimawirkung, denn sie wirken zwei- bis dreimal effektiver als grüne Flächen, wenn es um den Kühleffekt geht. Allerdings wurden natürliche Wasserflächen in der Vergangenheit zugunsten von Bauvorhaben in den Städten zurückgedrängt oder ganz und gar beseitigt.

Die großflächigen Versiegelungen haben dazu geführt, dass unsere Städte bei Starkregenereignissen sprichwörtlich überlaufen. In vielen Städten wurden die Flussauen durch Verkehrstrassen in Anspruch genommen und überbaut. Breite Straßen begleiten die Flüsse, verbreiten Lärm und Abgase über die Flussnatur und entwerten damit ihre Erholungsfunktion für die Einwohner. Dass mehrspurige Straßen auch zurückgebaut und in Natur- und Wasserflächen umgewandelt werden können, zeigt beispielhaft die Stadt Singapur. Wo ein Wille ist, ist auch ein Weg.

Flüsse in Städten sind allzu oft unzugänglich, ihre Ufer verbaut, von senkrechten Mauern und von Stahlspundwänden eingezwängt oder ganz und gar versperrt, ganz so, als sei der

Fluss der böse Feind des Menschen. Mir scheint, hier irrten einst die Stadtplaner und Bauingenieure. Flüsse können unsere besten Freunde werden. Für mich ist ein Fluss dann einladend, wenn ich ihn nackten Fußes betreten kann. Barfüßig im Flachwasser auf feinem Sand oder runden Kieselsteinen zu waten, ist eine reine Wohltat. Unsere tagtäglich eingesperrten Füße verlangen geradezu nach Freiheit, nach direktem Bodenkontakt, nach thermischen und mechanischen Reizen, danach, umspült und gewissermaßen »umarmt« zu werden. Es wäre so einfach, Flüsse und Bäche an strömungsarmen, flachen Innenkurven für Menschen zu öffnen und betretbar zu gestalten. Kinder und Eltern hätten ihre Freude daran.

Ein Vorreiter in der Flussrenaturierung ist die Stadt München. Sie hat schon frühzeitig erkannt, dass kanalartig begradigte Flüsse für Mensch und Natur nachteilig sind. So wurde die Isar zwischen 2000 und 2011 auf einer Länge von acht Kilometern von ihren engen Fesseln, dem Steinkorsett, befreit – eine wahre Pioniertat in einem Land, wo der »ordentliche Fluss« schnurgerade zu sein hatte. Die Entfesselung der Isar führte zu einer ganzen Reihe von Wohlfahrtswirkungen: Das Flussbett nahm einen breiteren Raum ein, die Fließgeschwindigkeit und das Hochwasserrisiko reduzierten sich. Nicht zuletzt entstand ein dynamischer, natürlicher Lebensraum mit reizvollen, weit ausladenden Kiesbänken, eine Attraktion für großstädtische Erholungssuchende, ein Ort zum Abschalten und zum meditativen Verweilen.

Noch bis Mitte des letzten Jahrhunderts gab es in vielen Städten Flussbadeanstalten und darüber hinaus »wilde Badestellen«. Vor allem an Sommerwochenenden wurden sie von Hunderten Menschen aufgesucht, um ein Bad im Schoße der Natur zu nehmen. Nach und nach wird diese Tradition wiederentdeckt. In

Städten wie Dresden und Magdeburg finden alljährlich gut besuchte Elbebadetage statt. In Berlin bemüht sich ein Verein seit Jahren, die Spree zum Flussbaden zu öffnen.

Der Mensch braucht die Natur in seinem Umfeld, um sich wohlzufühlen und um gesund zu bleiben, psychisch wie körperlich. Das heißer werdende Klima trifft die großen Städte besonders hart. Gerade in dicht bebauten und oft überhitzten Metropolen fragt man sich, wo noch Fläche für mehr Natur zu finden wäre. Von den bereits erwähnten Dächern und Wänden einmal abgesehen: Einen Großteil der Stadtflächen nehmen Straßen und Parkplätze ein, die für ein Verkehrskonzept stehen, das definitiv überholt ist. Verkehrswissenschaftler schätzen, dass drei Viertel unserer städtischen Straßenflächen von Autos beansprucht werden, Flächen, die als öffentlicher Raum gelten. Parkplätze zurückzubauen und den Autoverkehr aus dem Lebensraum Stadt durch die Einführung einer Maut zu reduzieren, würde viel mehr Raum für Mensch und Natur bieten und die Städte gesünder machen. Lebenswert ist für mich eine Stadt erst dann, wenn sie kindgerecht ist, wenn Kinder ohne Risiko in grüner Umgebung mit Naturerlebnisräumen vor ihrer Haustür aufwachsen können.

Die Mobilität muss darunter nicht leiden, wenn Autos verbannt und dafür Alternativen geschaffen werden. In Städten wie Karlsruhe wird an einer Verkehrsapp gearbeitet, die alle Möglichkeiten auf einen Blick präsentiert, um die von A nach B preislich und zeitlich günstigste Variante zu finden, zu buchen und zu bezahlen. Und für den gelegentlichen wirklichen Autobedarf gibt es in allen deutschen Großstädten inzwischen Carsharing-Gemeinschaften wie »Stattauto« in München, die von einem gemeinnützigen Unternehmen betrieben werden. So wird das eigene Auto entbehrlich und überflüssig.

Transition Towns

Das vorherrschende Wirtschafts- und Gesellschaftssystem krankt an vielen Organen. Da in der politischen Arena die Klima- und Umweltprobleme lange Zeit ausgeblendet wurden, haben sich kommunale Initiativen gebildet, um erste Vorbereitungen auf eine Zukunft mit knapper und teurer werdenden Rohstoffen und Energieträgern zu treffen. Wie kann unser Alltagsleben weniger »parasitär« ablaufen? Wie kann eine Verbrauchsreduktion von fossilen Energieträgern bewirkt werden? In vielen Städten rund um die Welt entstanden Gemeinschaftsprojekte, um das Naturwissen und das Klimabewusstsein zu stärken und danach zu handeln.

Bereits 2006 entstand die weltweite Transition-Town-Bewegung, übersetzt mit »Stadt im Wandel«. Vor allem im angelsächsischen Raum gründeten sich Nachhaltigkeitsinitiativen, um den Übergang in eine postfossile und stärker lokal organisierte Wirtschaftsweise voranzubringen. Die Gründer, unter ihnen der Ire Rob Hopkins, machten die Permakultur mitten in Städten populär. Auf kleinen Flächen wachsen in Gemeinschaftsarbeit Nahrungsmittel in großer Vielfalt heran. Gärtnerische, landwirtschaftliche und gesellschaftliche Systeme, so die Zielstellung, sollten ähnlich effizient und resilient funktionieren wie natürliche Ökosysteme. Durch nachbarschaftlichen Austausch steigt auch die Krisenfestigkeit an.

Die Bewegung ist ein selbst lernendes Netzwerk, das den Wandel zu einer nachhaltigen und gerechten Gesellschaft in Angriff nimmt. Um die Kommunalpolitiker mitzunehmen, werden Stadtratsanträge gestellt und öffentlich diskutiert. Die Initiativen in Deutschland, Österreich und der Schweiz sind gut vernetzt (https://www.transition-initiativen.org/). Sie starten unter dem Motto »Wir fangen einfach mal an« und suchen gemeinsam nach Wegen, um klimafreundlich und enkeltauglich zu leben.

Stadt und Land
gehören zusammen

Stadt und Land dürfen nicht zu Konkurrenten werden. Stadt und Land gehören zusammen, sie brauchen einander. Sie können nur in einem Symbioseverhältnis gedeihen, einer Form des gemeinsamen, gleichberechtigten Wirkens zum beiderseitigen Vorteil. Gesucht wird die faire Partnerschaft ohne Verlierer. Geben und Nehmen brauchen ein Gleichgewicht. Bislang war der ländliche Raum der große Verlierer. Doch gerade im ländlichen Raum liegen viele Möglichkeiten, den auf uns zukommenden Krisenzyklen zu entkommen. In den Städten finden wir zwar die meisten Ärzte und Krankenhäuser, doch auf dem Land liegen die Quellen für unsere eigene Gesundheit ebenso wie für eine Genesung unserer Gesellschaft. Das Land bietet die Basis für das Lebensnotwendige. Das Land kann die ersehnte Krisenfestigkeit ermöglichen. Dort müssen die Arbeitsplätze der Zukunft entstehen, Arbeitsplätze, die nicht auf Symptombekämpfung, sondern auf Vorsorge und Gemeinnutzen ausgerichtet sind.

Wenn es aber immer mehr Menschen in die Städte treibt, wer soll dann das Land am Leben erhalten? Läuft die Abstimmung mit den Füßen nicht schon auf Hochtouren? Stadt gewinnt klar gegen Land? Bessere Infrastruktur, bessere Einkaufsmöglichkeiten, bessere Gesundheitsversorgung, breiteres Bildungs- und Kulturangebot und einfach mehr Abwechslung. Sind die Würfel nicht schon klar zugunsten des Stadtlebens gefallen?

Auch wenn die Landflucht in vielen Fällen zunächst nachvollziehbar war, so lohnt es sich doch, über ungenutzte Potenziale und Perspektiven des Landlebens nachzudenken und die politischen Weichen neu zu stellen. Nur wenn Stadt und Land gemeinsam agieren, können wir Klima und Vielfalt retten. Nur gemeinsam können wir unseren Treibhausgasausstoß auf weniger als 10 Prozent senken und das Schwinden der Arten vor unserer Haustür und weltweit aufhalten und umkehren.

11

Experimentierfelder

Wir alle können ein nachhaltiges und zukunftsfähiges Verhalten in unser persönliches Verhaltensprogramm aufnehmen. Unzählige Handlungsmöglichkeiten stehen uns offen und die Notwendigkeit wird Tag für Tag deutlicher.

Den Weg zu einem ressourcenschonenden Lebensstil kann man als Einzelner, als Paar, als Familie, als Freundeskreis, als Wohngemeinschaft, als Genossenschaft, als Kommune oder als ganzes Land beschreiten und man kann sofort loslegen. Das nötige Wissen ist verfügbar. Wir müssen es nur tun. Es gibt Initiativen und Orte, in Stadt und Land, in denen schon seit Jahrzehnten mit nachhaltigen Modellen experimentiert wird. Es sind Kristallisationskeime für eine zukunftsfähige Gesellschaft. Dort finden sich Menschen zusammen, bei denen die Natur und die Gesundheit in ihrer Werteskala ganz oben stehen.

Künstlerdörfer

Gerade der ländliche Raum bietet Entfaltungsmöglichkeiten für neue Ideen und Konzepte. Die ausgedünnten Dörfer dürfen nicht den völkischen Siedlern überlassen werden, die sich hier und dort niederlassen und ihre rechte Gesinnung als »Reichsbürger« ausleben. Sie wollen nichts mehr mit dem Staat zu tun haben, erklären sich zu Selbstverwaltern und Systemverweigerern. Sie behaupten, mit ihren kruden Verschwörungstheorien das Volk zu vertreten, und erklären die »Elite« zu ihrem Feind. Es sind Aussteiger im schlechtesten Sinne. Sie lassen sich vom sozialen Egoismus leiten, radikalisieren sich, verbreiten rassistisches Gedankengut, ihr Eigensinn lässt für das Gemeinwohl keinen Raum. Für die Ausbreitung eines derartig abwegigen, extremistischen Gedankengutes gibt es keinen Platz in einer aufgeklärten Gesellschaft.

Schon Ende des 19. Jahrhunderts wurde von Künstlern die Idee geboren, sich in Dörfern niederzulassen. Oft sind es außergewöhnlich reizvolle, vor allem aber auch abgelegene Orte mit einer eigenwilligen und reichen Naturausstattung: Worpswede in der flachen Moorlandschaft zwischen Weser und Elbe, Ahrenshoop an der Steilküste des Darß an der Ostsee sowie Nidden mit den riesigen Sanddünen an der Kurischen Nehrung Litauens gehören zu den ersten und bekanntesten Künstlerdörfern. Als Künstlerinsel wird Hiddensee östlich von Rügen gerühmt. Sie ist nur mit einer Fähre erreichbar und bis heute autofrei geblieben.

Nicht nur Deutschland, auch die Schweiz hat eine lange Künstlerdorftradition. Im reizvollen Tessin befinden sich die Künstlerdörfer Carona und Brè, im Kanton Schaffhausen der Künstlerort Ramsen.

Was lockte Maler und Dichter aus den Städten in öde Moor-dörfer, windgeplagte Küstenorte oder in die gottverlassenen Berge? Eben diese ursprünglichen und beschaulichen Orte, ab-gehängt von der Industrialisierung mit ihren Schattenseiten, boten gute Bedingungen zum Malen, zum Dichten und zum geistigen Austausch. In jenen Landschaften ragen bis heute bi-zarr geformte, uralte Bäume in den weiten Himmel. Man sieht ihnen an, dass sie den Naturwidrigkeiten ein Leben lang wider-standen haben. Auf den kargen Böden, die kaum das Nötigste zum Lebensunterhalt der ansässigen Bevölkerung liefern, fin-den sich außergewöhnliche Naturphänomene, gedeihen seltene, oft unscheinbare, filigrane Pflanzen und wild lebende Tiere, die ebenfalls die Ungestörtheit suchen. Wie ein Zauber wirken das Licht und die Farben in diesen Reinluftgebieten.

Ein entscheidendes Motiv der stadtflüchtenden Künstler war aber auch die romantische Sehnsucht nach einem einfachen und naturverbundenen Leben, das sie bei den Bauern, Hirten und Fischern tatsächlich vorfanden, einer Lebensart, von der sie sich mehr persönliche Freiheit versprachen, zumal die Kosten in diesen Landstrichen vergleichsweise niedrig waren.

Die Künstler pflegten mehr oder weniger den Austausch, sie stritten und befruchteten einander, aber sie suchten auch den Zugang zur ortsansässigen Bevölkerung. Der Beziehungsaufbau der zugezogenen Künstler zu den Einheimischen brauchte seine Zeit zum Wachsen. Heute sind die Dorfbewohner stolz darauf, in einem Künstlerdorf zu leben, denn es zieht reichlich Touris-ten an und lässt die Einnahmen der Kommunen sprudeln. Der wachsende Tourismus – ähnlich getragen von der Neugier und der Sehnsucht der Urlauber nach freieren Lebensformen – för-dert wiederum den Absatz der Kunstwerke vor Ort.

Die Künstlerdörfer von damals existieren bis heute und neue

Gründungen kommen hinzu. So entstehen Künstlergemeinschaften in stillgelegten Industriegebäuden, die von Kommunen zu erschwinglichen Preisen zur Einrichtung von Ateliers angeboten werden. So zogen Künstler in die Gemäuer einer alten Papierfabrik in Bad Alexandersbad im Fichtelgebirge ein, um ihrer Berufung nachzugehen.

An einem geschichtsträchtigen Ort des Deutschen Ordens, im bayerischen Schloss Blumenthal, gelegen zwischen München und Augsburg, werden in einem innovativen Mehrgenerationenprojekt Kunst, Ökologie und Hotelbetrieb vereint praktiziert und gelebt. Jedes Zimmer ist ein Kunstwerk aus Design, Kultur und Natur, das von Mitgliedern der Blumenthaler Gemeinschaft gestaltet wurde. Kunstfestivals und Gesundheitstage wechseln einander ab und sogar eine eigene lokale Schlosswährung, der BlumenTaler, wurde hier kreiert.

Coworking Spaces

Man könnte sie moderne »Gründerdörfer« nennen, in denen mit einer neuen Art von Lebenskunst experimentiert wird. Die Geschäftsidee des Coworking kommt aus Kalifornien und ist weltweit in Ausbreitung begriffen. Ihre Anzahl geht in die Tausende. Das Unternehmen stellt Räume und technische Infrastruktur für Freiberufler, digitale Nomaden und Start-ups gegen Tages-, Wochen- oder Monatspauschalen zur Verfügung. So finden Menschen zueinander, die einen Arbeitsort suchen und an ähnlichen Themen arbeiten, sich austauschen und gegebenenfalls miteinander kooperieren können. Vor allem Kunst- und Medienschaffende bevorzugen diese Strukturen und gehen oft zeitlich befristet ihren Projekten nach.

Berlin gilt als europäische Gründermetropole und hat eine ganze Reihe von Coworking Spaces hervorgebracht, aber auch in vielen anderen Städten sind derartige Arbeitsformen etabliert. Zunehmend werden die ländlichen Räume für diese moderne Arbeitsform entdeckt, vor allem im Osten Deutschlands, wo große Leerstände zu verzeichnen sind und die Kommunen Interesse an einer Nutzung haben. So entstehen auf einem Nährboden für neue Ideen günstige Arbeitsbedingungen, die zu einer Vernetzung regionaler Freischaffender mit Digitalnomaden führen.

Ein Beispiel einer Wiederbelebung alter Industriearchitektur durch Coworking ist das Oranienwerk in Oranienburg nördlich von Berlin. Das über einhundert Jahre alte Fabrikgelände, bis 1990 als VEB Kaltwalzwerk genutzt, erfährt mit dem erhaltenen architektonischen Ensemble aus einstigem Kulturhaus mit Theatersaal, Kantine, Produktionshallen und Werkstatträumen eine Wiederbelebung als Ort der Kreativwirtschaft. Ländliche Industriebrachen finden sich gerade im Osten Deutschlands in reicher Anzahl.

Inzwischen kommt es hier und dort auch zur Neubesiedlung entlegener Dörfer und der Nutzung ihrer alten Bausubstanz durch kreative Geister. Alte Gutshöfe mit viel umbautem Raum oder einfache Bauernhäuser stehen vielerorts leer. So wurde beispielhaft die urbane Idee des Coworking in ein kleines Dorf mit weniger als einhundert Einwohnern verpflanzt, nach Klein Glien, am Fuße des Hagelberges im Hohen Fläming, einer waldreichen Hügellandschaft zwischen Berlin und Dessau. Auf einem ausgedehnten Vier-Seiten-Gutshof mit ursprünglichem Pflaster und wild wachsender Vegetation hat sich ein Coworking Space im Grünen niedergelassen. Sein Name »Coconat« steht für »Community and Concentrated Work in Nature« und das verwendete Wortspiel »workation« macht die Kombination von Arbeit und Urlaub in Verbindung mit dem Rückzug aus der Großstadt sichtbar. Hier bietet sich Städtern die Möglichkeit, Landleben auf Zeit zu schnuppern. Mit 60 Betten, schnellem Internet, Schreibtisch und Sauna hat das Objekt reichlich Kapazitäten, von Vollpension im Einzelzimmer bis hin zum Zelt mit Selbstverpflegung. Gern angenommen wird das Camping-Angebot im Gutshofpark mit Teich, Apfelbäumen und vielen individuellen Nischen. Das Coconat gilt als innovatives Geschäftsmodell für die Zukunftsfähigkeit ausgedünnter Gebiete, das die Stärken ländlicher Räume nutzt und diese durch Kreativwirtschaft und Tourismus aufwertet.

Ökodörfer

Es sind weniger die modernen Nomaden, eher die auf Sesshaftigkeit geprägten, wurzelsuchenden Menschen, die sich in Ökodörfern niederlassen. Im Vergleich zu den Künstlerdörfern ist die Ökodorfbewegung eine jüngere Erscheinung und entspringt der Ökologiebewegung. Auch hier sind gemeinschaftliche Ziele und das Leben in der Natur verbindende Elemente. Zusammen mit kreativen und engagierten Menschen bieten sich Chancen für die Erprobung zukunftstauglicher Lebensmodelle.

1989 hatte eine Gruppe junger Menschen die Idee, als Ökopioniere voranzugehen und ein Ökodorf zu gründen, ein völlig neues Dorf nach Plan aus dem Nichts entstehen zu lassen. Die hochmotivierten Frauen und Männer aus allen Himmelsrichtungen suchten einen Ort für eine neue Dorfgründung. Das Problem: In Deutschland ist es fast aussichtslos, in freier Landschaft ein Dorf neu aufzubauen. Die gesetzlichen Bestimmungen verhindern zum Glück eine Zersiedlung der Landschaft, wie sie etwa in den USA gang und gäbe ist. Doch mit Glück und Ausdauer fanden die Akteure ein verlassenes Bauerngrundstück mitten in der Altmark, einer Landschaft in Ostdeutschland, die mit nur 40 Einwohnern pro Quadratkilometer zu den am dünnsten besiedelten Gebieten gehört. Auf einem alten Bild des Grundstückes von den Vorbesitzern waren sieben Linden zu sehen. Daher rührt der Name des neuen Dorfes »Sieben Linden«.

»Sieben Linden« ist ein realisierter und gelebter ökologischer Traum. Ermöglicht wurde dieses einmalige deutsch-deutsche, »von unten« gewachsene Gemeinschaftsprojekt vor allem durch die Aufbruchstimmung der Wendezeit. Der Wunsch, ein neues Dorf auf ökologischem Fundament zu bauen und nach gemeinschaftlichen Werten zu leben, erfordert nicht nur freies Land, sondern auch eine Offenheit und Aufgeschlossenheit der Genehmigungsbehörden für neue und ungewöhnliche Wege. Diese Gunst der Stunde wurde genutzt. Ein ganzes Dorf mit mittlerweile 150 Einwohnern lebt nach ökologischen und solidarischen Prinzipien. Oberstes Ziel ist die Minimierung des ökologischen Fußabdruckes. Die Sieben Lindener haben es geschafft, ihren Fußabdruck auf 2,4 Tonnen CO_2 pro Einwohner und Jahr zu senken und haben damit Maßstäbe gesetzt. Zum Vergleich: Der deutsche Durchschnitt liegt bei circa elf Tonnen pro Kopf.

Was machen die Sieben Lindener anders? Die größten Reduktionserfolge wurden in den Bereichen Bauen und Wohnen sowie Ernährung erzielt. Ihren Stromverbrauch haben die Sieben Lindener auf ein Viertel des deutschen Durchschnitts gesenkt. Davon werden 60 Prozent durch Solarzellen auf den eigenen Dächern gewonnen. Ungewöhnlich auch der Hausbau. Die neuen Gebäude wurden aus Strohballen und Holz errichtet, diese Baustoffe binden CO_2 und entlasten das Klima. Sie stammen aus dem angrenzenden Wald beziehungsweise aus der Region von einem Biobauern. Hier in Sieben Linden entstand das erste Strohballenhaus seiner Art in Deutschland, das eine Baugenehmigung erhielt. Inzwischen wird nach dem Prinzip »Strohbauweise« schon in drei Stockwerken gebaut. Durch die hohe Wärmedämmung in Verbindung mit der direkten Sonnenenergienutzung ist auch der Heizenergieverbrauch sehr gering. Er wird aus regenerativer, regionaler Quelle gedeckt. Das Holz stammt aus dem angrenzenden Kiefernwald.

Jedem Bewohner stehen 16 Quadratmeter persönlicher Wohnfläche zu, hinzu kommen Gemeinschaftsräume. Die Toiletten funktionieren durchweg ohne Wasser und sind dennoch geruchsneutral. Die gesammelten Pflanzennährstoffe gelangen nach ihrer Kompostierung in den Stoffkreislauf und befördern das Wachstum der Gehölze auf dem Sandboden des Dorfes. Eine Dorfgärtnerei versorgt die Bewohner mit ökologisch angebautem Obst und Gemüse. Jedem steht es frei, selbst zu kochen oder sich in der Gemeinschaftsküche zu versorgen. Die gemeinsamen Mahlzeiten sind auch sozialer Treffpunkt. Es wird gemeinsam gesungen, geschwiegen und meditiert. Das Handy wird nur in Ausnahmefällen benutzt. Der ständigen Erreichbarkeit werden bewusst Grenzen gesetzt.

Der Ort selbst ist frei von Autoverkehr. Wer mit dem Auto anreist, muss es draußen auf einem Parkplatz stehen lassen. Bis zum Nachbarort gibt es Busverkehr, der nächste Bahnanschluss ist allerdings nach einer erfolgten Streckenstilllegung nun 30 Kilometer entfernt.

Wo viele Menschen zusammenleben, gibt es naturgemäß unterschiedliche Meinungen. Die geringsten Diskrepanzen traten bei den Ökodörflern in den ökologischen Fragestellungen auf.

Meist zogen alle an einem Strang. Bei anderen Fragen musste teils lange um einen Konsens gerungen werden. Dürfen Tiere gehalten werden? Dürfen Tiere geschlachtet werden? Darf Fleisch gegessen werden oder soll nur vegetarisch oder vegan erlaubt sein? Manchmal musste ein Mediator vermitteln, um eine für alle tragfähige Lösung zu finden. Wie sollen Entscheidungen getroffen werden? Basisdemokratisch mit langen Diskussionen oder in einem Rätesystem? Ein Ökodorf ist alles andere als ein konfliktfreier Raum. Das Zusammenleben ist immer mit Reibung verbunden, im Ökodorf nicht weniger als anderswo. Wichtig ist, miteinander zu reden und einen Weg zu finden, mit dem alle leben können. Das hat in Sieben Linden bislang auch geklappt. Das Dorf soll weiterwachsen, aber nach und nach, organisch eben. Aber bei 300 Menschen soll Schluss sein.

Sieben Linden ist kein Rückzugsort, vielmehr ein Ort mit Ausstrahlung. Gäste sind willkommen, um mit den Bewohnern in Kontakt zu treten, um das Lebensgefühl in der Gemeinschaft und um die gelebte Nachhaltigkeit zu erfahren und mitzunehmen. Die Ökodörfler bieten dazu Seminare an, darunter zu Permakultur, Agroforst und Tiefenökologie.

Ein ganz anderes Modell von Ökodorf entstand in Brodowin, 50 Kilometer nordöstlich von Berlin. Das Dorf am Parsteiner See selbst gibt es schon seit Jahrhunderten, aber nach der politischen Wende ergriffen einige Akteure die Initiative und riefen ein Ökodorf ins Leben – mit all dem vorhandenen Inventar von Mensch, Natur und Wirtschaft. Maßgebliche Impulse setzte der 2005 verstorbene, kämpferisch veranlagte Umweltschriftsteller Reimar Gilsenbach und der empathische Dorfpfarrer Eberhard Rau, dem der Friede mit der Natur, den Menschen und mit sich selbst schon immer ein Herzensanliegen war. Unterstützung kam auch von zahlreichen Berliner Naturfreunden, die ihren

Sommerurlaub an den umliegenden Klarwasserseen als Hobby-taucher verbrachten.

Wie kam diese Ökodorfidee, teils von innen entstanden, teils von außen hereingetragen, im Dorf selbst an? Etwa ein Drittel der Dorfbevölkerung ließ sich davon anstecken, ein Drittel war dagegen und ein Drittel war unentschieden. Obwohl keine klare Mehrheit zustande kam, wurde das Projekt in Angriff genommen. Heute sind wohl fast alle Einwohner stolz, in diesem Dorf zu leben. Doch Probleme und Konflikte blieben nicht aus.

Um die Klarwasserseen vor Überdüngung zu schützen, wurde die Landwirtschaftliche Genossenschaft komplett auf eine konsequent ökologische Wirtschaftsweise umgestellt. Auf den mageren Sandböden der Endmoräne der letzten Eiszeit eine wettbewerbsfähige Landwirtschaft ohne Chemieeinsatz zu betreiben, war eine riesige Herausforderung und hätte auch schiefgehen können. Ein Glücksfall kam mit Ludolf von Maltzan ins Dorf. Seine Kindheit und Jugend verbrachte er in Südafrika, ehe er in unsere Breiten kam und die Geschäftsführung des Ökodorfbetriebes übernahm. Mit der Milchkuhhaltung auf den Weiden rings ums Dorf und der Vermarktung der Brodowiner Milch bis Berlin und darüber hinaus sicherte sich der Betrieb ein wirtschaftliches Standbein.

Die Ökodorfidee schlug Wellen, die Bekanntheit des innovativen Ortes wuchs und zog – einem Mekka gleich – immer mehr Menschen unterschiedlichster Herkunft in den Ort. Die Nachfrage nach Wohngrundstücken wuchs und damit deren Preise. Mit den jungen Familien, den Künstlern und Suchenden kamen neue Lebensmodelle ins Dorf: Tempo 30 im Ort, Wildwuchs statt Golfrasen, Fenster ohne Gardinen – für die alteingesessenen Einheimischen waren das absolute Verstöße gegen das, »was man macht« und »was man nicht macht«. Die Reviergrenzen wurden schon durch die Vegetation in den Vorgärten deutlich sichtbar.

Immerhin: Man sprach miteinander. Und nicht nur das, gemeinsame Arbeitseinsätze im Ort, sogenannte Subbotniks – ein Relikt aus ferner DDR-Vergangenheit – zur Pflege des Ortes, ließen so etwas wie eine neue Dorfgemeinschaft zwischen den alten Dörflern und den Zugezogenen entstehen. Auch eine Dorfband wurde ins Leben gerufen. Gemeinsam zu musizieren und öffentliche Konzerte zu geben, ist besonders wirkungsvoll, um Brücken zu bauen und Zusammenhalt zu schaffen.

Bei allen verbleibenden Widersprüchen – das Ökodorf Brodowin funktioniert und wird von Touristen sehr gern aufgesucht, nicht zuletzt auch wegen der reizvollen, gesunden Landschaft, in der Naturliebhaber voll auf ihre Kosten kommen.

Solidarische Landwirtschaft

Was kann ich für den Schutz unserer natürlichen Lebensgrundlagen tun, wenn ich in der Stadt lebe und arbeite? Eine gute Möglichkeit ist die Beteiligung an der »Solidarischen Landwirtschaft«, kurz SoLaWi genannt. Seit 25 Jahren entwickelt sich in vielen Teilen der Welt ein Wirtschaftsmodell, das Mensch und Natur wieder enger zueinanderführt. Die regionale Vertragslandwirtschaft ist ein sozial-ökologisches Projekt, das gleich mehrere Gewinner hervorbringt: Die Erzeuger und die Verbraucher von Lebensmitteln ebenso wie die Natur und das Klima. Das Prinzip besteht darin, dass ein oder mehrere bäuerliche Betriebe sich mit Verbrauchern aus der Region zusammenschließen. Jedes Mitglied zahlt einen monatlichen Beitrag an den Landwirt und erhält dafür wöchentlich einen Lebensmittelkorb. So gelangen saisonales Gemüse, Kräuter und Obst aus regionaler, nachhaltiger Landwirtschaft ohne Umwege an die Verbraucher. Die Transporte werden auf ein Minimum beschränkt, Verpackungsmüll wird eingespart und Frische garantiert. Auf der anderen Seite kann der Erzeuger mit festen Einnahmen rechnen, eine Art Grundeinkommen für Bauern. Damit wird seine Existenz gesichert. In der Regel sind Ökobauern die Partner, so dass die Produkte ohne Einsatz giftiger Pestizide erzeugt werden.

Was uns kaum bewusst ist: Von jedem Euro, den wir im Supermarkt für Lebensmittel ausgeben, bekommt der Landwirt als Erzeuger nur 20 Cent, der Rest wird für Verpackung, Transport, Lagerung, Verarbeitung und Handel abgezweigt. Bei der Solidarischen Landwirtschaft bekommt er 100 Prozent der Mitgliedsbeiträge. Diese Beiträge liegen keineswegs höher als ein Durchschnittsbürger laut statistischem Bundesamt für Lebensmittel ausgibt.

Der solidarische Aspekt von SoLaWi besteht auch noch darin, dass die Mitgliedsbeiträge nur Orientierungswerte sind. Dadurch findet ein sozialer Ausgleich statt. Wer ein knappes Budget hat, kann auch durch Mitarbeit seinen Beitrag leisten. So verschmelzen Produzenten und Konsumenten zu »Prosumenten«. Zur Erntezeit kommen Freiwillige hinzu, die gemeinschaftlich gegen Kost und Logis arbeiten, darunter junge Menschen aus allen Teilen der Welt.

Welche Vorteile haben SoLaWi-Erzeugnisse gegenüber den Supermarktangeboten? Bei Landwirten, die für Supermärkte produzieren, bleibt bis zur Hälfte des Gemüses auf dem Acker und wird wieder untergepflügt, weil es entweder zu groß oder zu klein oder weil es unförmig gewachsen ist. Nicht selten bricht auch die Nachfrage ein oder die Konkurrenz unterbietet die Preise – die Nahrungsmittel werden so zu Abfall, bevor sie die Reise zum Verbraucher angetreten haben. Diese Ressourcenverschwendung hat einen hohen Preis, für Supermarktprodukte wird dadurch die doppelte Anbaufläche benötigt. SoLaWi braucht nur einhundert Quadratmeter Anbaufläche, um einen Menschen mit Gemüse zu versorgen. Dabei werden auch kleine Kartoffeln und krumme Karotten verwertet. Für die Vollversorgung einer vierköpfigen Familie einschließlich tierischer Produkte wird mit den ökologischen Anbauverfahren etwa ein Hektar Fläche benötigt.

SoLaWi wirkt dem Höfesterben und damit dem Verlust von regionaler Eigenversorgung und der Krisenanfälligkeit entgegen. Durch Anbauvielfalt, Kreislaufwirtschaft und Verzicht auf Chemieeinsatz sorgt dieses Wirtschaftsmodell auch für gesunde Böden, für Artenvielfalt und Stabilität der Ökosysteme in der bäuerlichen Kulturlandschaft. Die Solidarische Landwirtschaft verhält sich gegenüber kommenden Generationen solidarisch, indem sie einen Bildungsauftrag erfüllt, Naturbewusstsein entwickelt, Biodiversität und Wissen erhält und weitergibt.

Arche-Regionen

Es ist weithin bekannt, dass immer mehr wild wachsende Pflanzen- und wild lebende Tierarten von unserem Planeten verschwinden. Weniger bekannt ist, dass auch alte Nutztierrassen (und deren wilde Vorfahren) vom Aussterben bedroht sind oder bereits ausgestorben sind. Laut Welternährungsorganisation FAO (Food and Agricultural Organization) stirbt weltweit pro Monat eine alte Rasse aus, darunter Rinder, Schafe, Ziegen oder Geflügel. Für Deutschland sind 165 alte Nutztierrassen registriert. Seit Anfang der 1990er Jahre ist die Anzahl der als gefährdet eingestuften Großtierrassen von 31 auf 49 und die der Geflügelrassen von 7 auf 40 angestiegen. Wer kennt schon die Arten wie die Lippegans, das Leineschaf, die Harzer Ziege oder das Deutsche Weideschwein? Letzteres ist schon 1975 ausgestorben.

Die in Deutschland registrierten 33 alten Hühnerrassen sind durchweg Zweinutzungshühner. Sie legen rund 200 Eier im Jahr und liefern nach drei bis vier Jahren ein Suppenhuhn. Auch die aus den Eiern geschlüpften Hähnchen dieser Rassen dürfen weiterleben. Doch das sind die Ausnahmen von gestern. Die neuen Hochleistungsrassen hingegen produzieren entweder Eier oder Fleisch. Die hochgezüchteten Legehennen legen jeden Tag ein Ei und erreichen nur ein Alter von eineinhalb Jahren, dann werden sie entsorgt. Die speziell auf raschen Fleischzuwachs gezüchteten Masthähnchen werden lediglich eineinhalb Monate gefüttert, dann sind sie schlachtreif.

Typisch für Norddeutschland war das Schwarzbunte Niederungsrind, ein Zweinutzungsrind für die Milch- und gleichzeitig für die Fleischnutzung. Inzwischen wurde es durch Hochleistungsrassen verdrängt, die doppelt so viel Milch geben. Aber um welchen Preis?

Milchkühe können bis zu 20 Jahre alt werden. Als ich acht Jahre alt war, haben wir eine zwölfjährige Milchkuh gekauft, die noch gut Milch gegeben hat. Die heutigen Hochleistungskühe werden nur noch vier Jahre alt, dann sind sie abgewirtschaftet und reif für den Schlachthof. Während die alten Rinderrassen (wie auch die Schaf, Ziegen- und Gänserassen) genügsam sind und sich allein von Gräsern und Kräutern nachhaltig ernähren können, sind die Hochleistungskühe auf Sojaschrot als Kraftfutter angewiesen und damit zum Nahrungskonkurrenten des

Menschen geworden. Die Züchtung neuer Rassen auf Maximalleistung bezüglich Milch, Fleisch oder Eier führt oft zum Verlust von Widerstandskraft und damit zu höherer Krankheitsanfälligkeit.

Alte Haustierrassen sind robuster und an die Bedingungen der jeweiligen Region angepasst. Darüber hinaus sind sie auch Kulturgut und sie sind identitätsstiftend. Ihre genetischen Ressourcen sind wertvoll für künftige Zuchtvorhaben.

Zur Rettung vor dem Aussterben rief 1995 die Gesellschaft zur Erhaltung alter und gefährdeter Haustierrassen das bundesweite Arche-Projekt ins Leben. So entstanden Arche-Höfe, Arche-Dörfer, Arche-Parks und Arche-Regionen. Auf Arche-Höfen werden mindestens drei verschiedene Rassen der Roten Liste gehalten. Oft sind sie kombiniert mit Hofläden oder Ferienangeboten. Wenn mindestens vier tierhaltende Betriebe sich in einem Dorf zusammenschließen, wird es als Arche-Dorf anerkannt. Die höchste Dichte an Arche-Projekten findet sich in der Arche-Region »Flusslandschaft Elbe« in Niedersachsen. Große Teile davon gehören zum UNESCO-Biosphärenreservat, dessen Ziel auch die Erhaltung historischer Landnutzungsformen ist. Was eignet sich für diese Landschaftspflege besser, als dafür alte Haustierrassen einzusetzen und diese mit ihrem Genpotenzial zu erhalten? Im freien Wettbewerb mit nicht nachhaltigen Produktionsformen wird sich diese Artenvielfalt allerdings nicht retten lassen. Für die entstehenden Mehrkosten bedarf es ebenso mehr öffentliche Unterstützung wie beim Schutz der biologischen Vielfalt in der freien Natur.

Ein vergleichbares Verschwinden von Vielfalt wie bei den Haustierrassen ist bei den Kulturpflanzen zu beobachten. Auch hier geht der Trend zu Hochleistungssorten, die mit hohem Aufwand hohe Erträge liefern. Ihr Nachteil: Sie sind anfälliger gegen Krankheiten und Schädlinge und ohne massiven Energie- und Chemieeinsatz nicht anbaufähig. Alte, an die regionalen Bedingungen angepasste Getreidesorten zum Beispiel kommen auch ohne Chemieeinsatz aus. Da aber ihre Erträge geringer sind, wurden sie zunehmend seltener angebaut. 80 Prozent der alten, an die jeweilige Region angepassten Kultursorten gelten bereits als verschwunden. Es betrifft Feldfrüchte, aber auch Obst- und Gemüsesorten. Während die neuen Sorten für den industriemäßigen Anbau entwickelt wurden, eignen sich die alten Sorten für den ökologischen Anbau und für Selbstversorger. Alte Apfel-, Tomaten- und Kartoffelsorten sind wieder im Kommen. Sie sind anspruchsloser, haben eine große Geschmacksvielfalt und sind oft auch gesünder. Wer kennt schon die Ananasrenette, ein Apfel, dessen Geschmack tatsächlich an Ananas erinnert und in unseren gemäßigten Breiten gedeiht? Alte Apfelsorten enthalten relativ viele Polyphenole. Das sind Pflanzenstoffe, die nicht nur als Antioxidantien wirken, sondern den Apfel auch vor Schimmelpilzen bewahren. Sie verursachen auch, dass eine aufgeschnittene Frucht schnell braun wird. Während die Apfelsorten aus dem Intensivanbau meist überwiegend süß schmecken und nicht selten Allergien hervorrufen können, sind alte Sorten diesbezüglich verträglicher.

Bürgerenergiegenossenschaften

Die fossilen Energiequellen waren der Grundpfeiler der Industriegesellschaft. Die massenhafte Verbrennung von Kohle und Öl führte zu einem weltweiten Anstieg der Kohlendioxid-Konzentration in der Erdatmosphäre. Inzwischen spürt jeder die dramatischen Folgen – und das ist erst der Anfang. Je stärker die globale Klimakrise ins öffentliche Bewusstsein rückt, desto früher gelingt dem postfossilen Zeitalter der Durchbruch. Wie können wir diesen Prozess beschleunigen?

Jeder Haushalt, jede Firma kann auf Ökostrom umstellen. Wer sein Engagement steigern will, kann dies tun, indem er einer Energiegenossenschaft beitritt. So kann die Energiewende, die durch die großen Stromkonzerne eher gebremst als gefördert wird, durch Bürgerhand vorangetrieben werden. Als Dachorganisation fungiert die Bürgerwerke eG. Sie bündelt den Ökostrom von fast einhundert Energiegenossenschaften aus ganz Deutschland und versorgt damit Haushalte und Unternehmen. Schon vor über zehn Jahren gründete sich die Heidelberger Energiegenossenschaft, die inzwischen 1000 Mitglieder zählt und vor allem auf Sonnenstrom setzt. In Magdeburg hat die Bürgerenergiegenossenschaft Helionat eG eine ehemalige Deponie mit Solarpanelen bestückt – ein Millionenprojekt. Die Energiegenossenschaften steigern die Akzeptanz für die Energiewende. Die Teilhabe ist das Erfolgsrezept, um eine hundertprozentige Versorgung mit Erneuerbaren Energien zu erreichen. Das Ziel der Bürgerenergiegenossenschaften besteht in der Förderung der Mitglieder und nicht in der Gewinnmaximierung. Gewinne werden an die Mitglieder ausgeschüttet, so dass diese durch einen persönlichen wirtschaftlichen Vorteil profitieren und gleichzeitig in eine starke Wertegemeinschaft eingebettet sind, der Klimaschutz, dezentrale Energiewende und Bürgerbeteiligung am Herzen liegen. Alle Energieanlagen befinden sich im Besitz der Genossenschaftsmitglieder, die basisdemokratische Entscheidungen treffen. Selbstverwaltet und selbst organisiert kann somit die Energiewende ganz persönlich mitgestaltet werden. Da Bürgerenergiegenossenschaften in der Region agieren, verbleibt auch die Wertschöpfung in der Region.

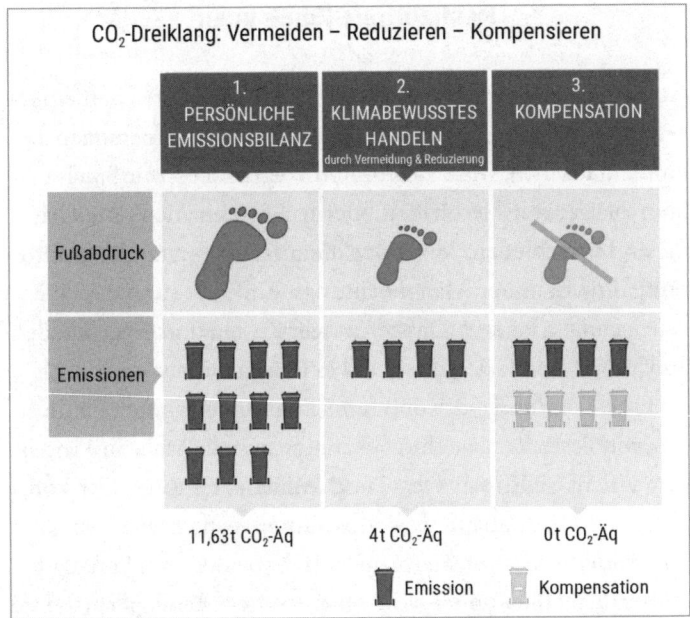

Abbildung 12: Wege zur persönlichen Klimaneutralität: Durch klimabewusstes Handeln lassen sich bis zu zwei Drittel der eigenen Treibhausgasemission einsparen. Das restliche Drittel kann man kompensieren, zum Beispiel durch CO_2-Gutschriften aus privaten Investitionen in Erneuerbare Energien.

Im Netzwerk der Bürgerwerke kann jeder die Energiewende und damit den Klimaschutz aktiv mitgestalten und seinen ökologischen Fußabdruck senken – sei es durch Strombezug, als Mitglied einer Energiegenossenschaft oder als Eigenerzeuger. In Deutschland haben sich Hunderte von Energiegenossenschaften gegründet. Inzwischen wird fast die Hälfte aller Erneuerbare-Energieanlagen von Bürgern betrieben – eine stolze Bilanz!

Pestizidfreie Kommunen

Giftige Pestizide werden nicht nur in der Landwirtschaft eingesetzt. Auch Kommunen, Landkreise und Privatpersonen behandeln Flächen, wie Straßen- und Wegränder sowie Spiel- und Sportplätze, mit Herbiziden oder gar Insektiziden. Die Gründe sind verschieden. Meist steckt ein falsch verstandener Ordnungssinn dahinter. Man möchte das »Unkraut« und das »Viehzeug« einfach los sein. Das verursacht Kosten und Folgeschäden an Umwelt und Gesundheit und es ist vermeidbar.

Eine Kommune, der durch ihr Engagement gegen den Einsatz von Pestiziden weithin bekannt wurde, ist Mals im Vinschgau, einem Südtiroler Obst- und Weinanbaugebiet. Der kommerzielle Obstanbau in Monokulturen geht meist mit dem massiven Einsatz von Herbiziden, Insektiziden und Fungiziden einher. Die Einwohner von Mals wollten diese permanente Einnebelung mit diesen chemischen Substanzen nicht länger hinnehmen. Schließlich kann man sich dem Atmen nicht verweigern. Die Malser Bevölkerung hatte sich 2014 in einer Volksabstimmung mehrheitlich dafür ausgesprochen, in Zukunft auf Pestizide zu verzichten. Die Agrarlobby und Betriebe, die es gewohnt waren, mit Pestiziden zu wirtschaften, leisten erbitterten Widerstand. Doch die Malser halten an ihrer freien Entscheidung fest und kämpfen weiter. Auf Grund ihrer pionierhaften Leistung wurde diese Kommune mit dem EuroNatur-Preis 2020 ausgezeichnet, macht sie doch vor, was alles möglich ist, wenn Bürgerwille in politischen Willen zum nachhaltigen Wirtschaften umschlägt. Das »Wunder von Mals« wurde 2018 verfilmt.

In Deutschland haben sich über 500 Städte und Gemeinden entschieden, ihre Grünflächen ohne Pestizide oder mindestens ohne Glyphosat zu bewirtschaften. Diese BUND-Initiative wurde für den »Polit-Oscar« nominiert. Dieser zeichnet mit UN-Unterstützung Projekte aus, die Mensch und Natur vor Schadstoffen schützen. Der Gifteinsatz wurde lange Zeit als kostengünstige Methode angesehen, um für »Ordnung und Sauberkeit« zu sorgen. Aber was ist ordentlich, was ist schön? Sind sterile, einheitsgraue Flächen und schnurgerade Kanten so erstrebenswert?

Auch das Abflämmen und andere thermische Verfahren sind keine gute Idee, sie sind sehr energieintensiv und klimaschädlich. Viele Städte beweisen es: Es geht auch ohne Gift und Feuer. Statt Wildpflanzen zu bekämpfen, sollten wir lernen, mehr Toleranz zu üben und so selten wie möglich eingreifen. Wenn es denn sein muss, bieten sich mechanische Varianten an. Vor allem aber geht es um Bewusstseinsbildung, um die Frage, was ist schöner, nützlicher und nachhaltiger? In diese laufenden Debatten sollten wir uns einmischen, in Stadt und Land.

Fahrradfreundliche Kommunen

Die Mobilität gehört in Deutschland mit einem Anteil von 19 Prozent zu den größten Klimakillern, 14 Prozent entfallen allein auf das Autofahren. In Stadt und Land dominiert der Autoverkehr. Für die Autonation Deutschland stand die »autogerechte Stadt« lange Zeit ganz oben in der Prioritätenliste der Stadtplaner. Mit dem eigenen Auto jederzeit zu jeder beliebigen Adresse bequem vorfahren zu können, war der Inbegriff von Freiheit, Modernität und Fortschritt. Die ersten Pläne für Fußgängerzonen, verbunden mit dem Ausschluss des Autoverkehrs auf einzelnen Straßen und Plätzen stießen auf erhebliche Widerstände. Geschäfte befürchteten Umsatzrückgänge. Ich erinnere mich: Als die ersten, noch recht bescheidenen Fußgängerzonen eingeweiht wurden, konnte man sich kaum vorstellen, dass später ganze Straßenzüge für den Autoverkehr gesperrt werden. Als die autofreien Fußgängerzonen dann Realität waren und man durch die lärmbefreiten Straßen gefahrlos bummeln konnte, wollte man sich kaum noch daran erinnern, dass es einmal ganz anders war. Heute möchte niemand mehr die Fußgängerzonen missen. Ähnlich wie die Fußgänger standen auch die Radfahrer lange Zeit im Schatten der Verkehrsplaner und genauso in den Abgaswolken des Autoverkehrs. Spätestens seit der Corona-Pandemie dreht sich der Wind. Radfahrern soll nun endlich mehr Platz eingeräumt werden.

Die Idee der »Fahrradfreundlichen Stadt« wurde schon in den frühen 1980er Jahren vom Umweltbundesamt proklamiert. Als erstes Bundesland hat Nordrhein-Westfalen 1993 eine »Arbeitsgemeinschaft Fahrradfreundlicher Städte« gegründet. Die Zielsetzung besteht darin, den Anteil der Nahmobilität auf 60 Prozent des Gesamtverkehrsaufkommens anzuheben, vor allem durch die Verbesserung der Radwege-Infrastruktur. Die Bundesländer Baden-Württemberg und Bayern folgten dem Beispiel. Städte, Gemeinden und Landkreise, die sich für mehr und besseren Radverkehr einsetzen, können die Auszeichnung »Fahrradfreundliche Stadt« erhalten.

Mit der Radverkehrsförderung einher gehen viele erwünschte Nebeneffekte: Weniger Lärm und Feinstaub, mehr Lebensqualität in den Städten und Gemeinden, mehr Gesundheit durch aktive Bewegung, besserer Klimaschutz, wirtschaftliche Vorteile durch eine innovative Wachstumsbranche und letztendlich mehr Mobilität für alle. Das Ziel des Konzeptes ist ein flächendeckendes, durchgängiges Netz alltagstauglicher Fahrradverbindungen zwischen Mittel- und Oberzentren entlang der wichtigsten Siedlungsachsen. Damit wird auch die Anbindung ländlicher Räume verbessert. Bei der Auswahl der Strecken wurden die Bedürfnisse der Alltagsradler besonders berücksichtigt und auf eine sichere Führung geachtet. Eine zukunftsfähige Verkehrspolitik braucht eine neue Radkultur, die die Freude am Radfahren fördert, das Fahrrad aus der Nische herausholt und es zu einem gewichtigen und beliebten Verkehrsmittel macht.

In mehreren Städten laufen Planungen zu Radschnellverbindungen, um auch längere Strecken für das Fahrrad attraktiv zu machen. Durch kreuzungsfreie Wegeführung und durch eine Trennung von anderen Verkehrsmitteln erhöht sich die allgemeine Verkehrssicherheit. Die steigende Beliebtheit von Pedelecs und E-Bikes wird diesen Trend aufs Fahrrad beschleunigen. In den Niederlanden sind die schnellen Direktverbindungen für den Radverkehr längst ein Erfolgsmodell – vor allem im Berufsverkehr, wo sie entscheidend dazu beitragen, den Verkehr vom Auto aufs Rad zu verlagern. Manche Städte weisen inzwischen mehrere Straßenzüge oder wie Heilbronn ein ganzes Quartier als Fahrradzone – in Anlehnung an Fußgängerzonen – aus. Hier gilt generell Tempo 30 für Autos und Vorfahrt für Fahrräder.

Kostenfreie Fahrt

80 Prozent der Verkehrsinvestitionen Deutschlands kommen dem Autoverkehr zugute. Dennoch ist es in Jahrzehnten des exorbitanten Straßenbaus nicht gelungen, die Stauprobleme aufzulösen, denn – so eine bekannte Weisheit – wer Straßen sät, wird Verkehr ernten. Der öffentliche Verkehr, Fuß- und Rad-

verkehr teilen sich den marginalen Rest des Budgets. Da der Autoverkehr eine ganze Serie von Umwelt- und Gesundheitsprobleme hervorruft, bedarf es einer grundlegenden Verkehrswende.

Wenn Autos aus den Städten möglichst verschwinden sollen, müssen attraktive Alternativen her. Der öffentliche Nahverkehr mit Bus und Bahn böte sich an, er müsste nur besser und kostengünstiger werden. Einige Städte haben sogar das Experiment gewagt, die öffentlichen Verkehrsmittel kostenfrei anzubieten. In Deutschland hat der Luftkurort Templin in der Uckermark diesen Schritt zum ÖPNV-Nulltarif schon 1998 vollzogen. Waren die Stadtbusse zuvor meist leer, vervielfachten sich die Fahrgastzahlen mit der Einführung des Gratistickets. Nicht nur für Alte, Junge und Arme war es eine Einladung, dieses Angebot zu nutzen. Neue Fahrzeuge mussten angeschafft und weitere Busfahrer eingestellt werden. Das System geriet an seine Grenzen. Die Erhöhung der Parkgebühren für Autos konnte die explodierenden Mehrkosten nicht auffangen. Mit der Einführung der Kurkarte als Jahresticket wurde in Templin ein guter und sehr günstiger Kompromiss gefunden. Ein ähnlich attraktives Modell praktiziert die österreichische Hauptstadt Wien: Für 365 Euro im Jahr sind alle öffentlichen Verkehrsmittel frei nutzbar, für junge Menschen gibt es sogar Ermäßigungen.

Als erste und bislang einzige europäische Hauptstadt hat Tallinn für 80 Prozent der Einwohner Gratiskarten für das gesamte Streckennetz eingeführt. Die Kosten werden durch Steuergelder finanziert. Die Innenstadt von Tallinn ist frei von Autos. Wer die Atmosphäre dieser Stadt einmal hautnah erlebt hat, gerät ins Schwärmen über die ungewohnte, städtische Lebensqualität. Tausende von neuen Einwohnern wurden dadurch angelockt, sie verleihen der Stadt ein ungewohnt lebendiges Flair.

Auch in über 20 Städten Frankreichs hat sich der Nulltarif für den öffentlichen Verkehr bewährt.

»Freie Fahrt für freie Bürger« – dieses Motto, einst gedacht für Autofahrer, bekommt nun einen neuen, einen nachhaltigen Inhalt. Erst durch eine grundlegend andere Verkehrspolitik gewinnen wir an persönlicher und gesellschaftlicher Freiheit.

12

Das Land erfindet
sich neu

Es geschah irgendwann inmitten des Zeitalters des Anthropozäns, dem Zeitalter des Menschen, als die Maschinen und Algorithmen die Macht übernommen hatten und den Takt auf der Erde angaben. Es funktionierte alles perfekt nach Programm und auch die Erdbewohner richteten sich ein, passten sich an und wurden mit allem versorgt, mit den nötigen Kalorien ebenso wie mit Unterhaltung und allen nur denkbaren Spielen zum Zeitvertreib.

Fernab vom Strom der Zeit gab es aber noch einige Individuen, denen überliefert wurde, dass der Mensch Hände zum Arbeiten hatte, dass ihm Füße zum Laufen geschenkt waren und dass er einen Kopf zum Denken mit sich herumtrug. Diese scheinbar Außerirdischen erinnerten sich eines Tages, dass es grüne Pflanzen geben sollte, die essbar waren. Das stachelte ihre verkümmerte Neugier an und sie begannen, sich auf die Suche zu machen. Und siehe, sie fanden in entfernten Gefilden allerlei Gewächs, darunter einen Apfelbaum, an dessen Früchten sie sich labten und erquickten. Dabei erfuhren sie ein eigenartiges Gefühl, das sie »glücklich sein« nannten. Allmählich merkten sie, dass sie die Wahl hatten, sich selbst zu bemühen und zu versorgen oder sich weiterhin über die installierten Versorgungsstränge füttern zu lassen. Sie entdeckten ungeahnte eigene Fähigkeiten und sie staunten nicht schlecht über ihre Wahlfreiheit und ihre Selbstwirksamkeit.

Dass eine spätere Geschichtsschreibung über unsere Epoche einmal in dieser Art Zeugnis ablegen könnte, sollten wir uns besser nicht wünschen. Klüger wäre es, unsere Hände, Füße und unseren Kopf schon jetzt zu bemühen, um unsere schlummernden Kompetenzen wachzurufen. Wir brauchen alle unsere Kräfte und Energien für den nötigen Umbau unserer Gesellschaft. Je früher und umfassender wir tätig werden, unseren Lebensstil zu erneuern, um so vorteilhafter für unsere Erde und für uns selbst. Nur auf einer gesunden Erde können wir Menschen glücklich werden.

Persönlich bin ich zuversichtlich, dass es uns gelingen kann, anders, nämlich nachhaltig mit unserem blauen Planeten umzugehen. Für mich ist die Natur das Vorbild und sie ist Quelle der Inspiration. Ich habe gelernt und lerne ständig dazu, Nachhaltigkeit im täglichen Leben zu praktizieren, mir selbst zu helfen und dabei Verantwortung für meine Umwelt zu übernehmen. Die Erfahrung, sich selbst und anderen helfen zu können, verschafft mir eine tiefe innere Zufriedenheit, nimmt Zukunftsängste und lässt ein belastbares Sicherheitsgefühl heranwachsen. Die tiefgreifenden Veränderungen, die auf uns zukommen, lassen sich mit Engagement, mit Wissen und Bewusstsein kreativer und hoffnungsvoller angehen.

Lange Zeit fühlten wir Menschen uns auf der Siegerstraße. Kohle und Öl haben uns mächtig erscheinen lassen. Wir haben uns genommen, was wir kriegen konnten – auf Kosten der Natur. Wir plünderten sie, raubten sie aus und zogen uns in die wachsenden Städte zurück, umgeben von unsichtbaren Mauern. Was da draußen passierte, interessierte uns nicht. Wir glaubten, uns maßlos bereichern zu können, und haben dabei unser eigenes Fundament untergraben. Die Lebenspyramide beginnt nun zu bröckeln. Wir thronen ganz weit oben, auf der Spitze. Wir haben es weit gebracht, doch nun drohen wir abzustürzen. Unsere Lage ist ernst, so bedrohlich und so verwirrend, dass man am liebsten kapitulieren möchte. Doch Verzagen ist keine Option. Irgendwann wird uns die Rechnung präsentiert. Sie wird umso höher ausfallen, je länger wir uns unbedacht oder gar skrupellos bedienen. Unser Heimatplanet ist fragil, zerbrechlich geworden. Das Klima, die natürliche Vielfalt, die Gesundheit – sie lassen nicht mit sich verhandeln. Sie sind an Grenzen geraten, an Kipppunkten angekommen, die von den Naturgesetzen vorgegeben werden. Ob wir es gut finden oder nicht, Gesetzesverstöße werden geahndet, bestraft durch Freiheitsentzug. Die Prinzipien der Natur sind eherne, altbewährte Grundsätze, die wir endlich in unser Leben und Wirtschaften übernehmen sollten. Je mehr und je länger wir gegen die Gesetze und Regeln verstoßen, umso mehr lieb gewordene Freiheiten werden wir einbüßen.

Wir haben nicht wirklich die Wahl, wir werden für den Naturverbrauch, den wir uns geleistet haben und uns künftig leisten wollen, geradestehen müssen. Wiedergutmachung ist angesagt, Wiedergutmachung am Klima, an Pflanzen, Tieren und an ihren natürlichen Lebensräumen. Wenn wir klug handeln, können wir beweisen, dass es anders geht. Reduktion auf ein gesundes Maß wäre der Einstieg zu einem neuen, fürsorglichen Verhältnis zu unserer Mitwelt, die Reduktion von Verbrauch und von Lebensgeschwindigkeit. Ein gelebtes »Weniger« könnte uns auch wieder mehr Freude am Genuss bescheren.

Der erste Schritt auf diesem Pfad wäre, unseren Überkonsum zurückzufahren, unsere Verschwendung von Energie, von Fläche, von Lebensmitteln, von allem, was man kauft, um es bald wieder loszuwerden und zu entsorgen. Statt sich manipulieren zu lassen, in sorglosem Konsum zu schwelgen und allen möglichen Verführungen zu folgen, kann man besser den eigenen Kopf einschalten. Das mit Abstand Klügste, was wir von der Natur übernehmen können, ist das konsequent abfallfreie Wirtschaften im Stoffkreislauf nach dem Prinzip »Von der Wiege zur Wiege« – »Cradle to Cradle«.

Probleme können schnell eskalieren. Wir brauchen klare Botschaften und klare Ziele, um nötige Umstellungen und Einschränkungen zu akzeptieren. Es geht um neue, um radikale Weichenstellungen im persönlichen, im wirtschaftlichen und im politischen Raum. Nur wenn sich umwelt- und gesundheitsschädliches Wirtschaften nicht mehr rentiert, wird es zum Auslaufmodell. Alle Güter müssen ihren wahren Preis bekommen, damit die Rechnung stimmt. Alle Kosten müssen einbezogen werden, auch und gerade die Kosten am Klima, an der Umwelt, der Gesundheit und auch jene Kosten, die wir den kommenden Generationen aufbürden. Die nötigen Anreize kann und muss die Politik setzen, sie hat das Steuer des Tankers in der Hand und alle aufgeklärten, mündigen Menschen können für den nötigen, kräftigen Wind sorgen.

Rettungsboote bauen

Unsere Welt hört nicht an Europas Außengrenzen auf. Ein Großteil unseres Konsums kommt aus fernen Regionen, erzeugt von Menschen, für die unser Lebensstil eine unfassbare Utopie ist. Diese Völker haben den geringsten Anteil an der Klimakrise, müssen aber am meisten darunter leiden. Wir alle haben die moralische Pflicht, auch ihnen würdige Lebensverhältnisse zu ermöglichen, indem wir ihnen anständige Preise für ihre Leistungen zahlen, statt sie gewissenlos auszubeuten. Wir sind aufgerufen, nach alternativen Werten jenseits des Massenkonsums zu suchen. Es ist an der Zeit, Rettungsboote zu bauen. Wir brauchen Lebensmodelle, die auf alle Erdenbürger übertragbar sind, auch auf die armen Länder des globalen Südens. Durch die massenhafte Landflucht platzen dort die Städte aus allen Nähten und generieren das blanke Elend in den wuchernden Slums. Hilfe ist unerlässlich. So wie in der Vergangenheit der globale Norden die fossilen Technologien in den Süden transferierte, so ist er jetzt im Sinne der Selbsterhaltung aufgefordert, nachhaltige, regional funktionierende Lebens- und Wirtschaftsmodelle zu unterstützen. Das sind Aufgaben, die uns alle angehen, niemand darf sich davonstehlen. Würdige Lebensbedingungen in den traditionellen ländlichen Lebensräumen, die eine Chance zur weitgehenden Selbstversorgung bieten, wären gesünder, statt vom Abfall des Weltmarktes zu leben.

Die ländlichen Räume dürfen nicht sterben, weder bei uns noch anderswo. Sie liefern die absolut notwendigen Lebensgrundlagen: saubere Luft, klares Wasser, gesunde Nahrung, ein akzeptables Klima und eine intakte Landschaft mit ihrer ganzen lebendigen Vielfalt. Um eine kinder- und enkeltaugliche Zukunft zu sichern, braucht es einen gewaltigen gesellschaftlichen Input und volles Engagement mit mehr Eigenverantwortung, auch und gerade für das Große und Ganze. Wir haben kein Erkenntnisproblem, wir haben ein Umsetzungsproblem. Gerade in Krisenzeiten werden die Wohlfahrtswirkungen der Natur entdeckt. Manche Menschen denken um, wollen ihr Leben von Grund auf ändern. Sie suchen nach einem Platz, der ihnen freie Entfaltungsmöglichkeiten bietet. Zunehmend richten sich die Blicke aufs Land. Dort warten enorme Herausforderungen und sinnvolle Tätigkeiten, um Klima, Wälder und die biologische Vielfalt an Pflanzen und Tieren zu retten, um Schutzgebiete zu managen, um Flüsse und Moore zu renaturieren, um unsere Nahrung und unsere Gesundheit zu sichern. Auf den Punkt gebracht: Es geht um nicht mehr und um nicht weniger als um unsere gemeinsame Lebensversicherung.

Es sind Jahrhundertaufgaben anzupacken. Wer genau hinschaut, merkt: Dieses fast vergessene Land, diese zurückgebliebene Provinz, an dem der Fortschritt scheinbar vorbeiraste, ist dabei, sich neu zu erfinden und die Chancen der Krise zu ergreifen. Eine neue Kultur aus Tradition und Moderne, gespeist aus den verschiedensten Quellen, befruchtet von Städtern und Dörflern, von Wissenschaftlern und Praktikern ist im Aufkeimen begriffen. Ökologie und Verantwortung werden zu Grundpfeilern im Verhalten. So wächst eine neue Lebenskultur heran. Sie kann zu den ersehnten existenziellen Sicherheiten in einer friedlichen, überschaubaren und gesunden Lebenswelt beitragen.

Jeder von uns, wir selbst können Teil der Lösung und Heilung sein. Die Natur zeigt uns den Weg, sie ist weise und erfahren. Ihr sollten wir wieder zuhören, der äußeren genauso wie unserer inneren Natur. Unsere eigenen wie die uns auferlegten Zwänge stören uns dabei, wir dürfen sie abwerfen, uns von diesem Ballast befreien. Unsere wahren Bedürfnisse werden freigelegt und erkannt. Die Natur ist offen für uns, für unsere Zuwendung, unsere Liebe und Begeisterung. Lassen wir uns von ihr inspirieren, suchen wir ihre Nähe, ganz gleich, wo wir uns aufhalten.

Dank

Es ist mir ein großes Bedürfnis, den Mitarbeiterinnen und Mitarbeitern des Hanser-Verlages und insbesondere meiner Lektorin, Dr. Nicola von Bodman-Hensler, für die intensive und vertrauensvolle Zusammenarbeit herzlich zu danken. Für die Unterstützung in fachlichen Fragen sowie bei Recherchen bin ich besonders verbunden mit:

Prof. Dr. Monika Brunner-Weinzierl

Prof. Dr. Gernot Geginat

Prof. Dr. Hans Joosten

Elisabeth Ehrig

Lysann und Kay-Uwe Papenroth

Sophie Hirschelmann

Marie Henke

Antonia Albrecht

Carla Debbeler

Franz Schneider

Bastian George

Michael Steininger

Jan Zimmermann sowie dem

Umweltbundesamt Dessau-Roßlau.

Abbildungsnachweise

Abbildung 1: Die große Beschleunigung, Quelle: Dr. Christa Rüth, Dr. Gregor Hagedorn, Prof. Dr. Helga Kromp-Kolb: Illustrierte Faktensammlung Scientists for Future

Abbildung 2: Massenaussterben, Quelle: Dr. Christa Rüth, Dr. Gregor Hagedorn, Prof. Dr. Helga Kromp-Kolb: Illustrierte Faktensammlung Scientists for Future

Abbildung 3: Klimawandel ist real, Quelle: Dr. Christa Rüth, Dr. Gregor Hagedorn, Prof. Dr. Helga Kromp-Kolb: Illustrierte Faktensammlung Scientists for Future

Abbildung 4: Klimakrise, Quelle: https://kontrast.at/co2-ausstoss-verursacher/

Abbildung 5: Persönliche Treibhausgasemission, Quelle: https://uba.co2-rechner.de/de_DE/sc-footprint

Abbildung 6: Unsere fleischreiche Ernährung, Quelle: Dr. Christa Rüth, Dr. Gregor Hagedorn, Prof. Dr. Helga Kromp-Kolb: Illustrierte Faktensammlung Scientists for Future

Abbildung 7: Planetary Health Ernährung, Quelle: http://www.thelancet.com/comissions/EAT

Abbildung 8: Treibhausgaswirkungen, Quelle: Dr. Christa Rüth, Dr. Gregor Hagedorn, Prof. Dr. Helga Kromp-Kolb: Illustrierte Faktensammlung Scientists for Future

Abbildung 9: Folgen des Klimawandels, The Lancet 2009 & 2015, Quelle: www.thelancet.com/climate-and-health

Abbildung 10: Anzahl seltener Vogelarten, aus: Gerlach, B., R. Dröschmeister, T. Langgemach, K. Borkenhagen, M. Busch, M. Hauswirth, T. Heinicke, J. Kamp, J. Karthäuser, C. König, N. Markones, N. Prior, S. Trautmann, J. Wahl & C. Sudfeldt (2019): Vögel in Deutschland – Übersichten zur Bestandssituation. DDA, BfN, LAG VSW, Münster